FRANK LAUENROTH

NEW YORK RUN

DER ZWEITE MARATHON-THRILLER

Sportwelt
Verlag

Druck und Bindung: GGP Media GmbH
Covergestaltung und Satz: Röser MEDIA GmbH & Co. KG
Coverfoto: Photorun.net
Redaktion: Brigitte Caspary

1. Auflage 2012

Inh. Nicole Luzar
Am Wasserstein 3
D-91282 Betzenstein
mail@sportwelt-verlag.de
www.sportwelt-verlag.de

Bestellungen bitte an:
Herold Auslieferung & Service GmbH
Raiffeisenallee 10
D-82041 Oberhaching
Tel: 0049-(0)89-613871-0
Fax: 0049-(0)89-613871-20
herold@herold-va.de

ISBN 978-3-941297-19-7

Weitere Titel im Internet unter www.sportwelt-verlag.de

Für Luis und Joscha.
Und Julia. Immer!

New York City

STRECKEN

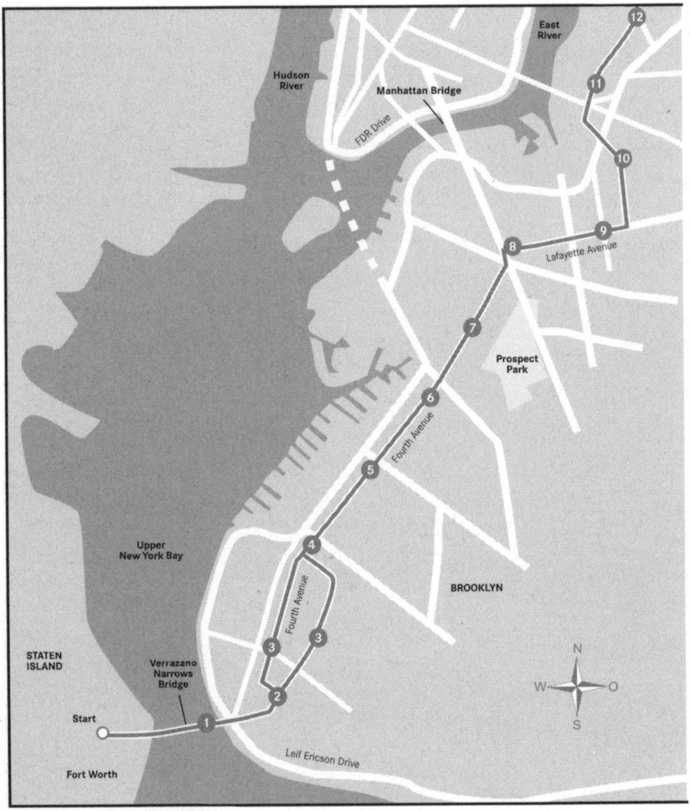

Marathon

ÜBERSICHT

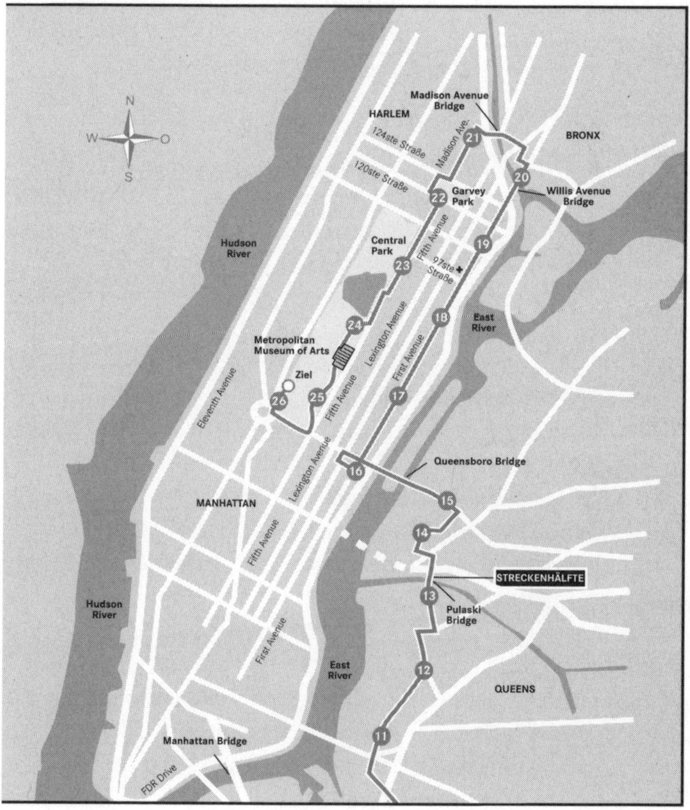

Hauptpersonenregister

Christopher Johnson –	ehemaliger NSA-Agent, Genie, Planer des Bostoner Marathon-Coups
Brian Harding –	Christophers Freund
Rachel Elaine Parker –	Brians Verlobte
Stalin –	bürgerl. Name: Jewgenij Iwanowitsch Andropow, skrupelloser russischer Milliardär
Igor –	einer von Stalins Helfern
	NSA-Agenten
Bart Lucas –	Regionalchef des Geheimdienstes NSA, zuständig für die US-Ostküste, ehemaliger Vorgesetzter von Johnson und Parker in Boston
Floyd Truman –	New Yorker Diensthabender Agent
	CIA-Agenten
Elisabeth Bancroft –	Einsatzleiterin
Peter Hunziker –	Bancrofts Assistent und Vertrauter
T. J. Hawkins –	Abhörspezialist
Josh Bishop –	Softwarespezialist
James Hopkins –	dienstbeflissener Agent
Taylor Danes –	zum ersten Mal in Bancrofts Team
Stanley Turk –	Fahrer des Einsatz-Vans
	Läufer
Roy Curran –	amerikanischer Marathonmeister
Alonso Bacha –	spanischer Marathonläufer
Oleg Zarinow –	russischer Marathonläufer

Vorbemerkung

Dieser Roman ist die direkte Fortsetzung des ersten Marathon-Thrillers ‚Boston Run'.

Sie können ‚New York Run' als eigenständiges Buch lesen. Kurze Rückblicke klären Sie über die Vorgeschichte auf. Atmosphärisch dichter wird die gesamte Geschichte allerdings, wenn Sie sich zuvor die Lektüre des ersten Teils gönnen.

Werten Sie dies bitte nur als Empfehlung. ☺

Wie auch immer:

LET'S RUN AGAIN!

„If I can make it there, I'll make it anywhere!“

New York, New York

Intro

„Dein genialer Plan hatte wohl einen entscheidenden Fehler", flüsterte Brian gesenkten Hauptes.

„Genial ist eben relativ", erwiderte sein Kumpel leise.

Rachel Elaine Parker, Brian Harding und Christopher Johnson saßen auf dem Oberdeck der Yacht des russischen Oligarchen Stalin. Die Yacht lag außerhalb der Drei-Meilen-Zone vor den Caiman Islands vor Anker. Das Wetter hätte nicht besser sein können. Doch keine der drei Personen hatte Augen für den hellblauen und wolkenlosen Himmel.

Ihre Hände waren hinter ihren Rücken gefesselt, ihre Füße mit Schlaufen an die Stuhlbeine gebunden. Drei Stühle, drei Delinquenten, im Schicksal vereint. Die Sonne quälte sie, und nur ihr selbsternannter Feind schien Freude an dieser Szenerie zu haben.

Stalin war nicht nur unzufrieden. Er war aufgebracht. Er war rachsüchtig. Er war böse. Einstige Rivalen hatten schmerzhaft erfahren müssen, was es bedeutete, diesen Mann gegen sich aufzubringen. Allerdings hatten sie nie die Möglichkeit erhalten, ihr Wissen weiterzugeben.

„Ihre Ware ist nicht den Preis wert, den ich gezahlt habe", wiederholte Stalin, und sein Schnurrbart erinnerte ein wenig an eine andere, berüchtigte Person gleichen Namens.

„Sie wollten etwas, das Ausdauer und Kraft steigert, wenn auch nur für zwei Stunden!", beharrte Christopher auf seinem bereits mehrfach geäußerten Standpunkt.

„In der Tat. Leider fehlte in Ihrer Offerte ein entscheidender Hinweis", Stalin wurde langsam lauter, um im folgenden Satz beinahe zu explodieren, „nämlich, dass die Probanden zu hirnlosen Zombies mutieren!"

„Ein Umstand, den ich mit etwas Zeit – und freien Händen – sicherlich beheben könnte."

„Unser Deal sah keine Nachbesserung vor. Ich habe für das Gesamtpaket bezahlt."

„Und dabei nicht das Kleingedruckte gelesen …", nuschelte Christopher vor sich hin.

Stalin schien es dennoch gehört zu haben. „Sie wissen offensichtlich immer noch nicht, mit wem Sie sich angelegt haben."

Er schnippte mit den Fingern, und zwei der insgesamt vier muskulösen Helfer schnappten sich Rachel Elaine Parker samt Stuhl und warfen sie mühelos über Bord.

Kein Ruf von ihr oder Brian, kein weiteres Wort von Chris. Es war vorbei, ehe jemand irgendetwas hätte sagen können. Brian und Chris hörten das Klatschen, als Rachel auf dem Wasser aufschlug. Im ersten Moment waren sie wie paralysiert. Unfähig, einen Muskel zu bewegen, etwas zu sagen. Zu schreien. Zu denken.

„Elaine!", schrie Brian schließlich mit Tränen in den Augen. Dann versuchte er aufzustehen, hinterher zu stürzen, irgendetwas …

Er fiel und landete hart auf dem Deck. Der Stuhl gab seinen Gefangenen nicht frei. Es wäre zu spät gewesen. So oder so.

Die Muskelmänner hievten ihn beiläufig zurück in die Senkrechte. Neben seinen Kumpel. Den verdammten, genialen, prahlerischen Kumpel.

Stalin baute sich einen Meter vor den beiden Gefesselten auf.

„Sie beide werden die Gelegenheit bekommen, mich zu unterhalten. Wissen Sie – auch wir haben Spezialisten! Und ich habe mir etwas wunderbar Diabolisches für Sie einfallen lassen."

„Schlimmer als der Tod?", rotzte ihm Chris verächtlich entgegen.

Stalin lächelte. „Oh ja!"

1

Die Zeit hatte aufgehört zu existieren. Christopher Johnson und Brian Harding lagen in medikamentösem Tiefschlaf in einem speziell für solche Transporte eingerichteten Container. Der Container wiederum befand sich auf einem panamaischen Schiff auf der Reise von den Caiman Islands zurück in die Vereinigten Staaten.

Stalin hatte seine Hausaufgaben gemacht. Brian Harding zurück in die USA zu bringen, hätte ihn nicht mehr als ein Flugticket gekostet. Christopher Johnson jedoch war vor den amerikanischen Behörden und dem Rest der Welt tot. Und bis zum Start von Stalins kleiner Belustigung sollte das auch so bleiben. Folglich musste Johnson an den offiziellen Zugängen vorbei ins Land geschleust werden.

Solange Harding und Johnson schliefen, konnten sie nichts Unvernünftiges tun. Fluchtversuche inbegriffen. Johnson drohte zwar die sichere Verhaftung, würde er sich als gesuchter Krimineller zu erkennen geben. Doch angesichts der Alternative hätte er sich wahrscheinlich mit Freuden dafür entschieden.

Brian und Chris waren noch immer gefesselt und geknebelt, als Stalin seine menschlichen Versuchskaninchen im Hafen von George Town, der Hauptstadt der Caiman Islands, ihrer Bestimmung übergab. Der russische Oligarch lächelte. Er strich sich seinen Schnauzbart zur Seite, zwirbelte dessen Enden und sah mit einer Mischung aus spöttischem Wissen und teuflischer Vorfreude auf sie hinab.

„Wir sehen uns in New York. Genießen Sie die Fahrt!"

Seine Gefolgsleute schickten Brian und Chris mittels Chloroform ins Reich der Träume, ehe sie die beiden in den Container brachten und ihnen mit stärkeren Mitteln zu einem dauerhaften Schlaf verhalfen.

Der Container war mit einem aufwendigen Lüftungssystem ausgestattet und enthielt zudem alles, um der TV-Serie *Emer-*

gency Room Konkurrenz zu machen. Brian und Chris lagen in zwei Hightech-Wannen. Ein integriertes Massagesystem sorgte für stete Stimulation der Rückenmuskulatur, hob die ‚Patienten' in Zyklen ein wenig auf die Seite – ohne dabei die Anschlüsse der Überwachungssysteme zu gefährden – und förderte wie nebenbei die Durchblutung der durch das ständige Liegen beanspruchten Hautpartien.

Die beiden Helfer, die zur Betreuung der Schlafenden abgestellt waren, erledigten ihren Job mit präziser Routine. Zwar lasen sie auch in Büchern, spielten Karten oder sahen sich Filme auf einem DVD-Player an, doch überwachten sie die Geräte in einem engen Zeitrhythmus. In seinem Stab von Schergen, Mördern und Schlägern hatte Stalin offenbar auch Platz für medizinisch ausgebildetes Personal.

So schliefen die beiden einträchtig nebeneinander auf einer Reise quer durch die Karibische See in den Nordatlantik, die Ostküste der Vereinigten Staaten entlang, ohne einen Sinn für die Versuchungen Floridas, die Universitäten Georgias, die Naturschönheiten der beiden Carolinas oder die politische Historie Virginias zu haben. Parallel zu den Appalachen schob sich der Containerriese durch den Ozean hinauf zur Hudson-Mündung und ihrem eigentlichen Ziel: New York City.

Das Einzige, was den beiden blieb, waren Träume. Von besseren Tagen und vergangenen Zeiten – gemeinsam mit Elaine.

Bevor sie – oder vielmehr Chris – die Idee mit dem Boston-Marathon gehabt hatten, verlief ihr Leben in eintönigen, aber kontrollierbaren Bahnen: Brian hasste seinen kaltherzigen Vater, Rachel Elaine verabscheute ihren Job und die Rolle, die sie tagaus, tagein spielen musste, und Christopher wurde weltweit von der NSA, dem FBI und wer weiß, wem noch gesucht.

Kontrollierbar, aber eintönig. Ihr Coup beim Boston-Marathon wurde zum erhofften Fluchtpunkt für sie alle. Und als der Plan tatsächlich gelang, sie steinreich waren und gemeinsam ein neues Leben auf den Caimans planten, hatte eine zaghafte Form von Zufriedenheit Einzug in ihrer aller Leben gehalten.

Brian zahlte seinen Vater aus, löste sich endlich aus der jahrelangen Abhängigkeit und schritt in seine Freiheit.

Rachels Rauswurf bei der NSA war nach ihren ‚fragwürdigen' Zugriffsmethoden während des Laufs ebenso folgerichtig wie von Chris geplant gewesen. Sie hatte sich danach noch eine Frist von vier Wochen auferlegt, ehe sie ihren neuen Wohnsitz auf den Caimans mit Brian teilte.

Als erster hatte sich natürlich Christopher aus dem Staub gemacht. Er wollte nicht riskieren, durch einen dummen Zufall erkannt zu werden.

Einen Monat später, Mitte Mai, waren sie alle in ihrem persönlichen Paradies angekommen. Die Caiman Islands boten alles, was sie sich erhofft hatten: Sonne, Strand, Palmen, Früchte, Drinks … All inclusive auf gehobenem Niveau. Sie lagen faul in der Sonne und lasen, sie spielten Tennis und Golf. Und abends gelang es Elaine immer öfter, Brian zum Tanzen zu überreden.

Chris blieb manchen Abend allein am Tisch. Gelegentlich gesellten sich Damen zu ihm. Sie sprachen mit ihm, lachten, strichen sich die Haare aus dem Gesicht, gaben mehr oder minder deutliche Zeichen und gingen doch wieder.

Elaine und Brian brauchten nicht nach dem Warum zu fragen. Helen, seine vor drei Jahren gestorbene Freundin, war immer noch allgegenwärtig. Obwohl Christopher die letzten Jahre nur auf der Flucht verbracht und sein eigenes Leben der Planung seiner Rache an der NSA untergeordnet hatte, konnte und *wollte* er Helen nicht vergessen.

Und so lag ein dunkler Schatten auf dem Paradies.

Bis Chris sich eines schönen Morgens in ein Laufdress zwängte und zu joggen begann. Brian und Elaine mussten sich zurückhalten, um nicht laut zu lachen. Zu unvorteilhaft hatte Chris sein Lauftrikot gewählt. Zu eng spannte es sich über sein ansehnliches Bäuchlein. Außerdem versprach er, dank einer wilden Farbkombination von Laufshirt und Hose zur Belustigung der Passanten zu werden.

Brian nahm es auf sich, seinen Kumpel etwas vorteilhafter einzukleiden, stattete ihn mit Laufschuhen aus, die seinem Gewicht angemessen waren und unterstützte ihn bei einer Art Aufbautraining. Und Christopher Johnson war willens, seinen bislang vernachlässigten Körper in den eines Athleten zu verwandeln.

Die morgendlichen Läufe wurden länger und anspruchsvoller. Nach und nach erhöhte Brian die Geschwindigkeit und wunderte sich von Tag zu Tag mehr, mit welcher Leichtigkeit Chris ihm folgen konnte. Dabei schwand Christophers Bauch, und seine Beine wurden kräftiger und sehniger.

Brian versuchte, seinem Kumpel alles, was er wusste, über die Leichtigkeit des Laufens beizubringen. Und obwohl er das Gefühl nicht los wurde, dass Chris das alles längst wusste, folgte der seinen Anweisungen und verbesserte tatsächlich seinen Stil.

Einem Außenstehenden musste es so vorkommen, als hätte Chris einen Aktivurlaub gebucht. Und Brian hatte mehr als einmal gefragt, was in seinen Kumpel gefahren war. Doch der konterte solche Anfragen damit, dass er fürs schöne Geschlecht attraktiver sein und sich wieder verlieben wollte.

So vergingen Tage und Wochen. Sie trieben Sport. Sie genossen das Leben. Sie waren großzügig, ohne verschwenderisch zu sein. Zwischendurch charterten sie ein Segelboot, unternahmen einen Tauchgang, taten alles, was man im Paradies tun würde.

Es vergingen fünf Monate.

Die Sonne über den Caimans hatte Brians Haarfarbe von einem hellen Braun in ein dunkles Blond verwandelt. Und auch Chris hatte sich verändert. Er war längst nicht mehr der pummelige Typ. Er hatte trainiert, an seinem Körper gearbeitet. War beinahe schlank geworden. Auf jeden Fall athletischer. Und er hatte an Ausdauer gewonnen.

Brian und Elaine waren als Paar zusammengewachsen, waren noch verliebter. Und das gemeinsame Training hatte auch Chris und Brian mehr verbunden. Sie waren Kumpels fürs Leben, Freunde auch in schweren Lebenssituationen. Doch nichts hatte sie auf das vorbereitet, was folgen sollte.

Mitte September tauchten die Russen auf. Zuerst kidnappten sie alle drei, brachten sie auf die Yacht und fuhren auf die See hinaus. Tagelang blieben Elaine, Chris und Brian in einer unklimatisierten Kajüte eingesperrt und schwitzten sich die Seele aus dem Leib. Über ihre Köpfe hatten die Entführer eigenartig riechende Jutesäcke gestülpt, die sie nur zu den Mahlzeiten abnehmen durften. Und auch das immer nur einzeln, nacheinander – niemals alle gemeinsam. Sie wurden nicht geknebelt, konnten sprechen, sprachen jedoch nur selten miteinander. Zum einen, weil sie befürchten mussten, dass man sie belauschte, zum anderen, weil es wenig zu sagen gab – zumindest nichts, was ihre Lage verbessert hätte.

Das Leben konnte nicht unbarmherziger sein: Sie wurden von den höchsten Höhen in die tiefsten Tiefen gestoßen. Von Piña Coladas und Hummer zu Wasser und Bohnensuppe.

So blieben sie sitzen. Aßen und tranken das Wenige, was sie bekamen. Schwitzten und stanken.

Dann kam Stalin an Bord. Möglicherweise meinten die Russen, sie hätten den Widerstand ihrer Opfer gebrochen, vielleicht geschah es aber auch aus Terminzwängen.

Sie wurden an Deck gezerrt und brutal an Stühle gebunden, die auf dem Oberdeck der Yacht standen. Ihnen wurden die Jutesäcke von den Köpfen genommen und ein Schwall Wasser ins Gesicht gegossen. Man reichte ihnen ein Glas kalten Tee, welches alle drei gierig austranken.

Und dann stand er vor ihnen: Jewgenij Iwanowitsch Stalin, Oligarch von eigenen Gnaden, keine vierzig Jahre alt, blendendes Aussehen, mit einem Gesamtvermögen von rund 40 Milliarden US-Dollar. Berühmt, berüchtigt, angesehen, gnadenlos und gefürchtet zugleich. Und keiner dieser Aspekte war in irgendeiner Form unbegründet.

„Sie drei haben mich betrogen!", war der erste Satz, den er ihnen beinahe akzentfrei entgegen schleuderte. Stalin stand aufrecht wie bei einer Parade. Er streckte seine Brust heraus, zog den Bauch ein und hatte die Hände hinter dem Rücken verschränkt. Dann begann er, vor ihnen auf und ab zu gehen.

„Nur um eines von vornherein klarzustellen: Normalerweise wären Sie tot. Niemand betrügt ungestraft Jewgenij Stalin!"

Er rollte das ‚R', dass es unter anderen Umständen ein Fest gewesen wäre, ihm zuzuhören. Doch dies sollte kein Fest werden. Stalin tobte. Äußerlich seine steife Haltung stets beibehaltend, verging er sich verbal an allen bekannten Benimmregeln. Sein Zorn schien grenzenlos, und allein seine einleitende Erklärung, dass sie im Gegensatz zu manch anderem noch leben durften, gab ihnen – zumindest für die nahe Zukunft – Hoffnung, dass es auch so bleiben könnte.

Und wo ihr Leben vorerst gesichert schien, ihre Freiheit längst verloren war, durfte Christopher mit einer fest in seinen Nacken gepressten Pistole nun auch noch das gesamte verbliebene Geld an den Russen zurück überweisen.

Christopher wand sich, versuchte, sein Produkt zu verteidigen, handelte und feilschte. Brian wusste, dass Chris Nerven wie Drahtseile hatte. Selbst mit der kalten Mündung im Nacken verlor er zu keiner Sekunde seine nervtötende Arroganz. Wo andere betteln würden, reizte Christopher Johnson seinen Gegner. Wohl wissend, dass ein einziger Knall die Diskussion beenden konnte. Doch seine ganze Verzögerungskunst konnte das Unausweichliche nicht verhindern. Zehn Minuten und einige Online-Transaktionen später waren die schwer verdienten Millionen wieder fest in russischer Hand.

„Dann können wir jetzt wohl gehen", mutmaßte Christopher in seiner vorlauten und uneinsichtigen Art.

Stalin schnippte einmal mit den Fingern. Im nächsten Moment stand einer seiner Schergen vor Chris und rammte ihm seine linke Faust in den Magen. Gefolgt von der Rechten ans Kinn. Der Schwung des zweiten Schlags riss Chris samt Stuhl zur Seite und auf die Deckplanken.

Elaine zuckte zusammen, und auch Brian war instinktiv versucht, sich trotz seiner Fesseln rückwärts und damit aus der unmittelbaren Gefahrenzone zu bewegen.

Chris war noch bei Bewusstsein und fluchte etwas Unverständliches. Der Muskelmann schaute zu Stalin und der hieß ihn mit einem kaum wahrnehmbaren Nicken, sich des Delinquenten wieder anzunehmen. Ohne Zögern griff dieser Christopher bei den Schultern und wuchtete ihn unsanft auf seinen ursprünglichen Platz zurück.

Chris sah zur Seite. Zu Elaine und Brian. Er verkniff sich eine weitere Bemerkung und schaute schräg zu Stalin hinauf, der sich gewollt oder ungewollt so gestellt hatte, dass er aus Christophers Sicht vor der aufgehenden Sonne stand, die ihn in eine funkelnde Korona tauchte.

Chris beugte sich, soweit es seine Fesseln zuließen, nach vorn und spuckte direkt vor sich einen blutigen Schwall aufs Deck.

Stalin ignorierte es und sagte stattdessen: „Nun, Mister Johnson, ich hoffe, Sie haben nun begriffen, dass ich mit Ihnen noch nicht fertig bin!“

Chris nickte leicht. „Die Botschaft ist angekommen“, sagte er.

„Dein genialer Plan hatte wohl einen entscheidenden Fehler“, flüsterte Brian gesenkten Hauptes.

„Genial ist eben relativ“, erwiderte sein Kumpel tonlos.

Und nun lagen sie im Tiefschlaf.

Brian und Chris. Ohne Rachel Elaine Parker, ohne Hoffnung und ohne eine Ahnung, welche Rolle Stalin ihnen in seiner Rache zugedacht hatte.

Und irgendwann würden sie im Hafen von New York City ankommen. Einem Hafen mit extrem strengen Sicherheitsstandards. Einem Hafen aber auch mit vielen Arbeitern russischer Abstammung.

2

Fort Worth, Staten Island, New York City.
Anfang November.
Fünf Grad über Null.
Das Harbor House Bed & Breakfast war eine Institution. Die Staten Suite mit direktem Blick vom Bett auf die Hochhäuser von Lower Manhattan und die Freiheitsstatue auf Liberty Island verhieß ein Gefühl unmittelbarer Nähe zur großen Welt.

Stalin lag komplett angekleidet auf seinem King-Size-Bett und schaute voller Vorfreude zu, wie die frühen Sonnenstrahlen die Skyline der großen Stadt in Besitz nahmen, wie sie sich ausbreiteten, sich an den Hochhäusern nach unten fraßen, bis sie alles mit ihrem blendenden Schein eingenommen hatten. Als die ersten Häuser die Schatten der Nacht komplett abgeworfen hatten, stand der Oligarch auf.

Er ging hinunter ins Erdgeschoss, begab sich in den Frühstücksraum und stellte sich ohne Eile ein leichtes Mahl zusammen. Frisch gepresster Orangensaft, Joghurt, Müsli. Er aß in Ruhe, trank nach dem Saft noch einen Tee. Er genoss noch eine Weile die Aussicht und verließ dann den Raum. Stalin gab seinen Zimmerschlüssel an der Rezeption ab, nickte der Frau dahinter freundlich zu, ging über die Veranda und dann die kleine Treppe zur Straße hinunter. Er wandte sich nach links, ging die Edgewater Street entlang, bog in die Clifton Avenue und damit landeinwärts. Er lief einige Zeit die Straße entlang, passierte verwaiste Hinterhöfe, spazierte ohne Hast weiter, bis er vor einem Stahltor anhielt und dreimal kurz nacheinander und noch einmal nach einer größeren Pause klopfte. Das Tor wurde sofort aufgezogen, und Stalin trat in eine alte Fabrikhalle ein.

In einer dunklen Ecke an der rechten Seite standen zwei leere Hightech-Wannen. Davor saßen auf zwei Stühlen zwei schlanke, athletisch anmutende Männer in Trainingsanzügen und den dazugehörigen, reinweißen Laufschuhen.

Flankiert wurden sie von fünf Muskelmännern aus Stalins Schergenpool. Zumindest waren vier von ihnen sehr kräftig gebaut. Einer war von normaler Statur, wirkte neben den anderen Vieren jedoch wie ein Hänfling. Weiter rechts stand ein grauer Lieferwagen. Sonst war die Halle leer.

Die beiden sitzenden Männer stellten die Teller, die sie bislang auf den Oberschenkeln gehalten hatten, auf den Boden. Die wenigen Reste darin ließen auf Müsli mit Banane schließen. Ein Klassiker.

„Guten Morgen, meine Herren!", begrüßte Stalin seine beiden Gefangenen mit ungekannter Freundlichkeit. Die Zornesröte, die Stalins Gesicht auf den Caiman Islands gefärbt hatte, war einem gewinnenden Lächeln gewichen.

„Ich hoffe, Sie sind bereit, die Läuferwelt in ihren Grundfesten zu erschüttern."

In dem Moment schoss Brian nach vorn, auf Stalin zu, die Faust erhoben. Er konnte nur an Rache denken. Für Elaine! Sein Feind war so nah und er würde ihn endlich … Doch noch bevor er sein Ziel erreichte, waren zwei der Schergen bei ihm und rissen ihn brutal zu Boden.

„Mörder!", schrie Brian.

Da traf ihn ein Tritt zwischen die Beine.

„Nein!", verbot Stalin sofort. „Mister Harding wird heute noch benötigt!"

Brian schnappte nach Luft. Er lag kraftlos im Griff der beiden Muskelberge. Die Schmerzen des Tritts strahlten bis in den Nierenbereich hinauf. Nur sehr langsam verbesserte sich sein Zustand.

„Sie sollten beten, dass Ihre Bodyguards bei Ihnen sind, wenn wir uns das nächste Mal begegnen!"

Stalin war von Brians Drohung köstlich amüsiert. „Ich werde daran denken."

Damit schien die Sache für ihn erledigt. Wahrscheinlich gehörten Drohungen ebenso zum Frühstück eines Oligarchen wie die *Financial Times*. Während Brian zurück auf seinen

Stuhl geschleift wurde, fuhr Stalin mit seiner Rede fort: „Sie beide werden die Läuferwelt heute erzittern lassen!"

Zu Brians hasserfüllter Mimik gesellte sich Ratlosigkeit. Und vielleicht auch Resignation. Auch Chris' fragende Blicke schienen Stalin zu belustigen. Was Chris wiederum ärgerte.

„Ich hatte mir schon gedacht, dass Sie es sich nicht nehmen lassen würden, uns persönlich die gute Nachricht zu überbringen. Wie auch immer diese lauten wird …"

Stalins Freude schien durch diese Entgegnung einen herben Dämpfer erhalten zu haben. Zumindest war das Lächeln auf seinem Gesicht für einen langen Moment verschwunden. Nur mit Mühe zwang er die aufgesetzte Freundlichkeit zurück.

„Mister Johnson. Sie werden mich nicht in dem Maße verärgern, wie es mir gleich bei Ihnen vergönnt sein wird."

Und das Lächeln war zurück.

„Einmal", raunte Brian seinem Kumpel zu, „nur einmal möchte ich erleben, dass du deine Klappe hältst!"

Stalin hatte sich derweil von ihnen abgewendet und befragte die beiden, die Brian und Christopher während des gesamten Transports medizinisch betreut hatten. Deren Haltung verriet bedingungslose Unterordnung. Sie nickten eifrig, vermieden dabei jedoch, ihrem obersten Herrn und Meister direkt in die Augen zu sehen.

„Ich höre gerade, dass Sie bereit sind. Ihre physischen Parameter sind alle im positiven Bereich", sagte der Oligarch und wandte sich wieder zu ihnen um.

„Stalin! Wofür?", erhob Johnson genervt seine Stimme.

Sofort holte der kleinste der Muskelmänner mit dem Kolben seiner Waffe aus, um Chris für diese Frechheit zu strafen, doch ein kaum wahrnehmbares Zucken von Stalins Hand hielt ihn zurück.

Mit leiser Stimme, langsam und jede Silbe fein betonend, begründete er sein Veto: „Igor, nein. Er hat Recht. Natürlich sollte ich unseren Gästen sagen, was sie am heutigen Tag erwartet." Damit lächelte er seinen Gefangenen abermals zu. „Ich will es einmal so formulieren: Heute ist der Tag des New York Marathons. Und Sie werden für mich laufen! Alle beide. Mit Ihrem … na ja, nennen wir es ruhig Wundermittel."

„Ich bin nicht trainiert", knurrte Chris ihn an.

„Unterschätzen Sie bitte nicht meine Möglichkeiten. Ihre Laktatwerte, Mister Johnson, sind exquisit. Besser noch als die Ihres Freundes. Meine Leute hatten während Ihrer Überfahrt genug Zeit, Sie auf alles Mögliche zu testen. Ihre Körper sind offene Bücher für mich."

„Unsere Körper wurden während des Transports nicht trainiert. Die Muskeln müssen sich in den … wie lange waren wir weg? Zwei Wochen? Unsere Muskeln werden sich zurückgebildet haben", blieb Christopher hartnäckig.

„Es waren zehn Tage, und Sie erhielten während der Überfahrt Muskelstimulantien gespritzt", entgegnete Stalin beinahe gelangweilt.

„Welche als Doping entlarvt werden würden!", konterte Chris abermals.

„Es ist das Neueste vom Neuen. Auch wir haben unsere Spezialisten, Mister Johnson. Sie die Ausdauer, wir die Kraft. Ist es nicht berauschend, wenn Ost und West Hand in Hand arbeiten?" Stalins grinste selbstgefällig. „Hier sind die Regeln: Sie werden speziell für Sie beide entwickelte Laufschuhe tragen. Diese sind Ihren Füßen bis aufs kleinste Detail angepasst. Auf der Basis eines deutschen Modells. Dieser Umstand sollte Ihnen als Patrioten jedoch nicht den Schweiß auf die Stirn treiben."

Wieder einmal bemerkte Brian, dass dieser Bastard scheinbar jede Kleinigkeit ihres bisherigen Lebens kannte. Und er schämte sich ein wenig dafür, dass er sich gerade durch diesen Gedanken von seiner Trauer um Elaine abbringen ließ. Und sei es nur für eine verdammte Sekunde!

Stalin fuhr mit einem süffisanten Lächeln fort: „Allerdings gibt es eine kleine, sehr exklusive Erweiterung: In jeder dieser vier Sohlen ist eine hochexplosive Miniaturladung eingearbeitet.

Ist diese erst einmal aktiviert, kann sie nur durch zwei Möglichkeiten an der Detonation gehindert werden. Zum einen durch das Deaktivieren per Funk mit einem vierstelligen Code oder durch die Tatsache, dass der betreffende Fuß spätestens alle drei Sekunden den Boden berührt und ihn wieder verlässt."

Stalin genoss es sichtlich, dass seine Worte ihre beabsichtigte Wirkung erzielten. Und das Schöne für ihn war, dass er noch nachlegen konnte: „Sie sind dabei per Funk aneinander gekoppelt. Entfernen Sie sich mehr als fünfhundert Meter voneinander, explodieren Ihre Schuhe. Wird nicht einer von Ihnen beiden Erster, explodieren Ihre Schuhe. Bleibt einer von Ihnen stehen, explodieren Ihre Schuhe. Und … die logische Schlussfolgerung all dessen: Sollte einer von Ihnen versuchen, die Schuhe auszuziehen …"

Brian und Chris sahen sich gegenseitig an, und selbst der sonst so schlagfertige Christopher schien zu schlucken. Und hielt diesmal seine Klappe.

Schlimmer als der Tod? Das hier kam dieser Umschreibung zumindest nahe.

„Ich sehe, wir verstehen uns. Wenn Sie nicht auf blutenden Stümpfen ins Ziel kriechen wollen, laufen Sie so, wie ich es Ihnen befehle", resümierte Stalin, und seine Stimme hatte dabei die alte, diabolische Intensität zurück gewonnen.

Brian sah zu Stalin auf. „Wieso?", fragte er kraftlos.

„Weil Sie mich bestohlen haben! Niemand nimmt ungestraft mein Geld für etwas, das nichts wert ist und zieht damit unbehelligt seiner Wege."

„Sie besitzen Milliarden!", schob Chris dazwischen.

„Die ich nicht besäße, wenn ich Subjekte wie Sie beide davonkommen ließe. Ihr Amerikaner besitzt offensichtlich keinen Anstand, was Geschäfte angeht. Ihr seid Betrüger … seid nur auf mein Geld aus. Und ihr überseht dabei leider, mit wem ihr euch besser nicht anlegen solltet."

Brian schüttelte den Kopf. „Also geht es Ihnen nur um Rache?"

Stalin blickte mit seinen eisblauen Augen auf Brian Harding hinab und antwortete kalt: „Oh nein, es geht um Gerechtigkeit. Und um Bestrafung!"

Plötzlich bückte sich Christopher und versuchte, sich die Schuhe von den Füßen zu streifen. Sein Griff ging direkt an seine Fersen. Er zog und zog, doch nichts tat sich. Stalin und seine Muskelmänner lachten.

„Ein netter Versuch, Mister Johnson. Dachten Sie im Ernst, ich hätte nicht zuallererst daran gedacht? Sicherlich haben Sie das Fehlen von Schnürsenkeln bemerkt. Der Verschluss funktioniert wie das Disc-System, das Mitte der Neunziger auf den Markt gebracht wurde. Ein ultrafester Nylonfaden ist in einem komplizierten Schnürsystem in dem Schuh integriert. Doch das hier geht noch einen Schritt weiter. Dieses System sorgt dafür, dass die Schnürung sich etwas öffnet, wenn Sie sich vom Boden abdrücken und sich wieder schließt, wenn der Fuß auf dem Boden auftrifft. Und noch ..."

Chris fuhr ihm dazwischen: „Der Schuh lässt sich also nicht öffnen?"

Stalin hob eine Augenbraue. „Man könnte meine Ausführungen in der Tat mit dieser lapidaren Aussage zusammenfassen."

Brian hakte nach: „Und wie sollen wir diese Trainingsanzüge ausziehen, wenn wir die Schuhe nicht auch ..."

„Seitliche Reißverschlüsse. Sie beginnen, mich zu langweilen. Und das sollten Sie besser nicht tun."

Mit diesen Worten schwenkte Stalin vor ihren Augen eine kleine Fernbedienung hin und her.

„Mit diesem Sender ...", ließ er den Satz einen Moment im Raum hängen, „... wird der Sprengsatz aktiviert. Ein vierstelliger Zahlencode macht Ihre Minibomben scharf. Ab diesem Moment heißt es für Sie nur noch: Laufen!"

Brian sah abermals zu seinem Kumpel. „Vielen Dank, dass ich an dieser Himmelfahrtsmission teilnehmen darf!"

Chris entgegnete nichts. Doch er wandte sich an Stalin: „Lassen Sie mich alleine laufen! Es war meine Idee. Es war *mein* Fehler, Sie zu verärgern!“

Stalin stellte sich dicht vor Chris auf und nickte kurz in Brians Richtung: „Sie meinen also, Ihr Freund sei entbehrlich?“

Christopher zögerte.

Brian fuhr ihn erbost an: „Musst du dir das etwa überlegen?“

Chris sah trotzig zu Stalin hinauf: „Wir werden gemeinsam laufen.“

„Ich freue mich, dass wir das klären konnten“, resümierte der Russe lächelnd.

Zugleich winkte er einen weiteren Mann herbei. Der hatte scheinbar die ganze Zeit in dem Lieferwagen gewartet, verschwand nach Stalins Zeichen im Laderaum und kam kurz darauf mit einer Schaufensterpuppe wieder heraus. An den Füßen trug sie Laufschuhe, die Brians und Christophers stark ähnelten.

„Eine kleine Demonstration zur Unterstützung Ihres Glaubens in die Ernsthaftigkeit meiner Worte.“

Der sechste Mann stellte die Puppe ziemlich genau in die Mitte der Halle und eilte an seine ursprüngliche Position zurück. Stalin nahm seine kleine Fernbedienung, richtete sie auf die Puppe und sah zu seinen Gefangenen.

„Null – Drei – Sechs – Acht – in leichter Anlehnung an Ihre Startnummer in Boston, Mister Harding.“

Stalin drückte viermal, und mit dem letzten Druck erschütterte eine Explosion die Halle. Die enorme Lautstärke des Knalls stand in keiner Relation zur sonstigen Auswirkung der Explosion. Die Puppe hob zwar wie eine kleine Rakete einen halben Meter vom Boden ab und drehte einen Salto, fiel dann jedoch „nur“ mit qualmenden Beinstümpfen auf den Hallenboden zurück. Die Schuhe, die Füße und ein wesentlicher Teil der Unterschenkel hatten sich in kleine Stücke aufgelöst und rieselten langsam herab. Chris und Brian blickten stumm auf die Puppe.

„Schön. Damit ist wohl allen die Ausgangssituation klar“, stellte Stalin fest.

„Mein Gott, wir werden verbluten!“, presste Brian hervor.

„Das muss nicht sein. Die Hitze der Explosion könnte Ihre Arterien verschließen. Zumindest mit etwas Glück.“

Stalin schien es enormen Spaß zu bereiten, seine Opfer zu quälen.

Chris sah zu Brian hinüber, dessen einstiges Selbstvertrauen sich verflüchtigt zu haben schien. Brians Schultern hingen, sein Blick war leer.

Der Tod oder der Verlust der Beine? Chris wäre es lieber gewesen zu sterben, als ohne Beine weiterzuleben. Doch war diese Weltsicht wahrscheinlich seinem neu erwachten Körpergefühl geschuldet. Noch vor einem halben Jahr hätte ihn der drohende Verlust seiner Beine sicherlich beunruhigt, nicht aber verzweifeln lassen. Jetzt fühlte sich das anders an – ganz anders!

Unterdessen redete Stalin weiter und reichte sowohl Brian als auch Chris eine Armbanduhr. „Sie dürfen miteinander reden. Ihre als Sportuhr getarnte Sende- und Empfangseinheit – oder wie es Ihre ehemaligen Kollegen von der NSA nennen: das Johnson-Phone – dürfen Sie auch diesmal benutzen. Übrigens: ein nettes Spielzeug. Jedenfalls können Sie so in Verbindung bleiben, falls Sie sich während des Laufs einmal aus den Augen verlieren. Außerdem befürchte ich, dass ich das ein oder andere Mal ein mahnendes Wort an Sie richten muss. Schließlich sollen Sie nicht wie Zombies durch die Gegend irren. Aber wie Sie sich vielleicht erinnern werden, braucht es für eine funktionierende Verbindung noch die eigentlichen Miniatureinheiten an Ohr und Nase.“

Chris schwante Böses, hatte Brian während des Boston-Marathons doch Sender und Empfänger in Form von Piercings tragen müssen. Brian hatte diese Originalteile als Körperschmuck und zugleich als Erinnerung an ihren größten Sieg dort belassen, wo er sie bereits ein Jahr zuvor getragen hatte. Nur trug er jetzt – wie während des Bostoner Laufs auch – hautfarbene Pflaster darüber. Christopher indes hatte bislang nicht über diese Grundausstattung verfügt. Ehe ihm einer von Stalins Helfern den Spiegel vorhalten konnte, fühlte Chris jedoch die betreffenden Ergänzungen auch in seinem Gesicht. Sie mussten ihm die entsprechenden Löcher bereits vor Tagen gesetzt haben, wie sonst war zu erklären, dass er weder eine Schwellung noch Wundschmerz spürte?

„Dafür brauchte es sicherlich kein Genie", kommentierte Stalin Christophers Erkenntnis.

„In Boston trug Brian Sensoren, die dem System meldeten, welche Restzeit ihm noch blieb, wie viel von der Droge noch zur Verfügung stand", hakte Christopher nach.

„Ich habe mir erlaubt, auf diesen Firlefanz zu verzichten. Sie sollten mittlerweile wissen, wie viel Sie Ihren Körpern zumuten dürfen", antwortete Stalin und fuhr fort: „Nun – es hat in Boston funktioniert, es wird auch hier funktionieren. Wie heißt es doch so schön in Ihrer Sprache: ‚Never touch a running system.' "

Johnson sah ein, dass Stalin ein noch größerer Selbstdarsteller als er selbst war. Und er hasste es zutiefst, wenn ihn jemand vollquatschen wollte. Und konnte! Doch schlimmer als sein Hass Stalin gegenüber wog der Umstand, dass er Brian mit hineingezogen hatte. Sein Freund litt wie ein Hund, und das traf Christopher schwer. Dieser Lauf ließ sich nicht mehr verhindern, doch er würde sehr gut auf Brian Acht geben müssen. Das war er seinem Kumpel schuldig.

„Und wenn einer von uns den Lauf gewonnen hat, werden Sie die Sprengkapseln deaktivieren?"

„Genauso wird es geschehen."

„Wir können also Ihrem Wort bedenkenlos vertrauen?"

Der Russe hob abermals die Fernbedienung in ihr Blickfeld. „Mister Johnson, ein letztes Mal: Sie sollten mich nicht verärgern. Mein Wort gilt! Wenn ich verspreche, Sie umzubringen, wird es so geschehen. Wenn ich Ihnen sage, Sie sind danach frei, wird es genauso eintreten."

„Dieser ganze Aufwand für zwei Stunden Spaß?"
Stalins Miene entspannte sich wieder.
„Spaß und Geschäft. Schließlich sollen Sie eine reelle Chance erhalten, mein Produkt ein zweites Mal anzupreisen. Und wer weiß, vielleicht verschaffen Sie mir sogar einen kleinen Gewinn."
Stalin schaute auf seine Armbanduhr und dirigierte mit einer knappen Kopfbewegung seine Schergen hinter Brian und Chris. „*Nu dawai*. Es ist Zeit."
Die beiden Marathonläufer in spe wurden vergleichsweise sanft von ihren Sitzen gestoßen und in den Lieferwagen geführt. Auf beiden Seiten war eine Sitzbank heruntergeklappt worden und erinnerte so an das Innere eines Gefangenentransporters. Brian und Christopher wurden auf die linke Seite dirigiert, ihre vier Bewacher nahmen ihnen gegenüber Platz. Die Waffen blieben die ganze Zeit im Anschlag. Stalin setzte sich auf den Beifahrersitz und schaute durch ein kleines Fenster nach hinten.
„Wir bringen Sie jetzt zu einem der drei Starterblöcke. Natürlich werden wir Ihnen das Serum hier, im Inneren des Wagens, so spät wie möglich verabreichen. Sie werden also erst sehr spät zu den anderen Läufern stoßen können. Was sich wahrscheinlich in einer schlechten Startposition niederschlagen wird. Es ist jedoch in Ihrem Interesse, dass Sie sich so schnell wie möglich an die Spitze vorarbeiten. Und als kleine Ermunterung verspreche ich Ihnen, dass ich die Sprengsätze fernzünden werde, falls Sie sich bei Meilenstein 8 nicht mindestens unter den ersten Zehn befinden. Haben wir uns verstanden?"
Chris nickte.
„Mister Harding?"
Chris stieß seinen Kumpel an, doch der schien meilenweit entfernt.
„Ich werde dafür Sorge tragen", antwortete Chris für Brian.
Stalin grinste: „Ich glaube Ihnen!"

Der Wagen rumpelte aus der Halle, fuhr über die Hinterhöfe bis hinaus auf eine Nebenstraße. Der schlankere von Stalins Helfern griff nach einem Metallkoffer, der unter seinem Sitzplatz befestigt war. Chris merkte, dass er den Koffer zuvor nicht wahrgenommen hatte. Überhaupt war der Platz unter den Bänken beinahe leer. Wenn man von eben jenem Koffer und einem direkt daneben stehenden Kasten voller 1-Liter-Flaschen Mineralwasser absah. Der anspruchsvolle Russe von heute trank offensichtlich Evian aus PET-Flaschen.

Igor legte den Koffer auf seine Knie und öffnete ihn mit lautem Klacken. Dann sah er auf seine Armbanduhr. Der Wagen fuhr derweil so scharf durch eine Kurve, dass sich alle an ihren Sitzen festhalten mussten.

„Es 9:28 Uhr ist. Noch zwölf Minuten bis Start", sagte Igor. „Zeit für Ihre Injektion."

Eine Sekunde später hielt der Wagen mit quietschenden Bremsen. Abermals mussten sie sich festklammern.

„Bitte gewähren Sie meinen Leuten Ihre Unterstützung. Wir sind etwas hinter dem Zeitplan", kam vom Beifahrersitz. Einer der Schergen hob den Lauf seiner Waffe dazu ein wenig mehr in die Richtung der beiden Amerikaner.

Christopher versuchte, sich aus dem Trainingsanzug zu winden und war überrascht, wie leicht ihm das gelang. Er half Brian ein wenig und wunderte sich nicht schlecht, dass sie im Brustbereich ihrer grell-orangen Lauftrikots längst die unerlässlichen Startnummern trugen. Brian hatte die 5417 und Chris die 5439. Ebenfalls in Orange. Ein Glück, dachte Chris mit einem Blick auf ihre schwarzen Laufhosen, dass die Russen sich nicht zu einer noch gewagteren Farbkombination hatten hinreißen lassen. Andernfalls hätte Stalin ihnen auch gleich ein Fadenkreuz auf die Brust malen können. Oder ein ‚NSA – hier sind wir'.

„Arm binden, los!", herrschte sie Igor an und reichte ihnen dazu zwei dünne Gummischläuche.

Brian schien langsam seine Erstarrung abzulegen und band sich den Oberarm ohne fremde Hilfe ab.

„Nun, Mister Harding, Sie sollten Übung haben, sich die Spritze selbst zu setzen. Wie steht es mit Ihnen, Mister Johnson?“

„Geben Sie her“, verlangte Chris als Antwort und nahm eine der Spritzen aus Igors Händen.

„Brav“, lobte Stalin, der ihre Vorbereitung durch das kleine Fenster zum Fahrerhaus beobachtete. Chris und Brian injizierten sich die Substanz, von der sie im besten Falle annehmen durften, dass es tatsächlich das war, für das Stalin es ausgab. Die Russen sahen schweigend zu. Igor nahm die leeren Spritzen und Gummischläuche entgegen und legte alles in den Koffer zurück, schloss ihn und stellte ihn wieder unter den Sitz.

Christopher erwartete spätestens jetzt, dass sich die Lieferwagentüren öffnen und sie wie in einem schlechten Mafia-Film hinaus gestoßen würden. Draußen konnte er das Stimmengewirr einer sicherlich beeindruckenden Menschenmenge hören. Dieses aufgeregte Durcheinander, das er auch in Boston gehört hatte.

Die Türen öffneten sich tatsächlich. Draußen stand Stalin. Er hielt in jeder Hand ein kleines schwarzes Gerät und lächelte unter seinem Schnauzer.

„Ach, bevor Sie keines klaren Gedankens mehr mächtig sind: Ich habe für Sie beide noch ein besonderes Geschenk.“ Mit diesen Worten übergab er Chris und Brian jeweils eine Fernbedienung. „Es ist ein Sender für die Empfänger in Ihren Schuhen. Sehen Sie das kleine Licht? Solange es – wie jetzt – friedlich grün schimmert, droht Ihnen kein Ungemach. Erst wenn es rot leuchtet, ist die Ladung scharf und bedarf Ihrer laufenden Unterstützung. Sie erinnern sich sicherlich, dass eine vierstellige Zahlenfolge die Sprengsätze entschärft. Allerdings führt eine zweite vierstellige Zahlenfolge zur sofortigen Detonation. Vielleicht haben Sie, während Sie laufen, die Muße, den richtigen Code zu finden. So oder so.“

Damit wandte er sich ab. Brian und Chris wurden von den anderen hinaus auf den Asphalt von Fort Worth verfrachtet.

Und da war sie: Die Verrazano-Narrows-Brücke! Ein riesiges Monument aus Stein und Stahl, Staten Island und Brooklyn verbindend, Synonym für den Start eines der größten Marathon-Ereignisse der Sportwelt. Und davor: ein Meer aus Läufern, Fans, Schaulustigen. Ein buntes, aufgeregtes, lärmendes Sammelsurium der Spezies Mensch.

Für einen Moment hatten Brian und Chris vergessen, in welcher Lage sie sich befanden, doch Stalin drehte sich noch einmal um.

„Vor dem Start könnte es schwierig für Sie werden, Ihre Beine durchgängig laufend zu bewegen. Ich werde die Sprengsätze daher erst mit dem Startschuss aktivieren. Aber kommen Sie vorher nicht auf dumme Gedanken. Meine Leute haben Sie jederzeit im Blick …"

Der Rest von Stalins Ansprache ging im Jubel der Läufer unter, als der Sprecher die letzten fünf Minuten vor dem Start ankündigte. Und alles, was danach kam, wäre sowieso nicht mehr zu ihnen durchgedrungen. Die Wirkung der Wunderdroge setzte ein und begann, Brian und Chris mit einer riesigen Euphoriewelle zu überfluten.

Derweil gesellte sich ein weiterer Mann zu ihnen, der Brian für einen Moment bekannt vorkam. Doch wenn das auch ein Russe war, so fragte er sich, woher er ihn dann kennen sollte. Der Neue musste bereits auf sie gewartet haben. Er trug, wie beinahe alle hier, eine riesige blaue Plastiktüte über dem Laufdress und Handschuhe.

„Bring sie zu ihrem Corral", versuchte Stalin, die Menge zu übertönen. Der Angesprochene nickte stumm.

Brian fing zu laufen an und lachte dabei. Christopher rannte ihm hinterher. Der Neue folgte den beiden, überholte sie und warf dann seine Tüte fort.

„Wir werden die Welt erschüttern!", rief Chris und bemühte sich, seinen davonstürmenden Kumpel einzuholen.

Die Russen schauten den Dreien hinterher. Dann beorderte Stalin seine Männer wieder in den Wagen.

„Nachdem ihr mich zum Hafen gebracht habt, holt ihr sofort das Paket ab."

Igor nickte ihm wissend zu.

Alle schnallten sich an. Dann rauschte der Lieferwagen davon. Zurück zum Hafen, zu der Yacht, die dort auf Stalin wartete und ihn hinüber nach Brooklyn bringen würde, wo längst ein weiterer Wagen bereitstand.

Auf seinem Schoß hatte er einen Tablet-Computer abgelegt und verfolgte den Start im Fernsehen. NBC Channel 4 berichtete live.

Stalin lächelte. Phase Eins hatte begonnen.

3

Brian schoss wie von Sinnen auf den hintersten, orangefarbenen Startbereich zu, der Corral genannt wurde. Dicht gefolgt von Chris. Den dritten Läufer in ihrem Windschatten hatten sie beinahe wieder vergessen.

„Laufen, ja!“, posaunte Brian hinaus.

„Hey, da hat es aber einer eilig!“, wurde sein Sprint von der einen Seite kommentiert.

„Spar dir die Luft, die Strecke ist lang“, echote es von der anderen Seite und wurde von einem vielstimmigen Lachen begleitet.

Brian war das egal. Er war wie in Trance. Er lief, rannte, war eins mit seinem Körper, seinen Beinen.

Endlich, kurz vor Erreichen des längst geschlossenen Corrals, hatte Chris seinen Kumpel eingeholt und hielt ihn an der Schulter fest.

„Halt an, du Idiot!“, schrie Christopher.

Brian drehte sich zu ihm um.

„Muss laufen …“, flötete er und war beinahe schon wieder weg, doch Chris erwischte ihn gerade noch am Handgelenk.

„Hör mir zu!“, herrschte er seinen Kumpel an. „Denk an Elaine! Was sie ihr angetan haben, was sie dir angetan haben …“

Es dauerte eine gefühlte Ewigkeit, doch hinter dem wirren Blick tauchte etwas Bewusstes auf, die Pupillen schienen sich auf Chris’ Gesicht zu fokussieren.

„Elaine …“, wiederholte er, und Tränen traten in Brians Augen. Chris atmete laut aus. Brian hatte sich zu einer Regung hinreißen lassen, war aus seiner Versteinerung erwacht. Glücklicherweise gerade im rechten Moment.

„Ich will dir nicht wehtun, alter Kumpel. Aber du musst weiter an Elaine denken, wenn wir das hier überleben wollen. Sei traurig, sei wütend. Denk dir die schlimmste Strafe für den Russen aus. Aber – bitte – bleib bei mir!“

Brian blickte ihm direkt in die Augen, und obwohl seine Entgegnung kraftlos war, traf sie ihn dennoch ins Herz: „Du bist schuld."

„Ja, wahrscheinlich hast du Recht", sagte Chris, auch wenn er wusste, dass dieses Eingeständnis Brian kaum ein Trost sein konnte. „Lass mich zumindest *unser* Leben retten."

Er ahnte jedoch schon Brians Antwort.

„Wozu? Ohne Elaine …"

„Ich verstehe dich. Glaub mir. Du weißt, dass ich wie ein Hund gelitten habe, als Helen starb."

Brian verzog sein Gesicht zu einer Grimasse, die Frustration und Unglauben widerspiegelte.

„Also … das Leben geht weiter?"

Chris wusste: Es gab kein Ausweichen, kein Rochieren. Brian sah seinen Freund fest an und verlangte von ihm die Antwort auf eine der schwersten Fragen des Universums. Das Leben ging weiter. Natürlich. Doch nur durch Verdrängung. Er ging mit Helens Tod abends zu Bett, und er stand morgens mit ihm auf. Wenn er nicht durch etwas anderes abgelenkt war, kreisten die Gedanken nur um diesen Moment. Und um die Frage, ob er etwas hätte ändern können, es aufhalten …

„Ja. Irgendwie", antwortete er leise. „Kumpel, wir müssen jetzt los. Wir reden später weiter. Versprochen!"

Erst jetzt fiel Christopher auf, dass Brians Worte minimal in seinem Ohr nachhallten. Das JP-13, seine eigene Erfindung, dessen Replik an seinem Handgelenk prangte, lieferte jedes gesprochene Wort mit Mikrosekundenverzögerung zurück.

Nach ihrer Gefangennahme hatten Stalins Schergen all ihre Habseligkeiten mit auf das Schiff gebracht. Christopher Johnson hatte den Russen Rede und Antwort stehen müssen. Jedes Detail ihres Coups beim Boston-Marathon schien wichtig. Stalin fragte, bohrte, hakte nach. Und konfiszierte Brians Uhr und seine Piercings, die doch so viel mehr waren. Stalin besaß nicht nur das Geld sondern auch den Ehrgeiz, es einzusetzen. Und so war es für Chris wenig überraschend, dass sein in mühevoller Kleinarbeit gefertigtes Einzelstück mindestens einen Bruder bekommen hatte, der jetzt an seinem Handgelenk hing und eine unsichtbare Brücke zu der Sendeeinheit in seiner Nase und dem Empfänger an seinem Ohr schlug.

Brian hatte sich derweil umgesehen.

Sie mussten unbedingt auf die Ausläufer der Brücke hinauf.

Zwei Verkehrsebenen, die in einigen Minuten unter dem Getrampel tausender Füße erbeben würden. Und davor Menschen. Bewegliche Hindernisse in nahezu unüberschaubarer Zahl. Doch was noch viel schwerer wog: Bei diesem Marathon wurden die Corrals beinahe eine Stunde vor dem jeweiligen Start geschlossen. Normalerweise hieß es dann: hinten anstellen und warten. Und so endete der erste Enthusiasmus jäh, als sie vor der ersten Absperrung zum Stehen kamen.

„Was jetzt?", fragte Brian ein wenig panisch.

„Wir müssen da rein!", antwortete Christopher und wollte bereits den am nächsten stehenden Helfer ansprechen, als der Neue neben ihnen auftauchte. Er zog Brian am Arm mit sich und wandte sich seinerseits an die Helfer.

„Hallo Leute, ich bin Roy Curran. Lasst ihr mich und meine beiden Mitstreiter bitte durch?"

Brian erinnerte sich. Roy Curran, der amtierende amerikanische Meister im Marathon. Der in Boston entnervt aufgegeben hatte. Eindeutig kein Russe. Ein Handlanger Stalins?

„Curran ist hier!", grölte der Helfer lauthals, und beinahe alle Läufer drehten sich augenblicklich zu ihnen um. Einige fingen zu applaudieren an und bildeten tatsächlich so etwas wie einen schmalen Durchlass nach vorn. Brian und Chris gingen weiter. Sie versuchten irgendwie zu laufen, mussten anhalten, weil die Kunde von dem prominenten Läufer längst nicht so schnell wie erhofft nach vorn drang, gelangten dennoch Schritt um Schritt weiter voran.

Plötzlich erklang die amerikanische Nationalhymne. Christopher unterdrückte nur mit Mühe den Reflex, anzuhalten und seine rechte Hand in Herzhöhe auf die Brust zu legen. Verdammt, sie mussten weiter!

Dann hatten sie den ersten Tausender-Block durchquert. Sie erkannten es nur anhand der Schilder, die die zugelassenen Startnummern dieses Blocks als ‚11000-11999' zusammenfassten. Der nächste Block schloss sich übergangslos an. Nur das Vorwärtsdrängeln war hier deutlich mühsamer als im ersten. Curran schob sich langsam, aber stetig durch die Massen. Eigentlich bewältigte er damit eine beinahe unmögliche Aufgabe, denn die Schar der Laufwilligen erschien ihnen als eine Wand aus Rücken und Beinen. Curran wurde jedoch auch jetzt noch durchgelassen und nahm Brian und Chris mit. Doch sie spürten, dass sie, je weiter sie nach vorn gelangten, mehr und mehr mit Widerstand rechnen mussten. Der Gang durch die Massen war wie ein Waten im Sumpf. Je tiefer sie eindrangen, desto schwerer kamen sie voran. Manche ließen sie nur ungern durch, andere stellten sich ihnen bewusst in den Weg.

Der zweite Tausender mit dem Schild ‚8000-8999' war beinahe geschafft. Weiter!

Sie liefen, gingen, drängelten sich nach vorne. Hofften, bis in den ersten Block zu gelangen ... oder zumindest in den zweiten, wenn man den separaten Startraum der Eliteläufer mitrechnete.

Um sie herum sangen die meisten die Hymne mit, und es war vermutlich diesem Moment patriotischer Verzückung zu danken, dass jedes Mal, wenn Curran erkannt wurde, sich eine schmale Gasse bildete.

Christopher wusste, dass sie nach Stalins Willen in die ersten Reihen vorlaufen mussten. In den Fokus der Kameras. Und das ohne irgendeine Form der Tarnung. „Wir brauchen Brillen", rief er Brian zu.

Sein Kumpel reagierte nicht so, als hätte er ihn gehört.

Dann, so dachte Chris, muss ich wohl für uns beide sammeln gehen. Im Vorbeilaufen riss er erst einem, dann noch einem zweiten Läufer die Sonnenbrille vom Kopf. Zum Glück schloss sich die schmale Gasse, die Curran vor ihnen gebildet hatte, sofort wieder hinter ihnen. So blieben die Bestohlenen laut schreiend zurück. Und Chris und Brian würden zumindest mit einem Minimum an Tarnung in den Lauf starten.

„Hier", drückte er Brian eine der erbeuteten Sonnenbrillen in die Hand, „damit wir nicht schon nach einem Kilometer ganz oben auf den Fahndungslisten stehen."

Abermals blieb eine wirkliche Reaktion aus. Brian nahm die Brille und setzte sie auf. Mehr nicht. Und er drängte sich hinter Curran weiter nach vorn.

Ihre Startnummern wiesen sie für den orangefarbenen Corral aus, den fünften Block von 5000-5999. Sie würden bereits am Start Sekunden, wenn nicht gar Minuten verlieren. Und sie hätten einen Slalomlauf vor sich, der ihnen jede reelle Chance rauben würde. Trotz der Substanz in ihren Körpern.

Die Hymne war verklungen. Die Menge tobte, jubelte. Aus den Lautsprechern hallte die Stimme des Starters wider: „Neun, Acht …", und wurde tausendfach verstärkt. Alle, wirklich alle, zählten die letzten Sekunden mit.

Brian schrie dagegen an: „Wir müssen in den vorderen Block!"

Sie liefen, kämpften, schoben sich weiter und erblickten endlich das Ende des Fünftausenders.

„Drei, Zwei, Eins, …"

Ein mächtiger Knall ließ die Menge los. Mit lautem Gejohle bewegte sich die dreiköpfige Hydra der Startenden auf die Brücke zu. Und um die Endorphinversorgung der startenden Läufer endgültig ans Maximum zu wuchten, ertönte auch noch Frank Sinatras *New York, New York*.

Die Eliteläufer, der vergleichsweise kleine Block der Weltbesten, schossen in der grünen Spur nach vorne. Der erste Tausender blieb ihnen zunächst dicht auf den Fersen.

Nur Brian und Chris waren noch weit davon entfernt, sich diesen Läufern anzuschließen. Der vordere orangefarbene Block war ebenfalls gestartet. Weiter rechts auch der erste blaue. Sie erreichten das Ende des Fünftausenders, schoben sich durch die letzten drei, vier Reihen und waren mitten im Geschehen. Für einige Schritte ging gar nichts, dann kamen sie in einen langsamen Trab. Endlose Sekunden vergingen, bis der gesamte Strom Fahrt aufnehmen konnte.

Sie liefen immer noch zwischen zwei Meter hohen Umzäunungen. Vor ihnen schwoll das vielstimmige Piepen der Nettozeitnahme an, sie passierten das ‚Lane closed'-Schild der Brückenmaut-Stelle und waren endlich auf der offiziellen Strecke. Bereits jetzt hatten sie fünfzig Sekunden auf die Führungsgruppe verloren, und es würde noch mehr werden. Für den Moment mussten sie in der Gruppe laufen. Es gab kein Links, kein Rechts, kein Vor und tunlichst auch kein Zurück. Zu viele Menschen auf zu engem Raum. Gladiatoren der Neuzeit im Kampf gegen die Uhr. Die Menge ergoss sich in die vorgegebenen Wege. Grün und Blau führte auf der unteren Ebene über die Verrazano-Brücke, Orange lief über das Sonnendeck.

Brian schaute sich um. Roy Curran war verschwunden. Brian hatte angenommen, dass der amerikanische Meister bei ihnen bleiben würde. Doch entweder hatte er einen schnellen Weg nach vorne gefunden, oder er hatte sich zurückfallen lassen. Andererseits verhinderte das Auf und Ab der Köpfe eine wirklich Erfolg versprechende Suche. Vielleicht war Curran nur zehn Meter vor oder hinter ihnen. Brian schob die Gedanken an den Verbleib des Profi-Läufers von sich. Wollte Curran in der Spitze mitlaufen, würden sie sich wiedersehen. So oder so.

Chris erinnerte sich plötzlich, was Stalin bezüglich der Fernbedienung gesagt hatte. Er hielt das kleine Gerät so, dass er das entscheidende Detail kontrollieren konnte. Das grüne Licht … war rot geworden. Er hob Brian seine Fernbedienung vor die Nase. Brian verstand und nickte. Sie liefen weiter. Das Laufen würde fortan über ihr Sein oder Nichtsein entscheiden. Und immer noch hatten sie in ihrem Corral ungefähr eintausendneunhundert Läufer vor sich, die wahrscheinlich alle weit mehr als nur ambitionierte Breitensportler waren. Sicherlich würde niemand von ihnen zwei von hinten Heranstürmende einfach und ohne Gegenwehr passieren lassen. Christopher und Brian hatten ein schweres Stück Arbeit vor sich, um zu den Führenden aufzuschließen. Dennoch war es in diesem Moment ein Segen für die beiden, dass hier in drei Blocks gestartet wurde, die auf den ersten Kilometern ihre eigene, wenn auch etwas beengte Laufstrecke hatten und sich erst auf dem Brooklyner Festland vereinigten. Bei einem normalen Massenstart hätten sie wahrscheinlich wirklich fünftausend Beinpaare umkurven müssen. In ihrer Situation war es dennoch nur ein schwacher Trost.

Normalerweise wäre der Lauf über die Verrazano-Brücke ein unvergesslicher Moment von erhabener Schönheit gewesen. Der erwachende Morgen über Manhattan, die Feuerlöschschiffe auf den Wellen des Narrows, die ihre feuchte Fracht in hohen Fontänen versprühten. Dazu die körpereigene Adrenalinausschüttung, an einem der fünf weltgrößten Marathons mitzulaufen und schließlich die Gewissheit, diesen auch gewinnen zu können. Das alles barg Potenzial für einen dieser Augenblicke, um das Leben oder zumindest die Empfindung dessen auf eine höhere Ebene zu heben. Wenn dabei eben dieses Leben jedoch von dem zuckenden Daumen eines möglicherweise geistig nicht ganz gesunden Menschen abhing, dann war dieser Moment so bedeutungslos wie viele andere vor ihm.

Brian und Chris sprachen während dieser ersten Minuten kein Wort. Sie liefen irgendwie neben- oder hintereinander, gerade so, wie es die Möglichkeiten zuließen. Es dauerte eine gefühlte Ewigkeit, bis sich die Reihen etwas lichteten.

Als sie die riesigen Brückenpfeiler auf der Brooklyner Seite passierten, die erste Meile längst Geschichte war und ihr Puls sich wieder in der Region potenzieller Favoriten bewegte, begannen sie, offensiver zu laufen. Eigentlich war es ein Springen in Lücken, ein Hechten in Freiräume, ein ganz und gar unorthodoxer Stil, der zudem von lauten Unmutsbekundungen begleitet wurde. Mehr als einmal wurde ihnen dabei in die Hacken getreten, teilweise auch bewusst. Doch wo sie sonst die Schuhe sofort verloren hätten, drohte hier diesmal keine Gefahr.

Gleichzeitig war damit der Beweis erbracht, dass nichts und niemand diese Schuhe wieder von ihren Füßen bekommen würde. Sie waren Stalins Willen ausgeliefert – auf Gedeih und Verderb.

Brian und Christopher waren immer noch Teil einer vorwärts quellenden Ameisenkolonie, als sie die Brücke verließen und damit Brooklyn erreichten.

Der Stadtteil, der, für sich genommen, die viertgrößte Stadt der Vereinigten Staaten sein könnte, empfing sie so, wie Staten Island sie verabschiedet hatte: mit lautem Applaus!

Zur gleichen Zeit verließ Stalin sein Schiff unterhalb von Fort Hamilton. Ohne Eile, mit dem iPad in der linken Hand, schritt er über den Steg und dann den kurzen Anstieg hinauf zur 94sten Straße. Der Chauffeur, der dort auf ihn wartete, würde ihn durch New York City fahren. Immer parallel zur Laufstrecke. Stalin nahm im Inneren des Wagens, einem unauffälligen Chrysler Sebring, Platz und blickte auf die Informationen seiner geöffneten Apps.

Die TV-Übertragung von NBC4 zeigte natürlich den riesigen Strom der Läufer über die Verrazano-Brücke aus dem sendereigenen Helikopter. Per Splittscreen wurden die Spitzenläufer dazugeholt. Die Elite war noch eine bunte, internationale Gruppe aus Kenianern, Äthiopiern, Japanern, Russen und US-Amerikanern. Auch einige Europäer waren dabei, doch würden die aller Voraussicht nach keine Rolle bei der Vergabe der Siegprämie spielen.

Johnson und Harding waren noch nicht zu sehen. Stalin öffnete die Mittelkonsole der Rückbank und entnahm ein Headset. Er setzte es sich auf den Kopf, stöpselte das Kabelende in sein iPad und öffnete eine weitere App, die sein gesprochenes

Wort direkt in die Ohren seiner beiden Geiseln beförderte. Zur Ermunterung, Erinnerung, vor allen Dingen jedoch, weil es Stalins dunkle Seele nach Boshaftigkeit dürstete, ließ er seinen sonoren Bass erklingen.

„Nun, meine Herren! Wie läuft es sich mit einem scharfen Zünder unter den Füßen?"

Es dauerte eine kleine Weile, bis – natürlich – Johnson ihm antwortete. „Lassen Sie uns nur für einen Moment die Schuhe tauschen. Dann wissen Sie, wie es sich anfühlt."

Für einen sehr langen Augenblick herrschte Ruhe im Sprechkanal. Stalin war hin und her gerissen, diesen vorlauten Amerikaner sofort von den Füßen zu holen. Nur mit Mühe erkämpfte er seine Fassung zurück. Er durfte ihn jetzt noch nicht töten.

„Kommt Zeit ...", antwortete er mit scheinbar gelangweilter Stimme. Nur das schwache Zittern am Ende verriet seinen wahren Gemütszustand. Johnson war Fuchs genug, das zu bemerken.

„Meine Herren, genießen Sie die Aussicht. Das ist sozusagen im Preis inbegriffen."

Stalin wollte offensichtlich ablenken. Christophers Entgegnung schien ihn tatsächlich getroffen zu haben.

Links, weit vor ihnen, ragte Lady Liberty über dem Hudson River empor. Schräg unter der Brücke und für alle unübersehbar erzeugte ein Feuerlöschboot eine in sieben Farben schillernde Fontäne. Die Sonnenstrahlen, die sich zwischen den immer noch zahlreichen Wolken durchgekämpft hatten und auf die Myriaden kleinster Wassertropfen trafen, gaben ihnen die Färbung des Regenbogens.

„Unterschätzen Sie niemals die Kraft des Wassers", sagte Stalin bedeutungsschwanger, als hätte er erahnt, worauf ihr Blick unweigerlich fallen würde.

„Ich glaube nicht, dass wir die Zeit für Smalltalk haben", giftete Christopher Johnson zurück. „Lassen Sie uns einfach laufen. Wie besprochen."

Stalin fluchte etwas auf Russisch. Chris mutmaßte, dass er sich über die Amerikaner aufregte, die keinen Anstand besaßen, die nicht wussten, mit wem man sich anlegen sollte und mit wem besser nicht und überhaupt, dass alle Betrüger waren und nur auf Stalins Geld aus. Oder so ähnlich.

Doch Stalin gab Christopher kein direktes Kontra.

Der nutzte diesen Moment, schaute auf den schier endlosen Strom der Läufer, blickte sich um an diesem viel zu kalten Morgen, hinüber nach Manhattan, wo später alles enden würde und zu seinem Freund Brian, dem er so viel angetan hatte. Und endlich arrangierte er sich mit seiner Situation. Er wusste, er würde auf Brian achten müssen. Er hatte das JP-13, und er wusste seit Boston, wie er auf seinen Kumpel einreden musste, falls der – aufgrund des Nebeneffekts der Droge – wirklich wieder zur hirnlosen Laufmaschine mutieren würde. Die Spitzengruppe bis zur achten Meile zu erreichen, schien ihm eine lösbare Aufgabe. Etwas anderes bereitete ihm weit mehr Sorgen. Stalin ließ sie ohne Tarnung laufen, hatte sie womöglich sogar unter ihren echten Namen angemeldet ... Sie würden sich ohne jegliche Deckung in der Spitzengruppe aufhalten. Beobachtet von wer weiß wie vielen Kameras. Wenn sich auch nur ein NSA-Agent den Lauf im Fernsehen ansah, war er – Christopher Johnson – wieder die Nummer Eins auf den Fahndungslisten.

Dazu gesellte sich sofort eine andere Frage: Stalin war vieles, aber garantiert kein Dummkopf. Er würde ahnen, dass die Geheimdienste des Landes sich der Person annehmen würden, die lange gesucht, sich nun wie auf dem sprichwörtlichen Silbertablett präsentierte. Das Boston-Desaster der NSA würde sicherlich Zugriffe vor laufender Kamera ausschließen, aber irgendetwas würde passieren. Soviel war sicher. Und das musste auch Stalin bewusst gewesen sein, als er sie ohne Tarnung in den Lauf schickte.

Natürlich ist selbst eine Sonnenbrille auf dem New Yorker Kurs auffällig. In Boston führte die Strecke nach Osten, und damit war die Sonnenbrille unerlässliches Utensil. Hier ging es zunächst in Richtung Nordnordost, und die Reflexionen der Morgensonne in Fenstern und Autoscheiben hätten den Einsatz getönter Gläser kaum gerechtfertigt. Eine Schirmmütze wäre jedoch möglich gewesen. Eine Perücke. Irgendetwas.

Die logische Schlussfolgerung behagte Christopher nicht. Stalin hatte sie bislang nur am Leben gelassen, weil er sie brauchte. Zuerst hatte Johnson geglaubt, dass es ihm bloß darum ging, dass Brian und er mit der Nebenwirkung umzugehen wussten. Tatsächlich aber wollte Stalin, dass sie entdeckt würden. Er hatte ihnen gedroht, die Ladungen in ihren Schuhen zur Explosion zu bringen, falls sie bei Meilenstein 8 nicht in der Spitzengruppe wären. Und damit mitten im Fokus der Fernsehkameras. Das alles zielte nur auf eines ab. Brian und er waren für irgendetwas ein Ablenkungsmanöver. Die Frage war nur: wofür?

Und: Würde die Tatsache auch jemandem auffallen, der sie in der Spitzengruppe entdecken würde? Oder würden sie an irgendeine Dumpfbacke geraten, die sie lediglich zu ihrem privaten Ruhm jagen und erlegen wollte?

Die nächste logische Frage war: Was konnten sie selbst unternehmen, um gar nicht erst ins Schussfeld zu geraten? Die einzig mögliche Antwort behagte ihm gar nicht: Nichts!

Er sah hinüber zu seinem Kumpel und verfluchte wieder einmal, ihn mit in die Sache hineingezogen zu haben. In Boston hatte er seinen besten Freund instrumentalisieren müssen. Doch das geschah mit dessen Einverständnis und einem todsicheren Plan im Hintergrund. Und es war – eigentlich – gut ausgegangen. Aber jetzt …

Er blickte nach vorn und erkannte, dass sie sich in ihrem Bemühen, die Spitze zu erreichen, deutlich mehr anstrengen mussten. Noch schaukelte vor ihnen eine Wand aus tausend Läufern. Ungefähr die Hälfte der beweglichen Hindernisse hatten sie seit dem Start kassiert. Dabei bestand das Problem nicht darin, auch die verbleibenden Läufer zu überholen, sondern möglichst viel Ausdauer zu sparen. Bislang gestalteten sich ihre Überholmanöver nach dem Vorbild von Jump-

und-Run-Spielen. Das war kräftezehrend und verbrannte die Dopingsubstanz in ihren Körpern rascher, als es für ihren Sieg zuträglich gewesen wäre. Bei Meilenstein 8, wenn sich die drei Starterfelder wieder vereinten, sollten sie die Spitze des orangen Feldes erreicht haben. Die Eliteläufer, die in der grünen Spur gestartet waren, würden sich gehörig wundern, wenn aus dem orangen Bereich zwei Läufer mit gleicher Geschwindigkeit auftauchten.

Viel wichtiger war jedoch die Tatsache, dass sie für Stalin interessant blieben. Denn was auch immer er mit ihnen plante – solange sie in seinem Spiel für ihn von Nutzen waren, behielten sie auch ihre Beine und ihr Leben. Und vielleicht sogar eine Chance auf Rettung.

Auch an Meilenstein 3 waren Brooklyns Straßen von Passanten gesäumt. Das komplizierte Streckenprofil kurz nach der Verrazano-Brücke, wo sich die einzelnen Corrals auffädelten, lag ebenso wie der Punkt der Wiedervereinigung bereits hinter ihnen. Längst bewegten sich die Schnellsten der einzelnen Startcorrals nebeneinander auf der Fourth Avenue. Dabei teilten sich die Läufer mit den grünen und blauen Startnummern die rechte Straßenhälfte, während die Sportler mit den orangefarbigen Nummern Meter um Meter die linke Seite in Besitz nahmen.

Brian und Christopher waren noch einige hundert Rücken von der führenden Position ihrer Seite entfernt. Aber endlich lichteten sich die Reihen etwas, und das Laufen wurde erträglicher. Sie konnten nun die Läufer vor sich umkurven, statt in Lücken zu springen und dabei zu beschleunigen, abzubremsen und erneut schneller zu werden. Dieser Slalomlauf war dennoch anstrengend, und die Wundersubstanz musste in ihren Adern Schwerstarbeit leisten, um diesen erschöpfenden Laufstil auszugleichen. Den unerwünschten Nebeneffekt dabei zu unterdrücken, war die eigentliche Herausforderung.

Immer wenn Brian Harding bemerkte, dass er in einen stumpfen Laufrhythmus verfiel, zwang er sich, an Elaine zu denken. Das Prinzip, die Nebenwirkung der Droge durch Trauer und Wut zu neutralisieren, hatte bereits beim Boston-Marathon gewirkt. Damals glaubte er, Christopher, seinen Freund und Kumpel, für immer verloren zu haben. Er hatte gelitten, gehofft, war verzweifelt, hatte getrauert und seine Wut gespürt. Und er hatte anschließend Gott oder einer ähnlichen Instanz gedankt, dass alles gut ausgegangen war.

Brian hätte niemals gedacht, dass er das noch einmal durchmachen müsste. Und diesmal war es schlimmer. Unendlich schlimmer. Vervielfacht, potenziert. Einfach … schlimmer!

An Elaine zu denken, riss ihn aus dem nebulösen Traum, in dem er nur laufen wollte, nur nach vorne, schneller, gewinnen.

An Elaine zu denken, machte ihn traurig. Es verdeutlichte ihm seine Hilflosigkeit, und sein Schmerz kanalisierte sich jedes Mal zu einem Stich ins Herz, wenn er ihre letzte Minute wieder und wieder vor sich sah. Wie sie über die Reling geworfen wurde, wie sie Hilfe suchend zu ihm zurückblickte, einen stummen Schrei auf den Lippen. Mit der Zeit hatte er in seiner Erinnerung immer mehr Einzelheiten erkannt. Was sein Gehirn im anfänglichen Schock noch aussortiert hatte, fand den Weg zurück, machte das schier Unglaubwürdige glaubhafter, wahrscheinlicher, tatsächlicher.

Brian schüttelte den Kopf, doch die bösen Gedanken wollten sich so einfach nicht verscheuchen lassen. Er sah zu Christopher hinüber und hatte Mühe, seinen Hass nicht auf ihn zu konzentrieren. Er sagte sich, dass Stalin der Schuldige war. Er allein. Nur er. Aber Chris … irgendwie auch.

Christopher Johnson war sich dieser bohrenden Blicke bewusst. Er vermied es noch, direkt zu Brian hinüber zu sehen, beobachtete aber, ob er in seiner Nähe blieb. Einen Abstand von mehr als 500 Metern mussten sie – im beiderseitigen Interesse – vermeiden. Und man wusste nie, was während eines Laufs alles passieren konnte. Christopher lief weiter, achtete auf die Füße der vor ihm befindlichen Läufer und schielte alle fünf Sekunden nach links zu seinem Kumpel.

Plötzlich wurde ihm in die Hacken getreten, irgendwer griff an seinen Rücken, schob ihn halb nach vorn. Christopher konnte sich nicht halten und stürzte lang auf den Boden der Fourth Avenue. Verzweifelt umklammerte er dabei seine Fernbedienung, den Zünd- oder Entschärfungsmechanismus, den Stalin ihnen ausgehändigt hatte. Nur den nicht verlieren! Aber was noch wichtiger war: die Sprengladungen! Bereits im Fallen wurde ihm bewusst, was das bedeuten konnte! Er musste die Füße weiterhin auf den Boden bringen, musste irgendetwas unternehmen, um die Explosion zu verhindern. In seiner Hast drehte er sich auf den Rücken und begann, mit den Füßen zu trampeln.

Es schien zu funktionieren – bis einer der folgenden Läufer ihn übersah und über ihn fiel. Dessen Knie traf Christophers Kopf so stark, dass er für einen kurzen Moment benommen war. Seine Sonnenbrille schoss über den Asphalt davon. Doch das war im Moment nebensächlich. Er hörte nicht auf zu trampeln. Er musste irgendwie hoch, aufstehen, weiter.

Verdammt, wo war Brian? Hatte er überhaupt mitbekommen, was passiert war? Chris trampelte weiter, drehte sich dabei, versuchte aufzustehen, umklammerte die kleine, leichte Fernbedienung und wollte schnell weiter, die Füße auf den Boden bringen, fort von hier. Der nächste Läufer traf ihn im Rücken. Chris ging abermals zu Boden. Er hielt das kleine Gerät krampfhaft fest.

Um ihn hörte er zahlreiche Rufe.

Attention! Aufpassen!

Doch niemand half ihm hoch.

„Brian! Hilf mir!“

In seiner Not rief Christopher nach seinen Freund. Vielleicht hatte der gar nicht mitbekommen, wie es um ihn … wie es um sie beide stand. Und er musste trampeln. Die Füße bewegen, den Sensoren in den Sohlen vorgaukeln, dass er lief.

Hinter ihm kamen Tausende anderer Läufer, und es war nur eine Frage der Zeit, bis er wieder niedergestoßen werden würde. Und vielleicht würde er dabei K.O. gehen. Oder Brian war weitergelaufen, entfernte sich immer weiter von ihm, gelangte vielleicht über die 500-Meter-Marke, und dann war es zu spät …

Genauso plötzlich wie er zu Fall gekommen war, wurde er jedoch hoch gerissen. Irgendjemand hatte ihm unter die Schultern gegriffen und ihn zurück in die Senkrechte befördert. Christopher lief hektisch mit kleinen Schritten zwischen den Massen, die ihn eingeholt hatten und seinen läuferischen Freiraum erneut verringerten. Seine Schritte wurden länger, passten sich den neben ihm Laufenden an. Und endlich erkannte er, wer ihn gerettet hatte. Es war Brian.

„Dan-ke!“, stammelte er überrascht.

„Danke? Wofür?“, kam in einem unerwartet verächtlichen Ton von Brian zurück.

Die verbale Kälte traf Christopher. Doch zugleich gestand er sich ein, dass sein Kumpel Recht hatte. Letzten Endes hatte Brian nur sein eigenes Leben gerettet. Natürlich Christophers ebenso, aber das schien nach der Betonung seiner Worte eher lästiges Übel gewesen zu sein.

In Boston, so erinnerte sich Christopher, war Brian zu Beginn des Laufes gestürzt. Ein Umstand, den er nicht vorhergesehen hatte, der aber nichts an seinem Gesamtplan ändern konnte. Sein Sturz eben hätte weitaus verhängnisvoller enden können.

Eigentlich wollte er während des heutigen Laufs auf Brian aufpassen. Bislang lief es eher umgekehrt. Und dann war da Brians Zorn auf ihn. Für Chris durchaus verständlich und – zumindest teilweise – berechtigt. Doch sein alter Kumpel war ihm zu Hilfe geeilt. Gab es für sie beide eine Hoffnung? Vielleicht entsprangen Brians Worte trotz aller Ablehnung doch so etwas wie einem Urinstinkt, seinem Kumpel beizustehen.

Chris hatte ihm indirekt wahrscheinlich das Schlimmste angetan, was man einem Freund antun konnte. Hätte Chris sich an Brians Stelle verziehen? Wahrscheinlich nicht sofort.

Dennoch waren … blieben sie Freunde, die vieles im Leben gemeinsam erlebt, gemeinsam überstanden, zusammen überwunden hatten. Er musste seinem Kumpel wahrscheinlich nur etwas Zeit lassen. Hoffentlich, so dachte Chris, behielt er mit seiner Vermutung Recht!

Dann konzentrierte er sich wieder auf den Lauf, schob die dunklen Gedanken von sich. Beinahe verkrampft hielt er noch immer die Hand fest umschlossen um das Gerät, dessen kleine Lampe rot leuchtete.

Brian deutete mit seiner rechten Hand nach vorn. Christopher nickte. Genau dort mussten sie wieder hin.

Nach vorn.

4

Bart Lucas saß in seinem neuen Büro in Fort Meade in Maryland, dem Hauptquartier der NSA. Das Büro war gemessen an Lucas' Verantwortung klein, enthielt jedoch ein paar unverzichtbare Annehmlichkeiten. Die wichtigste war eine dieser neuartigen Kaffeemaschinen, mit denen man so ziemlich jedes Getränk herstellen konnte, das auch nur entfernt auf dem Pulver der braunen Bohnen basierte. An diesem Sonntagmorgen saß Bart bei einer profanen Tasse schwarzen Kaffees an seinem Schreibtisch und las einige Berichte, die er schon längst hätte abarbeiten sollen. In der NSA-Zentrale war man auch am Sonntag nicht allein, doch zumindest herrschte nicht die laute Geschäftigkeit der Werktage. Alles war leiser, beruhigter, beruhigender.

Die Entscheidung, selbst am Sonntag zu arbeiten, war ihm leicht gefallen. Savannah, seine Frau, lebte mit den Kindern noch in Boston. Sie hatten lange überlegt, ob sie sofort ein Haus in Maryland kaufen sollten, umziehen, die Jungs aus dem gewohnten Umfeld reißen, oder ob sie es für einige Monate als Fernbeziehung versuchen sollten. Fort Meade war schließlich nicht aus der Welt. Sie hatten vereinbart, dass Bart alle vierzehn Tage am Wochenende nach Boston kommen würde. Ein Plan, der bislang funktionierte, der ihrem Liebesleben sogar einen zweiten Frühling beschert hatte, der allerdings auch an jedem dazwischen liegenden Wochenende dazu führte, dass Bart sich in sein Büro zurückzog. Er tat das guten Gewissens, konnte er so doch teilweise den Vorsprung erarbeiten, der es ihm ermöglichte, am folgenden Freitag bereits am frühen Nachmittag im Flieger zu sitzen.

Sein neuer Job als Chef der Ostküste gestattete ihm ansonsten keine wirklichen Freiheiten. Noch vor einem halben Jahr hatte er sich erlaubt, den Boston-Marathon an der Strecke zu verfolgen. Die Leichtigkeit der Schnellsten, die Begeisterung der laufenden Masse und der kaum nachlassende Applaus der

Zuschauer waren unvergessliche Live-Erlebnisse, denen er sich gerne auch weiterhin Jahr für Jahr hingegeben hätte.

Es kam anders. Der letzte Boston-Marathon und die katastrophalen Ereignisse bei der Verfolgung Fred Longers setzten eine Folge von Ereignissen in Gang, die für ihn – zumindest teilweise – überraschend waren.

Rachel Parker hatte damals alle Schuld auf sich genommen, und obwohl er gemeinhin als ihr Mentor galt, schadete ihm die Marathon-Affäre seltsamerweise nicht. Unerwartet für ihn war dann aber die Tatsache, dass er die Gelegenheit bekam, seine Karriere im Hauptquartier fortzusetzen. Denn dank einer glücklichen Fügung war gerade der Sessel des Ostküstenchefs vakant geworden, und er konnte das Rennen um den Posten für sich entscheiden.

Und nun war er Herr über Delaware, New Hampshire, New York, New Jersey, Massachusetts und so weiter und so fort. Tausende Agenten unterstanden seinem Befehl. Ehre und Verpflichtung zugleich.

Bart sah sich den Stapel Berichte auf der linken Seite seines Schreibtisches an. Der auf der rechten Seite – und damit abgearbeitet, kommentiert, redigiert, verworfen – war leider deutlich niedriger. Das alles sah nach einem unaufgeregten und langweiligen Arbeitstag aus.

„Was soll's", sagte er, ließ die Berichte Berichte sein und fingerte nach der TV-Fernbedienung.

Der Flatscreen erwachte, und Bart Lucas zappte durch die Programme, bis er bei NBC Channel 4 hängen blieb. Die Berichterstattung zum New York City Marathon war genau die Ablenkung, die seinen Arbeitstag von einem ‚erträglich' in ein ‚angenehm' verwandeln würde. Als Kenner der Szene wusste er um die Favoriten, die Läufer, die möglicherweise überraschen konnten und die taktisch interessanten Punkte der Laufstrecke. Noch schlängelte sich die Masse durch die drei vorgegebenen Startbahnen. Dem restlichen Feld bereits enteilt waren die Eliteläufer, die Weltbesten. Er hatte den Start verpasst, aber das würde er verschmerzen. Die Führenden passierten gerade Meilenstein 4. Die Uhr zeigte 9:57:30 und offenbarte damit, dass es ein schnelles Rennen werden konnte. Vier von sechsundzwanzig Meilen – das war für einen Marathonlauf noch nichts wert. Die Regie von Channel 4 sah es wohl genauso und zeigte neben den immer wiederkehrenden Bildern der Spitzengruppe auch noch die farbenprächtige Masse der folgenden Läufer. Die Kamera huschte über die Gesichter, verharrte und verfolgte einzelne Gruppen. Nach einer Weile wanderte der Bildausschnitt zu den nächsten zwanzig bis dreißig wackelnden Köpfen. Alles nicht sonderlich scharf, alles mit Teleobjektiv.

Für einen Moment glaubte Bart Lucas in der namenlosen Meute ein Phantom gesehen zu haben. Ein Gesicht, das dort nicht hingehörte, dort nicht hingehören konnte …

Die Kamera schwenkte unbarmherzig weiter und ließ Lucas verwirrt zurück. Das war doch unmöglich! Er musste sich geirrt haben. Spielten ihm seine Nerven einen Streich? Vielleicht arbeitete er doch zu viel. Womöglich sollte er sich heute frei nehmen. Andererseits: Wenn er sich nicht geirrt hatte …

Bart Lucas beschloss, dem vermeintlichen Phantom auf den Fersen zu bleiben. Sein Blick blieb auf dem Bildschirm, während er nach dem Telefonhörer griff. Die Ziffern wählte er blind.

„Hallo, Stevens! Schön, dass Sie heute hier sind. Haben wir einen Mitschnitt vom New-York-Marathon?"

„Welches Jahr, Mister Lucas?"

„Dieses Jahr – jetzt – live!"

„Wir schneiden mit Sicherheit mit, Sir. Wenn Sie allerdings sofort darauf zugreifen wollen, dann muss ich Ihnen zuerst eine Kopie ziehen."

„Ziehen Sie, Stevens. Und bitte beeilen Sie sich."

Lucas trennte die Verbindung. Er überlegte. Wahrscheinlich hatte er sich geirrt. Sehr wahrscheinlich hatte ihm seine Fantasie nur einen bösen Streich gespielt. Aber im letzten Winkel seines Gehirns regte sich Widerstand gegen diese allzu einfache

These. Es war zuerst ein zartes Aufbegehren, ein Hinterfragen dessen, was er zu wissen glaubte, was ihm durch andere zugetragen worden war, was er niemals selbst gesehen hatte.

Wenn er sich nicht getäuscht hatte, dann stellte sich eine entscheidende Frage: Was war vor einem halben Jahr in Boston wirklich passiert?

Das Telefon läutete, und Bart griff blind hinüber.

„Stevens, Sir. Die Datei liegt auf Laufwerk K im Pfad Aktuelles."

„Danke. Gute Arbeit. Wie lange sind Sie noch hier?"

„Solange Sie mich benötigen, Sir."

„Das ist die Einstellung, die mir gefällt. Könnte sein, dass es heute spät wird."

„Kein Problem, Sir."

Lucas trennte die Verbindung. Er überlegte kurz, ob er seine Augen tatsächlich vom aktuellen Geschehen wegreißen sollte. Wenn er jedoch das Phantom in der Aufzeichnung entdeckte, dann benötigte er die Live-Bilder nicht. Kurz entschlossen zog er seinen Laptop wieder heran und suchte in dem von Stevens genannten Pfad nach der Datei. Es war die einzige, und er öffnete sie sofort. Mit dem Schieberegler in der unteren Displayhälfte bewegte er sich eilig an die Stelle der Aufzeichnung, von der er glaubte, dass er dort seine Ahnung bestätigt finden würde.

Zuerst zeigte die Aufzeichnung wieder die Gruppe der Führenden an Meilenstein 4, ehe die Kamera des Senders begann, scheinbar wahllos die ambitionierte Verfolgergruppe und dann weiter hinten die immer noch sehr schnellen anderen Läufer einzufangen.

Da! Bart Lucas war bereits zu weit vorwärts gescrollt. Bild für Bild ging er langsam zurück, argwöhnisch jenen Bildausschnitt beobachtend, der ihn vorhin aufgeschreckt hatte. Und dann sah er seine Vermutung bestätigt. Das Standbild auf seinem Laptop zeigte die schnellste Gruppe des auf der linken Straßenseite befindlichen Corrals, und mitten darin lief niemand anderer als CHRISTOPHER JOHNSON! Sozusagen von den Toten auferstanden. Noch dazu in einem alles andere als unauffälligen orangen Shirt.

Bart lehnte sich in seinem Sessel zurück. Seine Gedanken überschlugen sich. „Verdammt!", fluchte er laut.

Er wusste, dass er den Boston-Marathon komplett neu bewerten musste. Annahme Eins: Johnson war tot. Falsch!

Hatte Johnson nur das Ziel verfolgt, der NSA sein Ableben absolut glaubhaft zu vermitteln? Wahrscheinlich war er der jahrelangen Jagd müde geworden, wollte noch einmal kassieren und dann für immer verschwinden. Doch wenn das stimmte, warum war er dann jetzt inmitten eines Marathons auf amerikanischem Boden?

Lucas überlegte weiter. Er wusste, dass es ein wildes Spekulieren war, ein gedankliches Improvisieren ohne gesicherte Fakten. Doch während sein Blick rund um Johnsons Gesicht herum unscharf wurde, er sich alleine auf die möglichen Schlussfolgerungen konzentrierte, drang ein anderes bekanntes Gesicht in sein Unterbewusstsein. Bart Lucas war Profi genug, sofort wieder zurückzufinden und sich das Bild erneut vorzunehmen. Vierzig, vielleicht fünfzig Köpfe waren dort zu sehen. Da – sechs Reihen hinter Johnson – lief außerdem Rachel Parkers Freund! Vielleicht war er auch ihr Verlobter, Lucas konnte sich nicht mehr erinnern. Auf sein Gesichtergedächtnis konnte er sich jedoch hundertprozentig verlassen, egal ob dieser Mann eine Brille trug oder nicht. Bart Lucas erkannte ihn an anderen Dingen, an der Form des Kopfes, seiner Körperhaltung, der Körpersprache, den Proportionen der Gliedmaßen zu dessen restlichem Körper. Es gab viele Möglichkeiten, das Gesicht einer Person zu verändern. Die anderen Parameter eines Körpers jedoch vergaßen viele, die den Geheimdiensten entkommen wollten. Diese Maße zu erkennen, hatte sich Lucas über die Jahre antrainiert. Und so konnte keine profane Sonnenbrille Parkers Freund davor bewahren, ebenso wie Christopher Johnson von Bart Lucas erkannt zu werden.

Nicht nur Johnson, auch Harding – Lucas erinnerte sich an dessen Namen – liefen einhellig miteinander einen Marathon. Es bereitete Bart Lucas keine großen Probleme, eins und eins zusammenzuzählen. Er griff erneut zum Hörer und drückte die Wahlwiederholung. „Stevens, jetzt benötige ich doch eine alte Aufzeichnung. Können Sie mir auch den Boston-Marathon überspielen?"

„Diesen Jahres?"

„Ja, und bitte genauso schnell wie Ihre Lieferung eben!"

„In spätestens einer Minute auf demselben Laufwerk."

Ungeduldig aktualisierte Lucas die Dateien in dem Pfad, in dem er zuvor die New-York-Datei gefunden hatte. Wieso ließ sich Stevens nur so viel …

Endlich! Lucas öffnete sofort die Video-Datei und bewegte sich auf der Scroll-Leiste zur Mitte der Aufzeichnung. Dort sah er, wie sich der damals Führende Fred Longer bewegte. Jetzt brauchte er nur noch vergleichen.

Der Ausschnitt der New-York-Aufzeichnung, in dem sich Harding bewegte, taugte allerdings nicht für einen Vergleich. Immer war irgendjemand vor Harding. Lucas konnte nicht sehen, in welchem Stil Rachels Freund seine Füße auf die Straße brachte.

Als sein Blick wie zufällig zurück zum aktuellen TV-Bild fand, sah er sein Problem gelöst. Dort liefen Harding und Johnson inzwischen Schulter an Schulter in einer der vorderen Reihen der Verfolgergruppe. Beide in Orange! Zur Spitze bestand zwar ein gehöriger Abstand, aber jetzt, da er in Brian Harding niemand anderen als Fred Longer erkannte, den Läufer, der beinahe den Boston-Marathon gewonnen hätte, wenn Rachel Parker nicht …

Er riss den Telefonhörer an sein Ohr. „Stevens! Rufen Sie Tipton Airport an. Ich brauche sofort den Learjet. In zehn Minuten will ich in der Luft sein."

„Nach New York, Sir?"

„Sie haben es erraten!"

Lucas schnappte sich sein Handy, seinen Laptop und eilte aus dem Zimmer. Kaum, dass die Tür ins Schloss gefallen war, besann er sich anders und machte kehrt, öffnete sein Büro erneut und lief zurück zum Schreibtischtresor. Er hatte die Tastenkombination noch nicht ganz vollständig gedrückt, als die schwere Tür mit einem leisen Plopp aufschwang. Dort – der längliche Gegenstand, doppelt so groß wie ein Handy und auch doppelt so schwer. Lucas' linke Hand ergriff das Gerät, zog es aus dem Tresor. Die Tresortür wieder zuzudrücken, hinter dem Schreibtisch aufzuspringen und wieder durch die Bürotür hinauszulaufen, gelang Bart in einer fließenden Bewegung. Er rannte die Treppe hinab, hastete zu seinem Wagen und beschleunigte vom halbleeren Parkplatz hinunter. Die Wachleute am Tor ließen ihn nach kurzer Sichtkontrolle passieren, und er lenkte seinen Lincoln hinaus auf den Patuxent Freeway. Der Verkehr war überschaubar, und er konnte unter Missachtung sämtlicher Geschwindigkeitsbeschränkungen damit rechnen, Tipton in kaum fünf Minuten zu erreichen.

Obwohl er wusste, dass er schleunigst Ordnung in seine Gedanken bringen sollte, konzentrierte er sich auf den Verkehr. Er zwang sich dazu, seine Analyse zurückzustellen. Wenn er erst in der Luft war, würde er genug Zeit haben, sich über die Vorgänge klar zu werden. Über den New-York-Marathon genauso wie über sein Bostoner Pendant.

Als er den Tipton Airport erreichte, konnte er bereits erkennen, dass Stevens gute Arbeit geleistet hatte. Er sah den Learjet abflugbereit hinter dem Zaun des Flugfelds stehen. Er parkte seinen Wagen mit einem fulminanten Bremsstunt, eilte durch die Türen des Flughafens und begab sich sofort zum Jet. Einer der Piloten erwartete ihn, ließ ihn an Bord und klappte hinter ihm die Tür, die gleichsam Einstiegstreppe war, hoch.

„New York, Sir?", fragte der andere Pilot aus dem Cockpit.

„Ja, Newark Airport."

Die Düsen schoben den Jet auf die kurze Startbahn, die vornehmlich von Sportflugzeugen genutzt wurde.

„Bitte anschnallen, Mister Lucas."

Doch der hatte sich längst gesetzt, war angeschnallt und widmete sich wieder der Analyse. Johnson und Harding hatten in Boston den Schein gewahrt. Harding hatte sich offensichtlich unter dem Namen Longer qualifiziert, eine vergleichsweise niedrige Startnummer erhalten und war außerdem perfekt getarnt.

Was passierte gerade in New York? Heute liefen sie mit 5000er Startnummern und ohne Tarnung. Jeder halbwegs intelligente Agent, der den Lauf verfolgte, würde sofort die Fahndungscomputer anwerfen. Für die Schlussfolgerung brauchte man kein Genie zu sein: Irgendetwas stimmte dort nicht!

Lucas nahm sein Handy, schloss es an seinen Laptop an und wählte nun schon zum dritten Mal die Nummer des Diensthabenden in Fort Meade. „Stevens, wer ist in New York verfügbar?"

„Floyd Truman ist dort der diensthabende Offizier."

„Geben Sie mir den Mann ans Telefon. Dringend!"

„Jawohl, Sir."

Es dauerte eine gefühlte Ewigkeit, bis ein leises Knacken vom Zustandekommen der Verbindung kündete.

„Floyd Truman hier, Mister Lucas."

„Hallo Floyd, tut mir Leid, dass ich stören muss. Sehen Sie gerade die Marathon-Übertragung?"

„Nein, Sir. Aber ich schalte sie soeben ein. Einen Moment noch – okay, bin dran. Worauf soll ich achten?"

„Der Mann mit der Nummer 5439. Irgendeine Ahnung, wer das sein könnte?"

„Moment, den sehe ich gerade nicht. Doch – oha – sieht nach Christopher Johnson aus, Sir! Aber ist der nicht eigentlich ... tot?"

Lucas stieß einen Pfiff der Bewunderung aus. „Ich sehe, Sie haben Ihre Hausaufgaben erledigt. Respekt. Aber Johnson ist nicht allein. Brian Harding, sein Freund und Komplize, ist mit ihm unterwegs. Achten Sie auf die Nummer 5417. Aber unabhängig davon: Was fangen wir mit diesem Wissen an, Truman?“

„Straßen abriegeln. Ihn am Ziel in Empfang nehmen.“

„Das wäre die Standardprozedur. Und jetzt denken Sie weiter.“

Truman brauchte einen Moment, um den gedanklichen Schritt zu machen. „Sie haben Recht, Sir. Johnson würde sich kaum freiwillig den Kameras stellen.“

„Noch dazu in einem Trikot in einer schwer zu übersehenden Farbe. Weiter, Truman, weiter!“

„Womöglich richtet jemand eine Waffe auf sie …“, fiel Trumans erster Analyseversuch etwas zaghaft aus.

„Während der gesamten Marathondistanz? Dafür bräuchte man eine Kompanie an Heckenschützen. Realistischer scheint mir, dass sie irgendwie erpresst werden. Wir sollten den derzeitigen Aufenthaltsort von Hardings Freundin und Johnsons Ex-Kollegin Rachel Parker ermitteln“, versuchte Lucas ihre Arbeitsrichtung zu kanalisieren.

„Oder sie tragen die Bedrohung bei sich. Einen Bombengürtel oder so etwas“, weitete Truman die möglichen Lösungsansätze aus.

Lucas glaubte, dass Truman mit seiner Vermutung Recht behalten könnte. „Wir sollten Harding und Johnson eine Weile beobachten, Auffälligkeiten sammeln. Womöglich finden wir Hinweise, die den ein oder anderen Ansatz plausibel erscheinen lassen.“

„Ich setze einen Mann auf Rachel Parker an, Sir. Außerdem lasse ich meine Kontakte spielen. Vielleicht finde ich heraus, wer gerade in der Stadt ist und ein Interesse haben könnte, die beiden auf die Straße zu schicken. Ansonsten verfahren wir nach Protokoll: Beobachten. Hintergründe klären. Gegebenenfalls Kontakt herstellen.“

„Mit Letzterem warten wir noch. Floyd, das hier sollte unser Spiel sein! Aber wir stehen noch nicht einmal auf dem Platz. Schauen Sie, wer mitspielt. Treffen Sie Vorbereitungen. Aber warten Sie, bis Sie genau wissen, wer was warum will. Halten Sie mich auf dem Laufenden. Ich bin auf dem Weg."

„Jawohl, Sir!"

Lucas hörte das obligatorische Knacken. Truman hatte aufgelegt.

„Stevens, sind Sie noch dran?"

„Natürlich, Sir."

„Wie komme ich im Jet an Live-Bilder vom Lauf?"

„Sie können Sendungen via Satellit empfangen. Sie sollten ein Icon auf dem Desktop Ihres Laptops finden."

In der Tat flimmerte knappe fünf Sekunden später die Übertragung über Lucas' kleinen Bildschirm.

„Danke. Stevens, ich werde Ihre Hilfe sicherlich noch brauchen."

„Kein Problem, Sir."

Bart Lucas trennte nun seinerseits die Verbindung. An der Laufsituation hatte sich glücklicherweise nichts geändert. Johnson und Harding liefen auf der linken Straßenseite der Fourth Avenue, die Weltspitze hielt sich rechts. Für die Läufer, die die Jahresrangliste anführten, würde es eine große Überraschung sein, wenn sie die beiden in ihrem Schatten entdeckten.

Insgeheim musste Lucas auch an das Geld denken, das er für die heutige Aktion ausgeben würde. Er war ein Chef. Doch stand er deshalb nicht über der Kritik. In seiner Position waren Berichte über die Verwendung der Finanzen sein Tageswerk. Und sein Instinkt sagte ihm, dass es unter diesem Aspekt ein sehr teurer Tag werden konnte.

Doch andererseits würde er die Betrüger des Boston-Marathons dingfest machen. Er würde endlich Johnson kassieren. Und seine Helfer Brian Harding und – so viel stand jetzt wohl fest – Rachel Parker. Der Moment der Erkenntnis schmerzte ihn besonders. Parker war sein Protegé, seine Schülerin und die einzige Person, die in den letzten Jahren große – und wie er vormals glaubte – berechtigte Hoffnungen auf eine große Karriere in ihm geweckt hatte.

Ihre Kündigung nach dem Marathon-Vorfall war insofern folgerichtig, als im Geheimdienstbusiness einiges verjähren kann, jedoch niemals etwas vergessen wird. Ihr Verstoß gegen die erste Direktive – das unbedingte Vermeiden von Zugriffen unter den Augen der Öffentlichkeit – wog schwer und würde ihren Aufstieg auf Jahre hinaus bremsen.

Wenn Rachel Parker jedoch von Anfang an geplant hatte auszusteigen, dann war ein schwerwiegender Verstoß gegen die erste Direktive der beste Kündigungsgrund. Genau genommen der einzig glaubwürdige.

Lucas fragte sich, ob er ein kompletter Idiot gewesen war, nicht bereits vor einem halben Jahr Lunte gerochen zu haben. Doch aus welchem Grund sollte sie überhaupt abtrünnig geworden sein? Eine Frau mit ihren Karriereaussichten warf alles weg für …? Was war es? Geld? Johnson hatte weder die erpressten drei Millionen der NSA, noch die einhundertfünfzigtausend Dollar für den Sieg beim Boston-Marathon kassieren können. Liebe? War sie blind ihrem Freund Brian Harding gefolgt?

Johnson galt als tot, von Hardings Beteiligung wusste niemand. Warum also gab Rachel ihre Position dennoch auf?

Lucas wusste, dass er die Antworten erhalten würde, wenn er Johnson und Harding im Ziel in Empfang nahm. Nur sagte ihm sein Instinkt auch, dass es nicht so einfach werden würde. So oder so: Es würde eine späte Genugtuung sein, und unter diesem Aspekt durfte er als Territorialchef sicherlich ein paar Dollar mehr einsetzen.

Bart sah auf seine Uhr. Es war zwölf Minuten nach zehn. Die Läufer waren auf der siebten Meile.

„Wann werden wir in Newark landen?“, fragte er nach vorne ins Cockpit.

„Wir sollten in fünfunddreißig Minuten dort aufsetzen, Sir.“

5

Chris deutete wortlos auf Brians Brille und danach auf sich und sein ungetarntes Gesicht. Unschwer für Brian zu erkennen, was sein ehemals bester Freund von ihm wollte. Doch Brian Harding war nicht bereit, Chris zu verzeihen oder auch nur eine Winzigkeit für ihn zu tun.

Stattdessen begann er, schneller zu laufen. Gerade so, als wollte er seinem alten Kumpel entkommen. Chris folgte ihm natürlich mühelos. Momentan wäre er jedoch lieber im Boden versunken, als dem Mann hinterherlaufen zu müssen, der ihm die Schuld am Tod seiner Freundin gab. Eine Teilschuld. Zumindest. Doch Brian lief, und Chris musste folgen. Und schräg hinter ihnen flog der NBC-4-Hubschrauber, und der Kameramann darin lieferte das Bild der beiden orange gekleideten Läufer im Fernduell mit der Spitzengruppe auf der anderen Straßenseite frei Haus an Millionen Fernsehgeräte rund um den Globus.

Brian und Chris liefen mittlerweile fast auf einer Linie mit den Besten der Welt. Auf ihrer Seite der Fourth Avenue waren sie mit deutlichem Abstand in Führung. Noch trennte sie nur die mittlere Absperrung von der Führungsgruppe. Ab und an ernteten sie bereits irritierte Seitenblicke. Die Kenianer schienen einen sechsten Sinn dafür zu besitzen, wenn jemand sich in ihrem Nacken befand. Und wie in Boston sprachen sie sich bereits ab. Seit eben jenem Marathon wusste Brian allerdings, wie der Hase lief.

Doch um den Lauf als solchen mussten sie sich am wenigsten Sorgen machen. Die Situation an der Spitze stellte sich übersichtlich dar. Rechts lief die führende Gruppe um Koskai, den Boston-Gewinner. Brian zählte fünf oder sechs bezahlte kenianische Tempomacher. Außerdem erkannte er Bacha und Zarinow wieder. Der Spanier und der Russe hielten sich hinter den Afrikanern, und wie Brian wusste, taten sie gut daran, vorerst in deren Windschatten zu bleiben. Brian sah außerdem noch einen Italiener und zwei Japaner … und Curran!

Wie hatte es der amerikanische Meister nur geschafft, so schnell nach vorne zu gelangen? Und wie zur Hölle hatte er den Corral gewechselt? Er hätte wie weiland Moses die Schar der vor ihm befindlichen Läufer teilen müssen, um so schnell nach vorne zu gelangen. Sicherlich, Brian und Chris hatten einiges an Boden verloren, als Christopher gestürzt war. Doch die Spitzengruppe lief mit gehörigem Abstand vor dem Feld, und sie waren bereits eine Weile beinahe gleichauf. Irgendwann hätten sie Curran sehen müssen…

„Nun, meine Herren! Ich sehe Sie noch nicht in den Top Ten. Sind Ihnen Ihre Füße so wenig wert?"

Stalins Stimme wirkte wie ein eiskalter Griff in den Nacken.

„Er wird es nicht wagen", sagte Brian in einem Anflug von Trotz zu Christopher, vergaß dabei jedoch einen entscheidenden Aspekt ihrer Sprechverbindung.

„Mister Harding, ich an Ihrer Stelle würde nicht darauf wetten, dass ich meine Finger im Zaum halten werde."

„Wir sollten es besser nicht darauf ankommen lassen", sagte jetzt Christopher und erhöhte das Tempo. Brian nickte ihm zu und flankierte ihn sofort. Meilenstein 8 kam in Sichtweite und damit die Vereinigung der einzelnen Corrals. Von hier an würde nur noch ein breiter Weg durch Brooklyn, Queens und Manhattan führen. Der Kurs wechselte von der Fourth auf die Lafayette Avenue. Brian und Christopher waren auf einem guten Weg, die Führung des Marathonfeldes zu erlangen, als auch die Kenianer anzogen. Möglicherweise hatte Koskai den Bostoner Lauf noch genau vor Augen, und als zwei unbekannte Läufer auf Brusthöhe der Weltelite auftauchten, beschloss er, den selben Fehler nicht ein zweites Mal zu begehen. Diesmal schickte er seine Hasen sofort ins Gefecht, um die Neuankömmlinge an die Grenzen ihrer Möglichkeiten zu bringen. Das allein wäre noch nicht tragisch gewesen, doch da gleichzeitig die Europäer alles unternahmen, um bei diesem

Tempovorstoß in der Gruppe der Führenden zu bleiben, liefen Brian und Chris Gefahr, die Top Ten zu verpassen. Und der Meilenstein war nur noch achtzig Meter entfernt!

Die Gruppe um die schnellen Afrikaner wechselte bereits die Straßenseite, um sich vor sie zu setzen. Noch vierzig Meter.

„Los!", rief Chris und setzte zu einer weiteren Beschleunigung an. Brian hielt mühelos mit, und so schossen sie in einem unerwarteten Sprint an allen vorbei und passierten den Meilenstein 8 als Erste.

„Gut gemacht, meine Herren. Beinahe wäre ich sogar stolz auf Sie", kicherte ihnen Stalin ins Ohr. „Leider ändert Ihr kleiner Zwischenspurt nichts an meinem Entschluss, Sie jetzt von Ihren Füßen zu trennen!"

„Nein, warten Sie!", rief Brian und hob dabei beschwichtigend die Arme. Offensichtlich erwartete er, dass Stalin ihn via TV sehen würde. Beinahe wäre er dabei stehen geblieben, doch Chris zog ihn weiter und hielt ihn am Laufen. Die Weltbesten passierten sie derweil mit Leichtigkeit.

„Lauf weiter!", ermahnte ihn Chris. „Er suhlt sich nur in seiner Macht. Hör nicht auf ihn!"

„Ja, laufen Sie weiter, Mister Harding. Ihr Freund hat Recht. Ich werde Sie nicht verletzen. Noch nicht …" Stalins Lachen war dunkel und markerschütternd.

Doch immerhin – so stellte Chris fest – hatte Brian gezeigt, dass ihm sein Leben noch wichtig war. Trotz seiner Trauer um Elaine. Trotz seiner anfänglichen Verzweiflung.

Das Leben würde weitergehen. Und Chris hätte Brian gerne an seinen Überlegungen teilhaben lassen. Doch da Stalin mithörte, schwieg er. Und sagte seinem Kumpel nicht, dass Stalin sie benötigte, dass es einen Plan gab, der ihre Mitarbeit zwingend vorsah. Allerdings wusste Christopher trotz seiner vielfältigen Begabungen nicht ansatzweise, worauf das alles hinauslief. Und so gesehen war die Unwägbarkeit, ob und wann Stalin sie eventuell doch noch von den Beinen holen würde, ein Grund, Brian weiterhin mit seiner Vorahnung zu verschonen.

Christopher bemühte sich, halbwegs vor Brian zu laufen, ihm Windschatten zu geben. Sie hatten den direkten Kontakt zur Führungsgruppe wieder verloren, liefen rund dreißig Meter hinter der Spitze. Ungeachtet der Wundersubstanz in ihren Körpern war es sicherlich sinnvoll, ihre Kräfte zu schonen. Und es war folgerichtig, sich gegenseitig auf der Jagd nach der Spitzenposition zu unterstützen. Brian wusste, was Chris mit seinem kleinen Manöver bezweckte und hängte sich hinter ihn.

Sie beide bemerkten beinahe gleichzeitig, dass der Nebeneffekt der Substanz – die ungezügelte Euphorie – sich fast vollständig verflüchtigt hatte. Es mochte an dem Hass liegen, den sie gegenüber Stalin empfanden, an der Trauer um Elaine, an der Wut, in diese Lage geraten zu sein und wahrscheinlich auch an der Angst, verkrüppelt zu werden oder gar zu sterben. Weder Brian noch Chris wurden zu hirnlosen Marionetten des russischen Oligarchen. Zumindest dieser Umstand war ein wenig tröstlich.

Chris erhöhte abermals geringfügig seine Schrittfrequenz. Brian tat es ihm gleich. Zurück an die Spitze. Die Kräfte schonend, die Substanz möglichst wenig verbrauchend.

Denn irgendetwas würde passieren. Soviel war sicher.

Hinten im Lieferwagen war die Kiste – das Paket – festgebunden. Igor saß auf dem Beifahrersitz und drehte sich zu seinen Kameraden um. Der graue Lieferwagen fuhr derweil die 30ste Straße in Weehawken entlang. Der breitschultrige Mann neben ihm auf dem Fahrersitz lenkte ihn und die drei anderen Männer im Font hinunter zur Mautstelle. Igor hielt die obligatorischen acht Dollar Mautgebühr bereit. Gleich würden sie durch den Lincoln-Tunnel hinüber nach Manhattan rollen. Sie lagen perfekt im Zeitplan. Und Igor lächelte.

Stalins Fahrer fuhr in Richtung der Brooklyner Fifth Avenue. Einen Block weiter und damit rund dreihundert Meter entfernt jubelten die Massen den Marathonläufern zu. Im Gegensatz dazu war die Straße, auf der der blaue Sebring fuhr, nahezu verwaist. Stalins Fahrer blieb deutlich hinter der Spitzengruppe zurück ungefähr auf der Höhe von Meilenstein 5. Es war kein Problem, den winkenden Mann an der Kreuzung 40ste Straße auszumachen, und Stalin befahl dem Fahrer, dort anzuhalten.

Stalins Entscheidung, den Kontakt zu seinen Läufern aus einem fahrenden Wagen – und nicht wie seinerzeit Christopher Johnson in Boston aus einem Kellerversteck heraus – aufrecht zu erhalten, hatte zwei Gründe. Zum einen war er für seine eventuell auftretenden Feinde so schwerer lokalisierbar, zum anderen musste das hier noch erledigt werden.

Der Mann, der an der Kreuzung auf sie wartete, war von schlanker Statur und nur mit einem Laufdress bekleidet. Die kantigen Wangenknochen wiesen auf eine russische Herkunft hin.

Der Wagen stoppte direkt vor dem Wartenden. Der Mann beugte sich zum Türgriff und öffnete die hintere Tür von außen. Anstatt jedoch einzusteigen, verharrte er für einen Moment. Das, was er im Inneren des Wagens erblickte, war für ihn nicht nur unerwartet, es brachte das blanke Entsetzen in sein Gesicht. Er machte ein, zwei halbherzige Schritte zurück, ehe er nach zwei leisen Plopps rücklings auf den Gehsteig fiel.

Stalin sicherte seine Waffe und schloss die Wagentür.

„Weiter!“, befahl er.

Alonso Bacha war der erste, der ihr erneutes Aufschließen zur Führungsgruppe bemerkte. Als Brian zu ihm hinüber sah, glaubte er, ein aufmunterndes Lächeln im Gesicht des Spaniers zu entdecken. Hatte der Iberer sich an ihn erinnert? Eigentlich sollte das unmöglich sein, schließlich hatte Brian in Boston eine Sonnenbrille, einen falschen Bart und eine blonde Kurzhaarperücke getragen. Er hatte alles dafür getan, später nicht wiedererkannt zu werden. Andererseits analysieren Spitzenläufer wahrscheinlich eher den Laufstil als das Aussehen ihrer Konkurrenten, und den Laufstil konnte Brian bei aller Begabung kaum verstellen.

Chris und er hängten sich an die Gruppe an, liefen am hinteren Ende und warteten ab. Natürlich wurde ihr erneutes Auftauchen auch von den Kenianern bemerkt. Doch noch konterten sie nicht mit einer weiteren Tempoverschärfung. Stattdessen begannen sie zu verschleppen. Vielleicht wollten sie auch nur die Japaner und Europäer in die Führungsarbeit drängen. Brian und Christopher sollte es letzten Endes egal sein. Normalerweise zumindest …

„So meine Herren", meldete sich Stalin wieder zu Wort, „ich möchte nicht, dass bei Ihnen Langeweile aufkommt. Bitte verschärfen Sie das Tempo der Gruppe wieder. Wenn es sein muss, übernehmen Sie die Führung. Laufen Sie gleichmäßig, und lassen Sie sich nicht zu irgendwelchen Zwischenspurts hinreißen. Dann wird Ihnen eine lange Gesundheit beschieden sein … soweit es mich betrifft."

Abermals amüsierte er sich köstlich über seine letzte Bemerkung und lachte Brian und Christopher ins Ohr.

„Los jetzt!", forderte er nach, als seine beiden Probanden nicht sofort gehorchten.

Christopher folgte der Aufforderung widerwillig, lief zu Bacha auf und begann dann, die Gruppe von hinten aufzurollen. Zuerst kassierte er Zarinow, dann die beiden Japaner, die immer dicht beieinander liefen, als wären sie mit einem unsichtbaren Band miteinander verbunden. Schließlich war er neben Roy Curran angelangt, jenem Läufer, der sie durch die Startcorrals gelotst hatte.

Einer spontanen Eingebung folgend, blieb Chris einen Moment auf der Höhe des amerikanischen Meisters. „Danke, Roy, für deine Hilfe beim Start."

Der Angesprochene blickte kurz zu ihm hinüber, und die Art wie er dies tat, zeigte Chris deutlich, dass Curran sich im falschen Film wähnte.

„Ohne dich wären wir wohl kaum so schnell nach vorne gekommen", setzte Christopher nach.

Curran bewegte seine Hand, als wolle er eine lästige Fliege verscheuchen und machte unmissverständlich klar, dass er Christopher fortan ignorieren würde.

„Sie sollen keinen Plausch am Wegesrand halten, Mister Johnson. Laufen Sie gefälligst an die Spitze." Stalins Stimme hatte wieder die alte, diabolische Intensität zurückgewonnen.

Christopher ließ von Curran ab und setzte seinen Weg an die Spitze fort. Die Afrikaner konnte er deutlich mehr irritieren als den amerikanischen Meister, und über die Verwirrung in den Augen der Kenianer vergaß er beinahe Currans Reaktion. Aber eben nur beinahe. Als er sich vor Koskai eingereiht hatte und mit Brian im Schlepptau das Tempo abermals verschärfte, gönnte er sich einen Moment der Analyse. Warum hatte Curran so reagiert? Die Antwort war mehr als offensichtlich: Der amerikanische Meister wollte nicht mit Stalin in Verbindung gebracht werden. Was auch immer ihm der Russe gezahlt hatte, es war zu wenig, um seinen Ruf dafür zu riskieren. Vorzugeben, sie nicht zu kennen, war somit keine allzu überraschende Reaktion. Dennoch fühlte sich diese Begründung für Christopher eigenartig an. Ohne weitere Faktenkenntnis würde er in seiner bisherigen Analyse allerdings kaum weiter kommen.

„Vielleicht explodieren die Schuhe ja gar nicht", vermutete Brian leise flötend.

Christopher sah sich nach seinem Kumpel um und fand dessen Blick wach, zugleich jedoch irgendwie abwesend. Brian schaute einfach an Chris vorbei, als würde sehr weit vor ihnen etwas ungemein Spannendes geschehen. Der flötende Ton seiner Stimme wollte nicht zu seinem Gesichtsausdruck passen. Christopher versuchte, eine weitere Regung bei seinem Kumpel zu entdecken, doch der lief weiter, als hätte er kein Wort gesagt. Aber kaum wollte auch Christopher wieder in seinen alten Rhythmus zurückfallen, als Brian fortfuhr: „Stalin wird nur bluffen. Es ist einfach, einen Sprengsatz in einen Schuh zu bauen, aber ihn mit einem Trittsensor und Timer zu verbinden, ist unendlich schwieriger."

Brians klar gesprochene Sätze standen in einem krassen Gegensatz zu der vermeintlichen Abwesenheit, mit der er neben Chris herlief. Sein Kumpel wirkte wie ein Schlafwandler, und mit eben jener Sicherheit umkurvte er auch die zahlreichen Löcher im Asphalt der Lafayette Avenue.

Christopher hatte sich etwas zurückfallen lassen und beobachtete seinen Kumpel nun argwöhnisch. Was passierte hier? War sein Freund in einem Trancezustand?

„Ich denke, ich werde es mal drauf ankommen lassen!", verkündete Brian und blieb beinahe ruckartig stehen.

„Oh-oh-oh, solche Experimente sollten wir lassen!", sagte Chris, der ebenso stoppte, eilig zwei Schritte zurücksprang und seinen Freund gegen dessen Willen weiterzog. Glücklicherweise kam Brian wieder ins Laufen, bevor die 3-Sekunden-Marke für die unwiderrufliche Antwort sorgte, ob Stalin tatsächlich bluffte.

„Bist du total von Sinnen? Hast du Stalins kleine Demonstration vorhin vergessen?", hakte Christopher nach, als er wieder halbwegs sicher sein konnte, dass Brian weiter neben ihm her laufen würde. Auf eine Antwort hoffte er dabei freilich nicht. Dennoch bereitete ihm Brians Ausbruch Sorge. Wurde sein Kumpel gerade verrückt? Christopher Johnson wusste wenig über die Gründe, die dazu führten, das chemische Gleichgewicht eines menschlichen Gehirns durcheinander zu wirbeln. Anhaltender Stress war jedoch mit Sicherheit ein nicht zu unterschätzender Einflussfaktor. Und Stress hatte Brian momentan deutlich mehr als nötig. Erst Elaine und jetzt das hier ...

Er blickte zu seinem Freund hinüber, doch alles schien wie zuvor. Könnte er nur etwas tun, etwas sagen, was Brian helfen würde, mit dieser Situation fertig zu werden! Christopher biss sich auf die Lippen. Er hoffte, dass Brian bei ihm blieb. Dass er stark genug war, Stalins Mätzchen zu ertragen. Dass alles einfach ein gutes Ende nehmen würde.

„Ich habe doch Recht?", fragte Brian nach, und es war offensichtlich, dass die Frage ihm – Christopher – galt.

„Womit?"

„Dass es schwierig wäre, so etwas in dem beschränkten Raum einer Schuhsohle unterzubringen?"

Christopher verneinte und ertappte sich dabei, gleichzeitig den Kopf dabei geschüttelt zu haben. „Ich baue dir so etwas in fünf Minuten zusammen, und der geringe Raum begrenzt höchstens die Stärke der Sprengstoffladung. Mehr nicht."

Für einen sehr langen Moment hörten sie nur das Geräusch der Füße auf dem Asphalt. Sie passierten Meilenstein 9. Schräg vor ihnen fuhr der Wagen mit der Zeitanzeige und wies eine gelaufene Bruttozeit von fünfundvierzig Minuten und achtunddreißig Sekunden aus. Das war nicht überragend schnell, doch gemessen an den Schwierigkeiten, die sich ihnen bislang in den Weg gestellt hatten, war es eine phänomenale Zwischenzeit.

„Glückwunsch, Mister Johnson. Ich hätte es nicht besser erklären können", kam schließlich die unvermeidliche Ergänzung aus der Sprecheinheit.

Und Christopher antwortete ebenso unvermeidbar: „Ihr Lob, Stalin, bedeutet mir unendlich viel."

6

Die Frau mit der glockenförmigen Frisur schaute hinüber zu T. J., dem dunkelhäutigen Abhör-Spezialisten und bewegte ihre linke, flache Hand zu ihrem Hals gerichtet einmal hin und her. T. J. Hawkins verstand und regelte den Pegel der Lautsprecher auf null. Er selber folgte weiterhin dem Dialog per Kopfhörer und sagte kein Wort. Hawkins war ein begnadeter Experte in dem, was er tat. Ein Sprachfehler verlangsamte zwar zumeist den Vorgang, seine Erkenntnisse dem Team mitteilen zu können. Dennoch war er unersetzlich.

Die Frau öffnete die oberen zwei Knöpfe ihrer Bluse und wedelte sich mit ihrer Hand etwas Luft zu. Dann drehte sie sich zurück zum Besprechungstisch und schaute in die Runde der anwesenden Agenten.

„Nun, meine Herren. Stalin ist hier! Die gute Nachricht: Wir wissen davon. Die schlechte: Wir wissen noch nicht, was er plant, geschweige denn, wo er es plant!“

Elisabeth Bancroft beugte sich über den Tisch und breitete den Stadtplan darauf aus. Ihr Dekolletee ließ ihre allesamt männlichen CIA-Kollegen für einen Moment die Tragweite der Situation vergessen. Und wahrscheinlich auch, wer Vorgesetzte und wer Untergebener war.

„Offensichtlich hat sein Vorhaben mit dem Marathon zu tun. Damit ließen sich zumindest Ort und Zeit etwas eingrenzen.“

Mit einem roten Marker zog sie schwungvoll eine lang gezogene Ellipse um Brooklyn und Manhattan. Queens und die Bronx wurden ebenfalls mit einem kleinen Schlenker des Strichs auf dem Stadtplan bedacht. Nach Vollendung der gestreckten Kreisbahn steckte sie die Kappe zurück auf den Stift und blickte auf.

„Ihre Analyse, meine Herren?“

Die Angesprochenen schauten ihre Chefin etwas hilflos an. In der vergleichsweise kleinen Person von einem Meter und fünfundsechzig Zentimetern steckte geballte Energie. Sie hatte

Langley im Sturm genommen, war trotz ihres Alters von erst fünfunddreißig Jahren zur Leiterin der Gruppe für besondere Aufgaben berufen worden und hatte in den letzten zwei Jahren mehrfach bewiesen, dass es keine bessere Wahl als sie für diesen Job gab. Zu ihrer fachlichen Kompetenz gesellte sich der Aspekt, dass sie auf eine besondere Weise attraktiv war. Sie war nicht hübsch im eigentlichen Sinn. Ihre Haare wirkten wie eine brünette Hommage an Anna Wintour, ihre Augen waren blau, ihre Nase klein, ihre Lippen voll. Die Wahl ihrer BH-Größe schwankte je nach Hersteller zwischen C- und D-Körbchen, und ihre Hüfte war ebenso schlank wie ihre Taille. Das alles waren für sich allein mögliche Attribute von Schönheit, in ihrem Fall schien es jedoch irgendwie nicht zusammen zu gehören. Dennoch – oder gerade deswegen – besaß Elisabeth Bancroft eine magische Anziehungskraft. Nur war diese Attraktivität – wie in diesem Fall – kontraproduktiv. Doch sah Elisabeth, die sich von ihren wenigen guten Freunden Liz nennen ließ, nicht ein, warum sie sich in einem offensichtlich überheizten Büro bis oben hin zugeknöpft geben sollte.

„Verzeihung, Mam", begann einer der Agenten und schaffte es immerhin, ihr bei der folgenden Frage in die Augen zu sehen: „Woher wissen wir, dass dieser Stalin überhaupt etwas plant?"

Elisabeth Bancroft bedachte ihn mit einem Blick aus leicht zusammengekniffenen Augen, ehe sie mit einer knappen Geste der Kapitulation vor dem augenscheinlichen Nichtwissen des Fragestellers abwinkte.

„Sie heißen Taylor, richtig? Sie sind offensichtlich nicht gebrieft worden. Ich muss Ihnen sagen, meine Herren, dass ich es hasse, während eines Einsatzes mit Agenten arbeiten zu müssen, die nicht jedes Detail ihres Auftrags kennen. Peter, gibst du bitte unseren Neuankömmlingen einen Überblick?", wandte sich Elisabeth Bancroft an ihren Operationsleiter und meinte damit einzig und allein Taylor Danes, denn mit allen anderen Agenten hatte sie mindestens einmal zuvor zusammengearbeitet. Ein grundsätzlicher Überblick über die bekannten Fakten würde jedoch für alle hilfreich sein.

Peter Hunziker war nur geringfügig größer als seine Chefin, von schlanker Gestalt, mit graumelierten Schläfen. Seine sportliche Erscheinung pflegte er in Armani-Anzüge zu kleiden, sein Aftershave war dezent und doch präsent. An seinem linken Handgelenk hing ein Schweizer Chronograph der Marke Maurice Lacroix. Alles an ihm war aufeinander abgestimmt. Alles passte.

Hätte jemand die beiden ohne Wissen der Hierarchie gesehen, hätte derjenige, den gängigen Klischees folgend, mit Sicherheit angenommen, Hunziker wäre Bancrofts Chef.

Hinzu kam, dass Hunziker es trotz aller Betriebsamkeit immer fertig brachte, zu schreiten. Er ging nicht, er stolzierte. Nicht wie ein eitler Pfau, doch wie ein Mann, der zu jedem Zeitpunkt Gentleman war. Und speziell diese Eigenart gab ihm die Aura eines Vorgesetzten.

In Wirklichkeit füllte er die Pflichten einer ‚rechten Hand' dermaßen perfekt aus, dass es auch für diesen Job kaum einen besseren gab. Hunziker war ein alter Hase, hatte bereits diverse Positionen innerhalb der Agency durchlaufen, doch als Assistent in der Gruppe für besondere Aufgaben schien er seine wahre Berufung gefunden zu haben. Innerhalb der vergangenen vier Monate war er zu Bancrofts engstem Vertrauten aufgestiegen. Und offensichtlich wusste sie genau, was sie an ihm hatte. Er wurde einer der wenigen, die Elisabeth Liz nennen durften. Es war für sie auch keine Überraschung, dass er ein erneutes Briefing aus dem Ärmel schüttelte.

„Was wissen wir über Stalin?", begann er und klickte wie nebensächlich einen Ordner auf seinem Laptop an. Der Ordner öffnete sich und offenbarte zahlreiche Bilder des Oligarchen, die über eine kabellose Verbindung auf den TV-Screen an der gegenüberliegenden Wand des Besprechungsraums übertragen wurden.

„Er ist achtunddreißig Jahre alt, stammt aus Sankt Petersburg und hat es binnen fünf Jahren zum drittreichsten Mann Russlands gebracht. Er ist ein ausgezeichneter Pistolenschütze und spricht sehr gut Englisch. Nahezu akzentfrei. Er hat acht Semester in der Yale School of Medicine studiert und seinen Abschluss in Molekularer Zellbiologie und Genetik mit Eins gemacht. Und er ist Kulturattaché der russischen Botschaft in D.C."

„Mutter Amerika lässt wohl immer wieder Wolfskinder an ihre Zitzen", ergänzte Taylor Danes, der im Bemühen, verlorenen Boden gutzumachen, leider die Wirkung seines Kommentars verkannte.

Elisabeth Bancroft strafte ihn sofort ab: „Taylor, Sie klinken sich an der Stelle bitte aus. Holen Sie mir erst einmal einen Kaffee. Stark, aber mit Milch."

Als er nicht sofort reagierte, legte die Chefin deutlich schärfer nach: „Danes, Ihre Karriere bewegt sich gerade auf sehr dünnem Eis. Kaffee. Mit Milch. Abmarsch!"

Danes warf Peter Hunziker einen Hilfe suchenden Blick zu, aber der zuckte nur mit den Schultern. Er wusste aus seiner Zusammenarbeit mit Liz Bancroft, dass sie ein Biest sein konnte. Doch traf ihr Zorn immer nur die, die ihn auch verdient hatten.

Danes war ein Hüne von einem Mann. Einen Meter und fünfundachtzig Zentimeter maß er, war mit breiten Schultern gesegnet und besaß einen Bizeps, der sich unter seinem Hemd deutlich abzeichnete. Er hatte volles, in der Mitte gescheiteltes Haar und große, wache Augen. Er war sprichwörtlich ein ganzer Kerl, doch er trottete aus dem Zimmer gefühlte fünf Zentimeter kleiner als vorher.

„Peter?", forderte Liz ihren Assistenten zum Weitermachen auf. Sie war sich bewusst, dass sie gerade den Mann hinausgeschickt hatte, der das Briefing am nötigsten brauchte. Doch in dem Moment wollte sie alle Fakten noch einmal hören. Sie von einem anderen vorgetragen zu bekommen, öffnete manchmal den Blick für vormals unbeachtete Details.

Hunziker nickte und fuhr mit dem Briefing fort: „Stalins berufliche Ambitionen sind weit gestreut. Sein Hauptinteresse scheint der Ölförderung zu gelten. Obgleich die Rechte der russischen Ölvorkommen samt und sonders bei dem Energiegroßkonzern Russneft liegen, werden Stalin zum Beispiel die alleinigen Förderrechte in Kamtschatka nachgesagt. Als es vor ein paar Jahren in Sankt Petersburg um die Neuaufteilung der beträchtlichen Vorkommen im russischen Nordpolarmeer ging, war Stalin der stärkste Mann, um sich auch diese Förderung quasi zuzuordnen. Auf Betreiben unserer Agency konnte sein Aufstieg zum alleinigen Herrscher innerhalb des Konzerns damals noch verhindert werden. Das war jedoch nur ein Sieg auf Zeit, denn Stalin gewann in den Folgejahren an Macht und Einfluss. Er hat sich mittlerweile gegenüber allen anderen Oligarchen innerhalb von Russneft durchgesetzt. Seine Rücksichtslosigkeit erinnert dabei an seinen Namensvetter zu Zeiten des Zweiten Weltkriegs. Überhaupt ist Stalin ein Hardliner, der sich eher in den Feindbildern des Kalten Krieges zuhause fühlt."

Bishop, einer der anderen Agenten hob seinen Arm halb hoch. „Verzeihen Sie meinen Einwurf. Ist Stalin sein richtiger Name?"

Dabei knallte er die Hacken zusammen, als wäre er einem Weltkriegsfilm entsprungen.

„Was war das denn?", tat Josh Hopkins – ein weiteres Teammitglied – überrascht.

„West Point, vor vier Jahren mit Auszeichnung abgeschlossen", antwortete Bishop.

Hopkins schüttelte den Kopf. „Wir anderen kommen auch nicht vom Ponyhof. Mach dich mal locker."

„Josh, James. Das hilft uns nicht weiter", strafte Bancroft beide gleichermaßen ab. Dann wandte sie sich wieder Bishops Frage zu.

„Gute Frage, James! Stalin ist in der Tat nur ein angenommener Name. Eigentlich heißt er Jewgenij Iwanowitsch Andropow. Doch das war ihm wohl nicht abschreckend genug. Stalin legt sehr viel Wert auf seine Außenwirkung. Potenzielle Gegner sollen vor Ehrfurcht erstarren, besser noch vor dem Klang seines Namens erzittern. Mit dem Original-Stalin aus dem vorigen Jahrhundert ist er jedoch nicht verwandt."

„Klingt nach einem schwierigen Charakter", gab Bishop zurück.

James Bishop war eher der bullige Typ. Da er seinen Kopf kahl geschoren hatte und mit einem breiten Nacken ausgestattet war, hätte man ihn leicht in die Schublade ‚Türsteher' stecken können. Tatsächlich war Bishop jedoch der Mann für die Software, in diesem Fall für die satellitenbasierten Überwachungstechniken.

Hunziker stimmte ihm zu. „Stalin gilt als jähzornig, nachtragend und rachsüchtig. Der Wahrheitsgehalt der folgenden Anekdote ist bestätigt. Stalin besitzt auf einem seiner Anwesen in Sankt Petersburg ein riesiges Salzwasserbecken. Groß genug, um Seaworld Konkurrenz zu machen. Jedenfalls bestellte er sich dafür einen großen Weißen Hai. Die Lieferung war erfolgreich, der Hai im Wasser, der Lieferant bezahlt. Alle waren zufrieden. Irgendwann fand Stalin aber heraus, dass es sich bei dem Hai nicht um den bestellten großen Weißen handelte, sondern um einen Makohai. Denjenigen unter Ihnen, denen diese Spezies nichts sagt: Gemeinsames Baden ist zu vermeiden! Stalin ließ den Lieferanten abermals kommen und warf ihn ins Bassin. Das ist nur ein Beispiel, verdeutlicht jedoch den Charakter des Russen. Wer auch immer Stalins Unbill auf sich zieht, sollte bedenken, dass sein eigener Betrug sich gegen ihn wenden wird. Stalins Rache läuft immer auf eine Konfrontation des Delinquenten mit dem ursprünglichen Auftrag hinaus."

„Dann frage ich mich, was ihm New York getan hat", meldete sich Agent Josh Hopkins erneut zu Wort, und das Lachen der anderen löste ein wenig die Anspannung, die seit Danes' Bestrafung geherrscht hatte.

Hopkins war schlank, zirka einen Meter und achtzig groß, und seine markantesten Auffälligkeiten waren ein Grübchen am Kinn sowie sehr kurze Haare, die seinen Kopf wie ein raspelkurzer Rasen bedeckten. Josh erinnerte ein wenig an den jungen Kirk Douglas. Allerdings war er auch einer jener Agenten, die zu oft die *Men in Black*-Filme gesehen hatten. Schwarzer Anzug, schwarze Sonnenbrille. Wobei diese zumindest jetzt noch in der Innentasche seines Jacketts steckte. Hopkins galt als dienstbeflissen und folgsam.

„Die Stadt ist nicht Stalins Ziel", übernahm Miss Bancroft wieder und zeigte mit der Fernbedienung auf das TV-Bild der Marathon-Übertragung. „Schauen Sie auf den Bildschirm. Die beiden Läufer mit den 5000er Startnummern sind diejenigen, die gerade mit Stalin gesprochen haben. Und wie Sie gehört haben, befinden sich die beiden in einer nahezu aussichtslosen Situation."

„Explodierende Schuhe?", fragte Bishop. „Was in aller Welt haben die beiden angestellt, das eine solche Bestrafung rechtfertigt?"

Der zurückgekehrte Danes stellte den Becher Kaffee vor Elisabeth ab. Sie nickte ihm zu und trank einen ersten, eiligen Schluck.

Peter Hunziker übernahm erneut: „Der Stand unserer Ermittlungen ist folgender: Christopher Johnson – übrigens ein ehemaliger NSA-Mann – und dessen Freund Brian Harding verkauften Stalin eine Wunderdroge, die sie während des diesjährigen Boston-Marathons präsentierten. Erinnert sich jemand an den Lauf? Beinahe hätte ein Nobody den Marathon gewonnen. Das war Harding! Und heute haben beide – Johnson und Harding – die Substanz im Blut. Die Droge wirkte wohl nicht wie verabredet, Stalin fühlte sich hintergangen, voilà, jetzt laufen sie zu Stalins Bedingungen."

„Johnson galt als tot", warf Taylor Danes ein und gewann etwas von seiner ursprünglichen Größe zurück.

„Sie scheinen doch zu Höherem berufen, als nur Kaffee zu holen, Taylor", versetzte Miss Bancroft. „In der Tat täuschte Johnson während der Bostoner Aktion seinen eigenen Tod vor. Doch wie wir sehen, kann man sich vielleicht vor der NSA verstecken, aber nicht vor Stalin."

„Das klingt für mich, als wäre New York nur zufällig im Spiel", gab Bishop dazu.

„Diese Meinung würden wir gerne teilen", antwortete Miss Bancroft. „Allein die Tatsache, dass Stalin selbst in der Stadt ist, spricht gegen Ihre Annahme. Dieser Mann ist jemand, der kommen lässt, der seine Leute hat, sie in die Welt schickt, sich normalerweise jedoch nicht aus Russland fortbewegt. Es muss ihm schon eine ziemliche Herzensangelegenheit sein, wenn er höchstpersönlich hier auftaucht. Darum mag ich nicht so recht daran glauben, dass die beiden Läufer allein diesen Einsatz rechtfertigen."

„Und beachten Sie bitte eines dabei: Es gibt die begründete Annahme, dass Stalin einen ranghohen Spion in einen der amerikanischen Geheimdienste eingeschleust hat", verriet Peter Hunziker.

„Es könnte also sein, dass er bereits von dieser Aktion weiß?", bemerkte Taylor Danes.

„Wir sollten diese Möglichkeit zumindest nicht außer Acht lassen", parierte Hunziker.

„Okay, bleibt im Hinterkopf. Zurück zu New York. Was kann er hier wollen?", hakte Hopkins nach.

Er stellt die richtigen Fragen, dachte Elisabeth Bancroft. Wenn ihr Gefühl nicht trog, würde sie in Bishop und Hopkins fähige Teammitglieder für die heutige Aktion gefunden haben. Und vielleicht war auch Danes gar nicht so übel.

„Wir befürchten, dass New York wie so oft stellvertretend für die Vereinigten Staaten insgesamt steht", fuhr Peter Hunziker fort. „Sie erinnern sich an unsere Intervention bei der Neuvergabe der Ölförderrechte im russischen Nordpolarmeer? Wir haben Stalin vor seiner Haustür gedemütigt. Wie wir wissen, vergeltet Stalin gerne Gleiches mit Gleichem. Da er durch seinen Spion erfahren haben dürfte, dass die CIA ihre Hände im Spiel hatte, könnte er annehmen, eine offene Rechnung begleichen zu müssen. Langley anzugreifen wäre eine Möglichkeit, es uns nach 9/11 wieder einmal in New York zu zeigen."

„Was müssen wir erwarten? Einen Terrorakt?", fragte Hopkins.

Hunziker antwortete: „Das ist leider nicht auszuschließen. Stalin verfügt nicht nur über die finanziellen Mittel, ein solches Unternehmen zu starten, er hat mittlerweile auch genügend Verbindungen, entsprechende Verstärkung zu rekrutieren. Außerdem gehört ihm ein Biolabor in Murmansk. Sie erinnern sich, was er in Harvard studierte?"

Die Männer am Tisch nickten gemeinschaftlich.

„Was ist mit der Sprechverbindung? Stalin und die beiden Läufer kommunizieren. Können wir Stalins Signal orten?", fragte Bishop.

„Negativ. Wir gehen derzeit davon aus, dass Stalin via Johnson-Phone mit den beiden Läufern kommuniziert. Normalerweise würde man das Ursprungssignal orten können. Allerdings müsste man näher als dreihundert Meter an die Signalquelle heran, um einen sicheren Treffer zu landen. Stalin ist in Bewegung, wahrscheinlich in einem Wagen. Wir haben alle gehört, dass er sich heute Morgen vermutlich auf Staten Island aufgehalten hat. Er ist im Süden gestartet und könnte parallel zur Laufstrecke fahren. Die Betonung liegt dabei auf ‚könnte'. Das Johnson-Phone, das in Boston zum Einsatz kam, hatte eine Signalreichweite von dreizehn Meilen. Bedenken Sie das Areal, das wir absuchen müssten", antwortete Hunziker.

Bishop setzte nach: „Wir nehmen den Satelliten dazu. Der Verkehr bewegt sich nach bestimmten Mustern. Durch die Sperrung der Fourth Avenue wird einiges auf den Ausweichstraßen los sein. Falls er gen Norden fährt, wird er schwer zu lokalisieren sein. Wenn er aber ständig in der Nähe seiner Schäflein bleiben will, muss er irgendwann die Richtung wechseln. Spätestens in Queens sollten wir die Anzahl der potenziellen Wagen auf zwanzig eingegrenzt haben."

„Das klingt nicht nach West Point, sondern eher, als wärest du direkt vom Verkehrsamt zu uns gestoßen", frotzelte Hopkins.

„Ich halte nur nichts von Ringfahndungen. Ich bevorzuge den minimalinvasiven Zugriff", stellte Bishop klar.

Bancroft stand mit ihrem Kaffeebecher daneben und nickte. „Gut, wir machen es, wie von Ihnen vorgeschlagen. James, Sie kümmern sich selbst darum!"

„Jawohl, Mam", sagte er, knallte die Hacken zusammen und verließ das Zimmer. Die anderen überhörten Bishops Eigenart.

„Wir haben noch einen weiteren Anhaltspunkt", stieß Taylor nach und wies auf den Bildschirm. „Wir brauchen diese beiden Männer. Wahrscheinlich wissen sie etwas über den eigentlichen Plan Stalins. Möglicherweise auch nicht. Im Moment sind die beiden jedoch der einzige Hinweis, den wir haben."

„Ich bin ganz Ihrer Meinung!", bestätigte Bancroft. „Unser Hauptaugenmerk gilt diesen Männern. Momentan sieht es jedoch nicht danach aus, als könnten wir mit ihnen Kontakt aufnehmen, ohne dass Stalin es merkt."

„Wir müssen davon ausgehen, dass Stalin den Lauf per TV-Übertragung verfolgt. Außerdem hat er die Sprechverbindung. Was also ist zu tun?", stellte Peter Hunziker die Frage in den Raum.

„Unsere Priorität sollte sein, den Männern ihre Probleme von den Füßen zu holen, würde ich sagen!", antwortete Hopkins.

„Gut, Josh. Sie sind der Mann, der alles dafür Notwendige in Erfahrung bringen wird", gab Bancroft postwendend zurück.

„Bin dran, Mam!", salutierte Hopkins etwas zu forsch. Entweder war Bishops Art ansteckend, oder er wollte seinen Agenten-Kollegen in dessen Abwesenheit etwas hochnehmen.

Elisabeth Bancroft ignorierte Danes' Überzuckerung, nahm einen Schluck von ihrem Kaffee und lächelte in die Runde. „Nun, meine Herren. Wir wussten, dass dieser Tag kommen würde. Zeigen wir also den Russen, dass sie offensichtlich das elfte Gebot vergessen haben: Du sollst dich niemals mit der CIA anlegen!"

7

Chris hatte sich an die Spitze gesetzt. Er war Führender des größten Marathon-Laufs auf diesem Planeten. Er hatte das Zeug, den Lauf zu gewinnen. Und er konnte schneller sein als jeder andere Läufer zuvor. Das Wissen um seine Fähigkeiten katapultierte zum ersten Mal eine Euphoriewelle durch seinen Körper. Es war anders, selbst zu laufen, es war anders als nur hinter dem Mikrofon zu sitzen und Brian anzufeuern, seinen Lauf zu verfolgen …

Heute lief er allein für sich, und dieser neue Mann war weit entfernt von dem pummeligen Jungen aus Harvard. Heute würde er allen zeigen, was wirklich in ihm steckte. Er sah sich um, schaute auf die anderen Läufer der Spitzengruppe, sah ihre Gesichter, die noch frisch und entspannt wirkten, schaute in die Augen von Koskai, Curran, Zarinow und beschleunigte.

Es war so leicht. Er schwebte über den Asphalt der Bedford Avenue in Brooklyn, umkurvte gekonnt die zahlreichen Löcher im Boden, beschleunigte abermals. Er blickte sich um und sah, dass er bereits dreißig Meter Vorsprung auf die anderen erarbeitet hatte. Doch das war noch nicht genug. Er wollte mehr – er konnte mehr. Schneller, schneller.

Brian Harding sah das drohende Unheil wie durch einen Schleier. Er selbst wurde von Zorneswellen überrollt. Seine Wut galt Stalin, sie galt Christopher, und sie galt sich selbst, dem Wahnsinnsplan, den Boston-Marathon unter dem Einfluss der Substanz zu gewinnen, überhaupt zugestimmt zu haben.

Sein Zorn konnte sich nicht kanalisieren, und so begann er, wie wild auf der Fernbedienung herumzudrücken. Eine Ziffernkombination würde sein Problem schon lösen, so oder so!

Doch dann sah er Christopher davonlaufen, und das riss ihn aus seiner unkontrollierten Emotionswelle heraus. Er fühlte so etwas wie Sorge: um Christopher – und, wie er sich eingestehen musste – auch um sich selbst. Ganz fern erschien ihm plötzlich sein Versuch, all das hier beenden zu wollen. Ohne Rücksicht auf sich und seinen Freund. Christophers Antritt riss ihn zurück ins Bewusstsein, in sein Leben, das er – trotz Elaines Tod – bewahren wollte.

Christopher wurde schneller und schneller. Der Nebeneffekt der Droge schien bei seinem früheren besten Freund erstmalig Wirkung zu zeigen. Brian ließ von der Fernbedienung ab und startete eine Aufholjagd. „Was hast du vor?"

Brian hörte ein stetes Atmen, doch er bekam keine Antwort.

„Kumpel, sprich mit mir", versuchte er es erneut.

„Nicht jetzt. Ich laufe, fliege, werde schneller", hechelte ihm Christopher ins Ohr.

„Erinnere dich an Helen, Kumpel. Sie hätte nicht gewollt, dass wir hier draufgehen. Sie hasste es, zu verlieren. Aber genau das wird passieren, wenn du jetzt nicht wieder zur Besinnung kommst!"

Diesmal bekam er nicht einmal eine Antwort. Vor sich und den Läufern der Spitzengruppe, die um ihn herum über Brooklyns Straßen fegten, lief ein einsamer Mann, und er lief verdammt schnell.

Brian entschloss sich, ebenfalls zu beschleunigen und Christopher einzuholen. Vielleicht würden seine Bemühungen mehr Erfolg zeigen, wenn er neben seinem Kumpel lief.

Da drang das tiefe Lachen an ihr Ohr. „Na, Mister Johnson? Nun sind Sie Ihre eigene Marionette. Wie fühlt sich das an?"

Stalins Spott traf Brian mehr als Christopher, der mit den Händen um seinen Kopf wedelte, als wolle er die störende Stimme verscheuchen.

„Oh, so einfach werden Sie mich nicht los, Mister Johnson. Ich werde Ihnen erhalten bleiben. *Do poslednevo wsdocha*!", sagte er und lachte laut und böse.

Brian wusste ebenso wenig wie Christopher, was das bedeutete. Doch es gehörte wenig Fantasie dazu, Stalins russischen Einwurf als weitere Boshaftigkeit zu erkennen.

Brian Harding wurde plötzlich bewusst, wie klar die Verbindung zwischen ihnen und dem Russen war. Links und rechts der Straße jubelten die Zuschauer, die in drei, teilweise sogar fünf Reihen hintereinander standen und winkten, schrieen, tanzten. Alle paar hundert Meter lief Musik aus einem Café oder Ghettoblaster, oder es spielte eine Live-Band im Hintergrund. Und dennoch: Brian hatte jedes einzelne Wort des Oligarchen klar und deutlich verstanden. Hoffentlich hörte ihn sein Kumpel genauso deutlich.

„Chris, komm zu dir. Denk nur, was uns Stalin angetan hat! Denk an den Mord an Elaine!"

Als Brian diese Worte sagte, kamen sie ihm selbst kraftlos und unwirklich vor. Doch er hoffte, dass die Erinnerung an den sinnlosen Tod seiner Freundin in Christopher etwas wachrütteln würde. Der lief jedoch unbeirrt weiter. Immer noch verdammt schnell und immer noch mit einem gehörigen Abstand. Nichts hatte sich geändert oder deutete zumindest darauf hin, dass sich etwas ändern könnte. Doch Brians eigene Worte hatten bei ihm selbst etwas bewirkt. Er sah sich wieder auf der Yacht in der Karibik. Sie waren gefesselt. Sie waren Stalin ausgeliefert. Sie verloren alles.

Er dachte an Elaine. An ihren letzten verwunderten und zugleich flehenden Blick, bevor er sie aus den Augen verlor.

Platsch.

Wieder hörte er das Klatschen des Wassers, als sie aufschlug und im Wasser versank.

Platsch. Platsch!

Und damit kam sein Zorn zurück. Diesmal jedoch benutzte er ihn, um Chris einzuholen. Er wurde schneller, ließ die Gruppe hinter sich, lief zu seinem Kumpel nach vorne. An ihm flog das Elf-Meilen-Schild vorbei. Christopher war nicht mehr weit entfernt. Irgendetwas brabbelte sein Kumpel immer noch vor sich hin, doch Brian konnte nichts verstehen. Gleich würde er bei ihm sein, irgendwie versuchen, ihn wachzurütteln, aus seinem Trancezustand zu befreien.

Plötzlich bemerkte Brian Schritte schräg hinter sich. Alonso Bacha hatte zu ihm aufgeschlossen, dicht gefolgt von Zarinow. Vor ihnen fuhr der Wagen mit der Zeitanzeige sowie das Motorrad mit dem Kameramann. Wie in Boston bemerkte Brian, dass es an der Spitze eines der größten Marathon-Ereignisse keine Privatsphäre gab. Und dann war da noch Stalin, der sie belauschte, der offensichtlich jeden ihrer Schritte beobachtete.

Fast sehnte er sich nach Boston zurück. Vor einem halben Jahr glaubte er, Christopher verloren zu haben. Er wurde von der NSA gejagt, und alles schien finster und schwierig. Doch damals wusste er, dass es einen Notausgang gab, und dass am Ende des Tages Elaine auf ihn warten würde.

Heute gab es keine Reißleine, kein Netz, keinen doppelten Boden. Chris lief vor ihm und konnte ihm wenig helfen, und Elaine würde nicht auf ihn warten und ihm sagen können, dass alles gut werden würde.

Heute gab es kein Entrinnen. Entweder Stalin hatte seinen Spaß und würde sie davonkommen lassen – oder er drückte die entscheidenden vier Ziffern, und ihr Schicksal wäre besiegelt.

Endlich hatte er Christopher eingeholt. Der blickte zu ihm herüber, sah in ihm aber nur einen Kontrahenten, den es abzuschütteln galt.

„Langsam, Mister Johnson. Ihr Freund ist da und wird Sie ein wenig bremsen", klang es nahezu akzentfrei in ihren Ohren. Doch jedes ‚R' verließ Stalins Kehle mit dem typischen Rollen.

Irgendetwas hatte die Stimme des Feindes in Christophers Kopf bewirkt. Sein Blick war plötzlich bewusster, wacher, als er wieder zu Brian hinüber sah. „Muss laufen", sagte er und beschleunigte abermals.

Brian war sich nicht sicher, aber hatte Chris ihm nicht eben zugeblinzelt? Oder war das nur Brians Wunschtraum gepaart mit dem Einfluss der Droge? Gaukelte ihm sein Verstand etwa winzige Zeichen der Hoffnung auf Erlösung vor? Wurde er gar wahnsinnig? Er wusste, dass besonders starke Schockzustände gravierende Veränderungen in der allgemeinen Wahrnehmung auslösen konnten. Andererseits: Könnte man sich selbst die Frage stellen, ob man wahnsinnig würde, wenn man gerade im Begriff war, den Verstand zu verlieren? Während Brian sich von derlei Gedanken ablenken ließ, flog links von ihm ein Schatten vorüber. Zarinow setzte Christopher diesmal schneller nach, als er selbst es vermochte.

Hatte Stalin der Droge etwas beigemengt? Hatte er Christophers Wundersubstanz gepanscht? Zeigten sich bei Brian bereits erste Schwächemomente?

Er versuchte, ebenfalls zu beschleunigen, doch Bacha lief ihm plötzlich vor die Beine. Gleichzeitig setzte sich Zarinow, der die ganze Zeit direkt hinter ihnen gelaufen war, vor Christopher.

Was passierte hier? Weshalb versuchten die beiden Läufer, sie zu behindern?

Rings um sie herrschte ein Lärm wie auf einer viel zu lauten Party – und für die Zuschauer war es wohl auch nichts anderes als eine Party –, doch Brian konnte längst wieder die Schritte der Verfolger hinter sich hören.

Rund acht Meter vor ihm lief Zarinow, der Christopher beinahe ganz an den rechten Straßenrand abgedrängt hatte. Alonso Bacha hatte sich ebenfalls für den Weg ganz rechts entschieden, was Brian wiederum Platz in der Mitte gab. Zwischen ihnen tauchten nun auch wieder dunkelhäutige Läufer auf. Die Verfolger hatten sie eingeholt. Die Menge johlte. Sie erlebten unmittelbar den Kampf um die Spitze und bedachten die Situation mit Anfeuerungsrufen und Applaus.

Plötzlich glaubte Brian, etwas hinter Chris auf der Straße gesehen zu haben. Vielleicht hatte einer der Zuschauer etwas fallen lassen, vielleicht hatte jemand etwas auf die Läufer geworfen. Es war fort, bevor seine Augen es richtig erfassen konnten. Plötzlich liefen auch die Japaner neben Brian und zogen seine Aufmerksamkeit auf sich. Ihre kurzen, trampelnden Schritte standen im krassen Gegensatz zum raumgreifenden Laufstil der Kenianer. Die Spitzengruppe hatte sich beinahe wieder komplett vereinigt. Selbst der Abstand zu dem Russen und seinem Kumpel betrug mittlerweile nur noch drei Meter. Brian blickte sich einmal kurz um und fand sogar einen deutschen Läufer schräg hinter sich. Nur Bacha war plötzlich verschwunden.

Dann suchte Brian die Straße hinter sich mit den Augen ab und entdeckte ihn fast zwanzig Meter hinter der Gruppe. War der Spanier gestürzt?

Beinahe gleichzeitig geriet er selbst ins Straucheln und konnte nur mit Mühe einen Sturz vermeiden. Verdammt! Er sollte besser auf den Untergrund achten. Die Bedford Avenue war wie die meisten anderen Straßen in einem arg ramponierten Zustand.

Längst näherten sie sich der Zwölf-Meilen-Marke und damit dem Ende der Strecke auf der Bedford. Christopher hatte sich wieder neben Brian einsortiert, und beide liefen am Ende der Gruppe. Brian suchte Augenkontakt, doch Chris tat ihm nicht den Gefallen. Allerdings glaubte er, den Hauch eines Grinsens auf seinen Lippen zu erkennen.

Einen kurzen Moment fragte sich Brian, wie sein alter Kumpel in dieser Situation lächeln konnte. Doch dann erinnerte er sich daran, was die Substanz mit ihm selbst in Boston angerichtet hatte. Von himmelhoch jauchzend bis zu Tode betrübt hatte er alle Nuancen der Gemütslagenskala durchlitten.

Weiter vorn fuhr der Wagen mit der Laufzeitanzeige. In großen gelben Ziffern stand dort für eine Sekunde 00:59:50. Brian kannte die Meilenzwischenzeiten noch aus der Vorbereitung auf den Boston-Marathon und wusste, was diese hier wert war. Sie waren langsamer als in Massachusetts, aber die Strecke dort war mit dem steten Gefälle zu Beginn auch ungleich leichter zu bewältigen. Für New Yorker Verhältnisse jedoch liefen sie auf einem hohen Niveau. Für einen Moment glaubte Brian, diesen Marathon in neuer Weltbestzeit gewinnen zu können. Doch dann schalt er sich einen Träumer. Er würde vielleicht tatsächlich diesen Lauf gewinnen, doch er sollte sich keinen

Illusionen hingeben, was den Verlauf der Siegerehrung anging. Die NSA würde sie erwarten, sie in Gewahrsam nehmen, und er würde sich im besten Fall wegen Betrugs in schwerem Maße zu verantworten haben. An die Anklage gegen Christopher mochte er gar nicht denken. Wenn es das war, was Stalin ihnen antun wollte, dann würde ihm seine Rache gründlich gelingen. Und das, so wurde ihm nach einem erneuten Blick auf das rote Licht der Fernbedienung in seinen Händen klar, wäre noch der positivste Ausgang dieser vertrackten Situation.

Er war unendlich traurig, dass ihm nach Elaines Tod nicht einfach alles egal war, dass er überhaupt um sein Leben bangte. Sagten seine Gedanken etwas über die Tiefe ihrer Liebe aus? Verriet er gar seine Gefühle, indem er sich nur Sorgen um sein eigenes Leben machte? Er dachte an Elaine, an die viel zu wenigen gemeinsamen Tage mit ihr. Seine Augen wurden feucht. Schluchzend lief Brian Harding weiter. Die Belastung des Verlusts, des Stresses, der Probleme und der Bedrohung fanden ihren Weg aus seinem Körper und ließ ihn etliche Male seufzen. Natürlich wurde er dabei langsamer, und ebenso sicher dauerte es nur wenige weitere Sekunden, bis Stalin sich meldete.

„Mister Harding, Sie rühren beinahe mein russisches Herz. Wenn ich kein Unmensch wäre, würde ich Sie ein wenig trösten. Ich würde Ihnen sagen, dass ein Mann wie ich sich immer mehrere Optionen offen hält. Solange alles so verläuft, wie ich es erwarte, wird das Licht an Ihrer Fernbedienung bald in schönstem Grün erstrahlen. Klänge das nicht gut in Ihren Ohren? Wie gesagt: Wenn ich kein Unmensch wäre!“ Und auch diesmal beendete er seine Ansprache mit einem gehässigen Lachen.

Stalins Monolog hätte Brian in totale Verzweiflung stürzen können, doch zu seiner eigenen Überraschung lösten die Worte des Oligarchen seine Anspannung. Stalin hatte sich verraten. Wie hatte er gesagt? Er hielt sich mehrere Optionen offen? Die Rache an Christopher und ihm war also nicht Stalins Hauptaugenmerk. Stalin hatte einen Plan, und sie beide waren lediglich ein Teil davon. Sie waren Mittel zum Zweck, doch offensichtlich nicht das alleinige Mittel. Plötzlich war da ein Licht am Ende des Tunnels, etwas, worauf Brian seine Hoffnung lenken konnte. Beeinflussen konnte er den Ausgang aber nach wie vor nicht. Oder etwa doch? Stalin hatte abermals die Fernbedienung erwähnt. War das ein versteckter Hinweis? Doch warum sollte der Russe ihnen helfen, nachdem er sie in diese scheinbar ausweglose Situation gebracht hatte?

Brian Harding schaute auf die Fernbedienung in seinen Händen. Das Licht leuchtete entgegen all seinen Hoffnungen in einem kräftigen Zinnoberton. Waren die beiden Geräte vielleicht doch nicht miteinander verbunden? Sollte es eventuell ein grünes Licht in Christophers Fingern geben? Brian schaute hinüber zu seinem Kumpel und versuchte, einen Blick auf dessen Fernbedienung zu erhaschen. Er schaute in dessen rechte Hand, dann in Christophers linke. Beide Hände waren geöffnet, und beide waren … leer!

8

Bart Lucas betrachtete genau die Ausschnittsvergrößerung auf seinem Laptop. Das Bild zeigte Johnsons rechten Schuh. Lucas versuchte, sich zu erinnern. Ein Laufschuh ohne Schnürbänder – wo hatte er das schon einmal gesehen?

Plötzlich glaubte er, sich zu entsinnen. Hastig wählte er die Nummer, die ihn mit der NSA-Außenstelle in New York verband. „Truman, ich fürchte, wir müssen improvisieren. Ich brauche dringend die Entwicklungsabteilung von Puma."

„Dem Sportartikelhersteller?"

„Aus Deutschland!"

„Ist in Arbeit", bestätigte Truman und bedeutete Petersen, einem weiteren Agenten, den er in der Zwischenzeit zu sich ins Büro beordert hatte, das sofort in die Wege zu leiten.

„Es sind die Schuhe!", betonte Lucas.

Floyd Truman, dem die Vergrößerung ebenfalls zur Verfügung stand, wirkte überrascht. „Ich sehe sie auf meinem Bild, aber ich sehe nichts, was mich neugierig machen würde."

„Weil genau ein Detail fehlt, das jeder andere Laufschuh hätte!"

„Und das wäre?"

„Schnürsenkel!"

„Bin noch nicht bei Ihnen", gab Truman zu.

„Wofür sind Schnürsenkel gemeinhin gedacht?", begann Bart Lucas das Nachsitzen für Begriffsstutzige.

„Zum Schließen der Schuhe?"

„Oder?"

„Zum … Öffnen!" Floyd Trumans Groschen war hörbar gefallen.

„Diese lassen sich nicht öffnen! Doch das allein ist noch kein Grund, sich zu einem Lauf vor den Augen der Öffentlichkeit und damit auch vor uns zwingen zu lassen."

Lucas stimmte ihm zu. „Aber was würde Sie dazu bringen?"

„Irgendeine Schweinerei in den Schuhen. Vielleicht ein Sprengsatz?", legte Truman, der sich jetzt wieder auf Augenhöhe mit seinem Vorgesetzten wähnte, nach. „Doch dazu werden Ihnen die Leute von Puma kaum etwas sagen können."

„Dazu nicht, aber sehen Sie die Scheibe auf dem Spann von Johnson? Das ist ein so genanntes Disc-System, das Puma Anfang der Neunziger auf den Markt gebracht hatte. Die Idee war genial, das Marketing schwach. Zumindest verkauften sich die exotischen Modelle nicht in ausreichender Stückzahl und verschwanden wieder von der Bildfläche. Wie auch immer: Puma sollte uns zumindest verraten können, wie der Verschluss ursprünglich funktionierte und wie man ihn manipulieren kann, damit sich die Schuhe selbst unter Anwendung von Gewalt nicht öffnen lassen."

In dem Moment bemerkte Truman, wie Petersen auf sich aufmerksam machte. Als sein Chef endlich zu ihm sah, streckte er den Daumen empor. Er hatte Puma in der Leitung.

„Mister Lucas, wir haben die Verbindung! Petersen?"

„Der Mann heißt Schnarrenberger, Chef der Entwicklung bei Puma – und er spricht Englisch."

„Guter Mann!", kommentierte Bart diesen hilfreichen Umstand. Es knackte einmal kurz in der Leitung, dann hatte er Johannes Schnarrenberger am Ohr.

„Guten Tag, Herr Schnarrenberger. Vielen Dank, dass Sie uns einen Teil Ihrer Zeit schenken. Mein Name ist Bart Lucas, und ich bin Chef der Security beim New-York-Marathon. Wir haben hier ein Problem, bei dem Sie uns hoffentlich helfen können."

„Kein Problem, Mister Lucas. Wenn ich behilflich sein kann …"

„Zwei Läufer im Feld tragen Schuhe mit einem Verschluss, der dem Disc-System Ihrer Firma nachempfunden scheint. Das Problem dabei: Sie tragen sie nicht freiwillig, in den Sohlen sind möglicherweise Sprengsätze eingearbeitet, und sie können die Schuhe nicht öffnen. Fällt Ihnen dazu etwas ein, was uns helfen könnte?"

Einen Moment war es still in der Leitung, und Bart glaubte schon, dass der Deutsche ihn eventuell nicht richtig verstanden hätte, da räusperte sich Schnarrenberger. „Da das Disc-System leider wenig erfolgreich am Markt war, kann ich Ihnen dazu so ziemlich alles verraten. Und falls Sie es nicht wissen sollten: Das Disc-System war meine Entwicklung, mein genialer Gedanke. Es ehrt mich ungemein, dass Sie mich danach befragen möchten. Wissen Sie, allzu viel Vertrauen habe ich in den letzten Jahren nicht mehr ge…"

„Herr Schnarrenberger, die Zeit drängt. Die Fakten, bitte!"

Der deutsche Schuhspezialist atmete tief aus. „Nun gut. Ich will Sie nicht auf die Folter spannen. Die Disc auf dem Spann des Läufers zieht bei Drehung im Uhrzeigersinn die einzelnen Spannschnüre um ein unter der Disc befindliches Rad. Der Mechanismus, um diese Spannung wieder zu lösen, ist ebenfalls Teil der Disc. Ein Druck auf den Knopf in der Mitte der Disc löst die Arretierung, und die auf dem Rad aufgerollten Schnüre werden wieder freigegeben. Um diesen Lösemechanismus zu unterbrechen, müsste man nur zwei Teile aus dem Inneren der Disc entfernen. Allerdings sehe ich da eine Unstimmigkeit. Sie sagten, dass sich die Schuhe nicht öffnen lassen. Das wiederum setzt einen – ich will es mal so sagen – intelligenten Schnurzug voraus. Wenn der Fuß sich im Schuh zum Sprung spannt, gibt die Schnur Raum frei. Wenn der Fuß wieder auf den Boden auftrifft, zieht die Schnur wieder etwas an. Wir hatten mal Mitte der Neunziger damit experimentiert. Es existiert auch ein Patent dafür. Doch die Innovation der intelligenten Passform war wohl zu gering, um Nutzen für eine Vermarktung daraus zu ziehen."

„Wenn ich Sie richtig verstanden habe, hat Puma genau so einen Schuh gebaut, wie er heute hier im Einsatz ist?", hakte Bart nach.

„Das kann ich schwerlich bestätigen, Mister Lucas. Aber zumindest gibt es Anzeichen, die dafür sprechen", antwortete Schnarrenberger.

Lucas wusste, dass jedes Patent öffentlich zugänglich war. Wer auch immer Harding und Johnson mit diesen Gadgets ausgestattet hatte, musste zwar erst einmal die Schuhe bauen, doch die Anleitung dafür gab es quasi gratis. „Aber die Arretierung dieses erweiterten Schnürsystems funktioniert nach dem selben Prinzip?"

„Absolut! Aber Sie müssen dabei bedenken …"

„Wenn ich Sie unterbrechen darf, Herr Schnarrenberger. Wie könnte man den Schuh öffnen, falls all das zutrifft, was wir derzeit annehmen müssen?"

„Hmm", murmelte Schnarrenberger auf der Suche nach einer Lösung. „Wissen Sie, was eine Geflügelschere ist?"

„Ich kann es mir vorstellen. Und wo sollte man die Schere ansetzen?"

„Am einfachsten scheint es mir, wenn man den Schuh an der Ferse öffnet."

Darauf hätte Bart auch allein kommen können. Allerdings blieb selbst bei dieser Lösung eine Frage unbeantwortet: „Noch etwas: Wäre es theoretisch möglich, in den Schnurkanälen auch ein dünnes Kabel unterzubringen?"

„Nicht ohne zu riskieren, dass die Funktionalität leidet."

„Das heißt, dass sich das flexible Schnursystem – sagen wir – verhaken könnte?"

„Einfach gesagt: ja. Aber …"

„Und die Schnur selbst ist elektrisch nicht leitend?"

Schnarrenberger schnaubte seinen Unmut darüber, ständig unterbrochen zu werden, laut hinaus. „Die Schnur – wie Sie es zu nennen belieben – ist ein Nylon-Faden. Diese Art der Polyamide ist nicht leitend."

Bart Lucas spürte, dass er Johannes Schnarrenberger an die Grenzen seiner Mitteilungsbereitschaft gebracht hatte. Im Grunde glaubte der NSA-Chef, alles erfahren zu haben, was ihm – oder vielmehr Johnson und Harding – nützlich sein könnte.

„Vielen Dank und alles Gute für Sie!“, beeilte sich Bart Lucas, das Gespräch zu beenden.

Doch Johannes Schnarrenberger hielt ihn noch einen weiteren Moment am Telefon. „Eine Frage noch, Mister Lucas. Ist es für Sie von Interesse, dass mir heute bereits ein anderer Herr die gleichen Fragen gestellt hat?“

Natürlich war es das! Der NSA-Ostküstenchef konnte seine Überraschung kaum verbergen. Jemand war schneller als er, und er wollte unbedingt wissen, wer das sein konnte. „Wie hieß dieser Mann?“

„Er stellte sich als Hopkins vor, Josh Hopkins. Vom Amerikanischen Institut für Sportgeschichte.“

Bart war verblüfft. Das Amerikanische Institut für Sportgeschichte. Welch unglaublicher Zufall.

„Nochmals vielen Dank, Herr Schnarrenberger. Sie haben uns sehr geholfen.“

Damit trennte er die Verbindung. Bart Lucas überlegte. Dahinter konnte nur ein weiterer Geheimdienst stecken. Oder derjenige, der die beiden Läufer in der Hand hatte. Allerdings wäre für letzteren ein heutiger Anruf deutlich zu spät für eine Planungsanpassung. Blieb also … ein Geheimdienst.

„Truman, sind Sie noch da?“

„Ja, Sir. Klingt nach Mitbewerbern“, bestätigte der New Yorker Diensthabende.

„Ich brauche die Nummer des Amerikanischen Instituts für Sportgeschichte. Wenn es das ist, was wir beide denken, dann werden wir genau zu dem Mann durchgestellt, der bereits bei Schnarrenberger angerufen hat“, sagte Lucas erwartungsvoll.

„Petersen?“, hörte Bart, wie sein Gesprächspartner den Mitarbeiter wieder in die Pflicht nahm.

Einige Sekunden später kam dessen Antwort: „Das Amerikanische Institut für Sportgeschichte hat seinen Sitz in Mill Valley, Kalifornien. Die Adresse ist bezeichnenderweise eine

P.O. Box. Die Nummer der Zentrale wird gewählt. Sie können sprechen, Sir."

Es meldete sich eine weibliche Stimme. „Amerikanisches Institut für Sportgeschichte. Mein Name ist Allyson Daniels. Wie kann ich Ihnen helfen?"

Das klang alles noch normal.

„Guten Tag, Miss Daniels. Ich würde gerne Josh Hopkins sprechen."

„Einen Moment, ich verbinde."

Das geschah für Barts Gefühl beinahe zu schnell. Entweder arbeitete diese Allyson in einem Call-Center und verrichtete ihren Job völlig leidenschaftslos, oder diese Nummer war eine Auffangnummer für Agenten, und Allyson Daniels gehörte bereits dazu. Hätte Schnarrenberger die Nummer zurückgerufen, dann wäre er genau bei Hopkins gelandet. Und das unabhängig davon, zu welchem Verein dieser Hopkins tatsächlich gehörte. Diese Adressen und Telefonnummern waren die perfekte Tarnung.

Lucas lauschte in den Hörer. Es klickte in der Leitung wie zu besten analogen Zeiten. Dann jedoch herrschte einen sehr langen Moment absolute Stille.

Josh Hopkins war zu Elisabeth Bancroft ins Besprechungszimmer zurückgekehrt, als der Anruf hereinkam.

„Wi-wir haben jemanden in-in der Leitung, der sich für u-unsere Nachforschungen interessiert", meldete T. J. Hawkins aus seiner Ecke.

„Haben wir schon einen Namen?"

„Negativ."

„Stellen Sie durch", sagte Josh und nahm den Hörer ab. Gleichzeitig drückte er die Lautsprechertaste, damit alle mithören konnten.

„Josh Hopkins. Mit wem habe ich das Vergnügen?"

„Bart Mancuso, Security-Chef beim New York City Marathon."

„Ich freue mich, Mister Mancuso. Wie kann ich Ihnen helfen?“

„Ich habe gerade festgestellt, dass wir einen gemeinsamen Bekannten haben: Johannes Schnarrenberger von Puma.“

Hopkins stockte, doch Bancroft forderte ihn mit Handzeichen auf, weiterzusprechen. Seine Mimik verriet einen minimalen Grad an Hilflosigkeit. Dennoch wusste er natürlich, wie er auf Zeit spielen konnte. „Das ist in der Tat interessant … und welcher Art ist Ihre Verbindung zu Johannes Schnarrenberger?“

Bart Lucas sah ein, dass er so nur sehr mühsam vorankäme. Doch was riskierte er, wenn er sich zu erkennen gab? Falls er wirklich mit einem Mitarbeiter des Instituts telefonierte, würde derjenige mit dem Erkennungscode zwischen Geheimdiensten nichts anfangen können. Sollte der Mann am anderen Ende der Leitung jedoch zum F.B.I. oder der CIA gehören, könnte das ihren Dialog sehr schnell effizienter gestalten.

„Entschuldigen Sie bitte meinen kleinen Versprecher zu Beginn. Mein Name ist Bart Lucas. Der Erkennungscode ist Alpha, Tango, Bravo, Charly, Vier, Sieben, Acht, Acht, Zwei.“

Das war der Moment, in dem Miss Bancroft das Zepter übernahm. Sie öffnete eine spezielle App ihres iPhones und gab den Code ein. Das Programm lieferte umgehend die Bestätigung für Bart Lucas, NSA, Chef der Abteilung Ostküste.

„Tja“, resümierte sie für sich, „es war nur eine Frage der Zeit.“ Dabei tauschte sie mit Peter Hunziker einen kurzen, aber vielsagenden Blick.

Mittlerweile hatte Elisabeth begonnen, einen zweiten Kaffeebecher zu leeren. Sie nahm einen tiefen Schluck und verfluchte gleichzeitig ihre Abhängigkeit von dem heißen Getränk. Es war in diesem Raum viel zu warm dafür.

Dann drückte sie die Sprechtaste und beugte sich leicht zum Tischmikrofon hinab: „Elisabeth Bancroft, Leiterin der Einsatzgruppe für spezielle Aufgaben. Ich habe fest damit gerechnet, dass die NSA uns früher oder später beehren würde.“

Die Tatsache, dass diese Bancroft ihm zwar ihren Rang, jedoch nicht ihre Zugehörigkeit preisgegeben hatte, verriet Lucas zugleich, womit er es zu tun hatte: Central Intelligence Agency!

Das war keine wirkliche Überraschung. Jeder, der wusste, wer Johnson war, musste zwangsläufig ein Interesse haben, ihn dingfest zu machen. Dass die CIA sich dabei nicht hinten anstellen würde, lag in der Natur der Sache.

Bart wollte versuchen, so schnell wie möglich herauszufinden, was Bancrofts Team wusste. Und eventuell wäre die gute alte Methode ‚ich zeig dir meins, wenn du mir deins zeigst‘ dabei hilfreich.

„Gut, Miss Bancroft. Offensichtlich wissen wir beide, dass Johnson und Harding das Problem des heutigen Tages an den Füßen mit sich herumtragen. Unser gemeinsames Ziel sollte sein, sie zuerst von diesem Problem zu befreien und durch die beiden etwas über die Leute im Hintergrund und deren Motivation zu erfahren.“

Bancroft lächelte. Ihre Kollegen taten es ihr gleich. Sie alle kannten die Regeln des Spiels: Nur nicht zu viel preisgeben. Allerdings ging dieses Spiel, beziehungsweise die Zeit, die sie dadurch verloren, zulasten der beiden mit der explosiven Fracht. Und sie alle verloren Zeit gegenüber Stalin.

Lucas hatte gesagt, erst etwas über die Drahtzieher erfahren zu wollen. Wusste er nicht von Stalin, oder stellte er sich nur dumm? Tatsache war: Wer territorialer Chef bei der NSA wurde, war mit Sicherheit nicht auf den Kopf gefallen.

Elisabeth Bancroft entschied, diesmal auf die kleinen Geheimdienstscharmützel zu verzichten und mit weitgehend offenen Karten zu spielen. „Wir haben einen begründeten Verdacht, dass der russische Oligarch Stalin einen Anschlag auf ein noch nicht näher bekanntes Ziel in New York City plant. Johnson, Harding und der Sprengstoff in den Sohlen ihrer

Laufschuhe scheinen zum Plan zu gehören. Das ist unser derzeitiger Stand."

Während sie sprach, hatten vor allem Danes und Hopkins eifrig mit den Händen gewedelt. Ihren stummen Einspruch hatte die Chefin jedoch bewusst ignoriert.

Lucas staunte nicht schlecht, als Bancroft quasi die Hosen herunter ließ. Aber er war Profi genug, zu erkennen, dass das vielmehr dem Zeitmangel als seiner gewinnenden Art geschuldet war. Über diesen Stalin wusste er einiges. Das Wenigste davon war erfreulich. Zwei Männern Sprengstoff in die Schuhe zu stecken und sie auf einen Marathonlauf zu schicken, passte perfekt in das Bild, das er bislang von dem Russen hatte.

Die alles entscheidende Frage war jedoch, wie sie die Explosion verhindern konnten. „Konnten Sie schon in Erfahrung bringen, wie die Sprengsätze gezündet werden sollen?"

Hopkins hielt seine Chefin am Arm, als die wieder die Sprechtaste drücken wollte. Er erwartete, dass sie seinen Griff erbost abschütteln würde und war überrascht, als sie nur ihren Arm zurückzog und ihn mit schlichter Geste einlud, an ihrer Stelle zu antworten. Josh ließ sich nicht zweimal bitten.

„Ähh … Hopkins noch mal. Die Zündung kann per Funk erfolgen. Allerdings explodieren die Schuhe auch, falls Harding oder Johnson das Laufen einstellen."

Bart Lucas ließ Floyd Truman das gesamte Gespräch mitverfolgen. Und er war sich absolut sicher, dass auf der anderen Seite auch Bancroft und Hopkins nicht allein sein würden.

„Hopkins, hatten Sie auch den Eindruck, dass Schnarrenberger keine wirkliche Hilfe war?"

Lucas hörte am anderen Ende ein lautes, ehrliches Lachen. „Da haben Sie Recht. Eine Menge geredet und kaum etwas gesagt", pflichtete ihm der CIA-Agent bei und fügte hinzu: „Immerhin wissen wir jetzt, dass der Disc-Verschluss theoretisch manipulierbar ist. Wenn Stalin sich am Verschluss von

Puma orientiert hat, wird es verdammt schwer werden, den Männern die Schuhe vom Fuß zu bekommen."

„Entschuldigen Sie meinen Einwurf. Mein Name ist Floyd Truman, Einsatzleitung New York. Könnten Stalins Schuhe nicht nach einem ganz anderen Konzept funktionieren?", gab Truman zu bedenken.

„Die Russen waren Meister der Wirtschaftsspionage. Kein Russe erfindet das Rad ein zweites Mal, glauben Sie mir!", konterte Bancroft.

„Schnarrenberger erwähnte mir gegenüber zwar eine erweiterte Version dieses Disc-Verschlusses. Dennoch könnte die Technik, die das Öffnen der Schuhe verhindert, russischen Ursprungs sein", unterstützte Bart Lucas seinen New Yorker Agenten.

„Taylor Danes", stellte dieser sich nun knapp vor, „das ist in der Tat zu befürchten. Da wir das nicht genau wissen, müssen wir die beiden von der Straße holen und versuchen, die Schuhe in Ruhe zu untersuchen."

Damit hatte Danes als Erster so etwas wie einen Plan geliefert.

„Gesetzt den Fall, wir könnten das", stieg Lucas darauf ein, „wie können wir Stalin weismachen, dass Johnson und Harding immer noch auf der Strecke sind und sein Plan weiterhin funktioniert?"

„Doppelgänger", antwortete Danes ebenso schnell wie selbstverständlich.

Zu beiden Seiten der Telefonverbindung erkannten alle Anwesenden, wie einfach und gleichzeitig genial diese Idee war. Wenn man mal von den üblichen Unwägbarkeiten eines solchen Plans absah.

„Peter Hunziker hier. Die Trikots zu besorgen, dürfte einfach sein", warf Bancrofts Assistent ein.

„Heute ist Sonntag", gab Truman zu bedenken.

„Nicht für uns!", konterte Elisabeth Bancroft lässig.

„Okay, wir kaufen also ganz groß bei Macy's ein. Aber da bleiben immer noch die Schuhe und die Großaufnahmen im

Fernsehen", machte Lucas auf die größeren Fallstricke dieses Vorhabens aufmerksam.

„Die Schuhe", begann Bancroft, „sind beinahe Relikte. Die werden wir bei Macy's nicht finden. Irgendeine Idee, wie wir das Problem lösen?"

Taylor Danes meldete sich prompt wieder zu Wort: „Ich würde zuerst bei eBay suchen!"

Das allgemeine Gelächter verriet jedoch, dass er mit dieser Meinung allein stand.

„Na, dann wollen wir mal hoffen, dass eine Auktion innerhalb der nächsten zwanzig Minuten endet. Und der Versand sollte auch in Rekordzeit erfolgen", sprach Hopkins aus, was alle dachten.

„Schön, dass wir alle so ernsthaft um eine Lösung ringen", entgegnete Danes. „Die Standorte der Anbieter sind bei eBay auch ohne Geheimdiensttechniken einsehbar. Es ist egal, wann die Auktion endet. Wir nehmen Kontakt zu den Verkäufern in New York auf, bieten tausend Dollar pro Paar und lassen die Schuhe abholen. Mit etwas Glück brauchen wir dafür tatsächlich nur zwanzig Minuten."

Seine vorlauten Kritiker nickten beeindruckt. Als erste fand Elisabeth Bancroft ihre Sprache wieder: „Ich sehe da noch ein viel größeres Problem. Wir brauchen schließlich zwei Männer, die Johnson und Harding einigermaßen ähneln. Und: Wir brauchen die Männer zuerst. Wegen der Schuhgrößen."

„Außerdem müssten diese beiden – zumindest für eine kurze Dauer – sehr schnell laufen können", gab Hunziker zu bedenken.

„Und jeder potenzielle Marathonläufer ist heute längst auf der Straße", ergänzte Bart Lucas und verdeutlichte die größte Schwierigkeit von Danes' Doppelgängerplan.

„Wir schauen in unsere Datei. Anhand der Parameter – Größe, Statur, Haarfarbe, Sportlichkeit … Schuhgröße – sollten sich zwei potenzielle Freiwillige in unseren eigenen Reihen finden lassen. Die beiden müssen nur so lange durchhalten, bis wir Johnson und Harding von ihren Schuhen befreit haben", antwortete Danes.

„Ich fürchte, Sie unterschätzen, wie schnell die Weltelite unterwegs ist. Ein Normalsterblicher hält bei diesem Tempo vielleicht hundert Meter mit", bremste Peter Hunziker erneut Danes' Enthusiasmus.

„Dann sollten wir bis dahin sehr genau wissen, wie wir die Schuhe schnell von den Füßen bekommen", warf Hopkins ein.

„Langes Lamentieren bringt uns nicht voran. Dieser Plan ist wahrscheinlich der beste, den wir in der kurzen Zeit umsetzen können", bestätigte Miss Bancroft und beugte sich abermals zum Tischmikro hinunter. „Okay. Wenn Sie zustimmen, Bart, würde ich gern diesen ersten Plan verfolgen lassen."

Lucas antwortete sofort: „Ich stimme zu, wenn Sie den Programmchef von NBC 4 dazu bringen, dass er keine einzige Großaufnahme der beiden mehr sendet. Andererseits hat dieser Plan die Halbwertzeit der Challenger nach ihrem letzten Start."

„Überlassen Sie Channel 4 mir. Und ich nehme das als ein ‚ja'! Taylor, finden Sie Ihre zwei Männer. Und eBay gehört Ihnen!"

Danes nahm die Bewährungsmöglichkeit mit einem dankbaren Nicken an.

Elisabeth griff an den Schalter des Mikrofons. Beinahe wollte sie die Verbindung trennen, da besann sie sich anders. „Ich nehme an, Sie sind nicht in der Stadt, Bart?"

„Gut kombiniert. Allerdings werde ich in …", Bart Lucas schaute kurz auf die Uhr und bemerkte erst jetzt, wie nah er seinem Ziel bereits war, „… rund zwei Minuten in Newark landen. Der Hubschrauber wartet schon."

„Das nenne ich Einsatz!", lobte die CIA-Einsatzleiterin den NSA-Ostküstenchef.

Bart Lucas schmunzelte. „Ich nenne es Job", erwiderte er und hoffte, die Ironie würde zwischen seinen Worten durchklingen.

„Wie auch immer. Sie finden uns am Columbus Circle. Das Dach hat einen Heli-Landeplatz."

In dem Moment klingelte der zweite Apparat. Hunziker nahm den Hörer ab und verkündete Sekunden später: „Wir haben eine der Fernbedienungen!“

„Wo?“, wollte Bancroft sofort wissen.

„Noch in Queens“, ergänzte Peter.

„Wir rücken aus! Ich will, dass wir vor Ort sind, wenn es heiß wird. Bart?“

„Ja?“

„Kleine Planänderung. Rufen Sie wieder an, wenn Sie im Heli sitzen. Ich gebe Ihnen dann durch, wo wir uns treffen.“

„Sie wissen schon, dass Sie mich nicht so einfach loswerden?“, scherzte Lucas.

„Ich rechne sogar fest mit Ihrer Mitarbeit.“

„Lucas – over and out.“

Nachdem Bancroft sich vergewissert hatte, dass sie wieder unter sich waren, schaute sie zu Hunziker hinüber. „Bevor wir rausgehen, kommen wir noch zu der wirklich wichtigen Frage: Von wem haben wir die Fernbedienung?“

„Wie du ja weißt, Liz, haben wir seit 9/11 unsere Sicherheitsvorkehrungen erhöht. Entlang des Kurses befindet sich an jeder halben Meile einer unserer Agenten. Der von Meilenstein 12 …“

„Also von einem der Läufer?“, unterbrach sie ihn ungeduldig.

„Du wirst es nicht glauben, Liz“, antwortete ihr Assistent mit einer Miene, die zumindest seinen eigenen Unglauben ausdrückte, „offensichtlich von Johnson persönlich!“

Bancroft lächelte.

9

Der Zeitnahmewagen vor ihnen zeigte 01:08:00. Auf einem Zickzackkurs durch die Straßen von Queens lief die Führungsgruppe auf Meilenstein 14 zu. Längst hatten sie die Pulaski Bridge, die Brooklyn mit Queens verband, passiert. Sie näherten sich immer weiter dem Ziel. Dem Ziel des Marathons. Doch sicherlich noch viel früher ihrer Bestimmung im Plan des Russen. Und absolut nichts hatte sich an ihrer Situation geändert.

Christopher hatte seine Fernbedienung verloren! Bewusst oder unbewusst hatte er damit ihre Chancen halbiert, im Zweifelsfall – falls sie wie durch ein Wunder die korrekte Ziffernfolge herausbekämen – sie beide aus ihrer bedrohlichen Lage zu befreien.

Vielleicht war die Droge schuld, vielleicht hatte sein Kumpel während des Euphoriehochs schlichtweg vergessen, dass er etwas in seinen Händen hielt, vielleicht hatten sich die Finger unbewusst geöffnet, vielleicht war alles nur ein weiterer bitterer Zufall …

Und Chris sprach nicht mit ihm. Er lief stumm neben ihm her und befolgte Stalins Anweisungen wie ein braves Hündchen. Kein Zeichen, kein Stoßen oder gar Anrempeln brachte ihn dazu, zu Brian herüberzublicken. Christopher Johnson lief den Lauf seines Lebens, und er war sich offensichtlich nicht einmal dessen bewusst.

Am meisten ärgerte Brian jedoch die Tatsache, dass Stalin jedes ihrer Worte hören konnte. Wie gern würde er gerade jetzt seinen Kumpel ansprechen, versuchen, ihn aus seiner Starre zu befreien und – vor allen Dingen – ihn fragen, warum er den kleinen schwarzen Kasten aus seinen Händen gleiten ließ.

In diesem Augenblick erinnerte er sich an die Situation, als hinter Chris für den Bruchteil einer Sekunde etwas auf der Straße aufgetaucht und wieder verschwunden war. Brian war sich jetzt sicher, dass das der Moment war, in dem Christopher die Fernbedienung hatte fallen lassen. Gleichzeitig erinnerte er sich an Alonso Bacha. Hatte der Spanier das Gerät aufgehoben? Brian sah sich um. Wo war Bacha überhaupt? Tatsächlich hatte er wieder Anschluss gefunden, lief am hinteren Ende der Spitzengruppe.

Augenblicklich ließ Brian sich ein wenig zurückfallen und beäugte den Spanier unauffällig. Auch Bacha lief mit leicht geöffneten Händen, und auch diese beiden waren leer.

Der Spanier hatte die Fernbedienung also nicht! Wer dann? Was wäre, wenn sie an den Straßenrand gerollt war und ein Kind die Fernbedienung aufgehoben hatte? Ein rotes Licht und viele Tasten. Lud das nicht geradezu dazu ein, auf die Knöpfe zu drücken? Vielleicht ging das Licht ja aus? Oder vielleicht würde es lustig blinken, wenn man nur die richtige Taste drückte? Immer und immer wieder. So ein Kind konnte ein wundervoller Zufallsgenerator sein. Immer neue Kombinationen würde es ausprobieren, es weiter versuchen, bis …

„Hey Kumpel", sagte eine wohlbekannte Stimme neben ihm. „Lass uns weiter vorne laufen. Wir wollen den großen Boss doch nicht verärgern!", sagte Christopher und machte dazu ein Zeichen mit seiner Hand, das ‚verrückt' bedeuten sollte. Wie international das Zeichen war, stellte sich umgehend heraus.

„Sie sollten niemals vergessen, dass ich Sie nicht nur hören, sondern auch sehen kann, Mister Johnson", rollte Stalins Bass in ihren Ohren.

„Und Sie sollten niemals vergessen, dass ich Sie jederzeit dazu bringen kann, mit uns zu reden", erwiderte Christopher in einem Tonfall, als käme es ihm darauf an, Stalins Gehässigkeit zu übertrumpfen.

Tatsächlich schien der Russe erstmals beeindruckt.

„Und kommen Sie mir nicht wieder mit dem, ich sprenge Sie in die Luft, wenn Sie nicht spuren!", setzte Chris nach.

„Es kann jederzeit passieren. Seien Sie sich dessen lieber bewusst!", polterte Stalin zurück.

„Das eben stimmt nicht!", konterte Chris und schien Stalin damit vollends aus der Fassung zu bringen.

Brian gefiel die Verschärfung des Dialogs überhaupt nicht. Er für seinen Teil wollte mittlerweile doch am Leben bleiben, gleich, welche Folgen das nach sich ziehen würde. Mit Beinen waren sie allemal besser dran.

Als studierter Anwalt wusste Brian, wie er normalerweise ein Gespräch steuern konnte, wie er deeskalierend wirken konnte. Doch in einem Gespräch zweier Egomanen waren auch seine Möglichkeiten beschränkt.

Und Chris legte nach. „Ihr russischer Wachhund bremst mich aus, wenn ich schneller werde. Sie drohen uns mit den Sprengladungen, wenn wir langsamer werden. Sie haben einen Zeitplan. Und wir haben eine Durchschnittsgeschwindigkeit …"

Chris schien durchaus Herr seiner Sinne zu sein. Eine Tatsache, die es Brian noch mehr erschwerte, die Beweggründe seines Kumpels zu verstehen. Eigenes Ego hin oder her. In ihrer Situation waren sie normalerweise in der Defensive. Doch Chris' Worte klangen anders. Und Stalin war beileibe kein geduldiger Mann. Noch hatte der Russe nicht geantwortet, noch hatte er nicht die vier Tasten gedrückt, noch waren sie mit funktionierenden Beinen unterwegs …

Warum wartete Stalin? Warum sprengte er sie nicht in die Luft? Warum erwiderte er nichts?

Überlege, Brian! Hatte die Angst ihn dermaßen benebelt, dass er keine logischen Schlüsse mehr ziehen konnte?

All seine Fragen fanden sich in einer Antwort: Weil Chris Recht hatte! Das, was er selber zuvor bereits geahnt hatte, bestätigte sich jetzt. Sie beide waren Teil eines Plans, weit größer und komplizierter, als nur zur persönlichen Rache des Oligarchen einen Marathon laufen zu müssen. Und dieser Plan sah vor, dass ihre Schuhe explodieren sollten – ja – mussten! An einer bestimmten Stelle, zu einer bestimmten Zeit.

Brian fragte sich, wie lange Chris das bereits gewusst hatte. Unabhängig davon war es für ihn schwer zu verstehen, warum sein Kumpel gerade jetzt Stalin unter Druck setzte. Sah er eine

Chance zu verhandeln? Doch was konnten sie Stalin bieten, das ihn von seinem ursprünglichen Plan abbringen oder sie zumindest verschonen würde?

Stalin schwieg.

„Wir ha-ha-haben ein Pro-problem!"

T. J. Hawkins hatte seine Kopfhörer für einen Moment abgestreift und lief von hinten auf Elisabeth Bancroft zu. Das Team war gerade auf dem Weg zu seinem Einsatz-Van. Hunziker, Hopkins, Bishop, Danes und Hawkins folgten mit ihren Laptops und anderen Geräten, die sie sich hastig umgehängt hatten. Bancroft war auf die oberste Tiefgaragenebene hinausgestürmt. Selbst hier unten konnte sie bereits erahnen, dass der New Yorker Herbst sie deutlich kühler empfangen würde, als sie das überheizte Besprechungszimmer hätte vermuten lassen. Eilig schloss sie die vorhin geöffneten Knöpfe ihrer Bluse.

„Wir ha-haben ein Problem, Ma-am!", wiederholte T. J.

„Soll sich hinten anstellen! Wir haben bislang nur Probleme!", fauchte Bancroft und verunsicherte damit ihren Abhör-Spezialisten derart, dass er betreten schwieg.

„Sorry, T. J., was gibt's?", bat sie ihn fortzufahren und nahm dabei einen tiefen Schluck aus ihrem dritten Becher Kaffee, den sie eilig noch auf dem Weg nach unten mitgenommen hatte.

„Es gi-gibt einen Läu-läufer, der für Stalin mi-mi-mitläuft."

„In der Spitzengruppe? Wissen Sie, wer es ist?"

„Jo-ho-honson meinte, es sei ein Ru-russe."

„Zarinow, Mam", fügte Danes von der Seite hinzu. „Es gibt nur einen Russen in der Gruppe der Führenden."

„Wenn unser Doppelgängerplan auch nur den Hauch einer Chance haben soll, dann müssen wir Zarinow möglichst unauffällig aus dem Verkehr ziehen", sagte Hunziker, und Bishop ergänzte: „Das kommt ganz oben mit auf die Liste."

Hawkins streifte sich seine Kopfhörer wieder über und blieb hinter den anderen zurück.

„Bishop, wie geht es mit Ihrer Verkehrsanalyse voran?“, ging Bancroft zum nächsten offenen Punkt.

„Unter der Annahme eines ungefähren Senderadius von dreizehn Meilen und der Berücksichtigung, dass wir die Taxis wohl ausschließen dürfen, bleiben derzeit knapp eintausend Fahrzeuge in der engeren Wahl. Es ist noch zu früh, um weiter eingrenzen zu können. Die Läufer haben gerade erst Meilenstein 14 passiert. Ich gehe davon aus, dass Stalin sich weitestgehend parallel zu den Läufern bewegt. Dabei muss er aber nicht auf gleicher Höhe wie die Führenden des Läuferfeldes fahren. Allerdings werden wir sehr bald mehr wissen, denn der Kurs führt über die Queensboro Bridge nach Manhattan. Wenn sich Stalin in der unmittelbaren Nähe der Führungsgruppe befinden sollte, muss er die Richtung wechseln. Das werden viele andere Fahrzeuge wahrscheinlich auch tun. Aber dennoch sind wir in dem Moment etwas schlauer!“

„Um wie viel schlauer?“, blieb Bancroft dran.

„Wahrscheinlich runter auf zweihundert.“

„Und wann haben wir ihn?“

„Mit absoluter Sicherheit erst, wenn er aus der Bronx zurück nach Manhattan fährt“, resümierte James Bishop.

„Wenn er das überhaupt tut. Was, wenn er es nicht tut, weil er in Manhattan wartet?“

Bishop hätte fast einen bewundernden Pfiff ausgestoßen. Er war mit Verkehrsüberwachungssystemen vertraut. Bancroft nicht. Dennoch zeugte ihre Frage davon, dass sie die Komplexität des Problems begriffen hatte.

„Alle tausend potenziellen Zielfahrzeuge sind in der Positionsverfolgung. Sie sind quasi alle markiert. Bleibt eines stehen, ist es nicht aus dem Raster. Es ruht nur. Wenn es sich wieder in Bewegung setzt, ist es wieder in unserem Visier“, antwortete er.

Ohne ein abschließendes Wort war das Gespräch damit für sie beendet. Bishop konnte förmlich sehen, wie sie die imaginäre Liste durchging. Mit zusammengekniffenen Augen nahm sie Punkte, verschob sie, hakte sie ab oder markierte sie.

In Gedanken führte Elisabeth Bancroft eine riesige Tabelle mit sich. Angst, etwas zu vergessen, brauchte sie nicht zu haben. Peter Hunziker war ihr lebendes Backup. Nur war seine Tabelle offensichtlich in einem Laptop. Um seinen Hals hing ein mit weichem Stoff verkleidetes Gestell, auf dem er vor seinem Bauch den Laptop auflegen konnte. Selbst während sie gingen, entlud er auf der Tastatur ein wahres Trommelfeuer. Als Hopkins neben ihm auftauchte, hielt er kurz inne. „Josh, was machen die Trikots?"

„Ich habe ein Team zu Macy's geschickt. Die hatten im Vorfeld des Marathons mehrere Schaufenster unter anderem mit alten Startnummern hergerichtet. Das Schöne daran: Die Nummern dieses Jahres gleichen denen des Vorjahres fast perfekt. Da Macy's auch Farbkopierer führt, sollten wir das Startnummernproblem bald gelöst haben. Parallel suchen sie Pendants zu den Trikots. Ich erwarte jeden Moment Rückmeldung."

Hunziker nickte. Es schien, als wären sie auf einem guten Weg. Dann vervollständigte er seine Liste mit einem erneuten Fingerstakkato.

Elisabeth hakte ein: „Josh, Ihre Leute sollen noch zwei Trainingsanzüge mitbringen. Größe L. Falls wir erfolgreich sind, werden uns die beiden da draußen dankbar für etwas Warmes zum Anziehen sein. Aber was noch wichtiger ist: Wir müssen uns auch für das ‚Danach' rüsten. Wenn wir Johnson und Harding von der Straße haben, müssen wir irgendwie ihre Schuhe von den Füßen bekommen. Es ist nur ein Gefühl, aber ich glaube, wir brauchen zwei Laufbänder."

„Sehr gute Idee, Liz", lobte Peter Hunziker. „Wir können sie ja schlecht die ganze Zeit um den Van laufen lassen. Die Bänder nehmen wir im Wagen mit und können so zur Not mit ihnen überall hin fahren."

„Das wird nicht ewig gut gehen", warf Bishop ein.

„Aber wir gewinnen vielleicht etwas Zeit", beendete Bancroft die Diskussion.

„Josh, sagen Sie Ihren Leuten, sie sollen auch zwei Laufbänder bei Macy's einpacken."

„Geht klar, Mam", bestätigte Josh Hopkins.

Derweil hatte die Gruppe den schwarzen Einsatz-Van erreicht. Dieser Maxi-Van war deutlich größer als ein Familienwagen, aber kleiner als ein Truckanhänger. Die Bezeichnung Kleinbus traf noch am ehesten zu. Der Van war hoch genug, um darin stehen zu können. Außer den Front- und Seitenfenstern im Fahrerhaus verfügte er lediglich in den Hecktüren über Scheiben, und die waren geschwärzt. Derart rundum geschlossen bot er reichlich Platz für Hightech-Gerätschaften. Und es gab immerhin ein paar Ausklappstühle in dem Mittelgang. Bancroft hatte allein ihrem Abhörexperten Hawkins das Recht zugestanden, auf einem Bürostuhl mit Rollen sitzen zu dürfen.

Der Maxi-Van war minimal gepanzert. Das schützte ihn nicht vor panzerbrechenden Geschossen, aber immerhin vor Pistolen- und Gewehrkugeln. Eine kleine rollende Festung, die nicht jeder zu lenken imstande war.

„Peter, wo ist der Fahrer?", wandte sie sich ungeduldig an ihren Assistenten.

„Hier, Miss Bancroft", räusperte sich der dunkelhäutige Fahrer, der hinter dem Van hervortrat und eilig eine Zigarettenkippe fortschnipste.

„Sie heißen ...?", knallte die Chefin ihm die Frage um die Ohren.

„Stanley Turk, Miss Bancroft", antwortete er. In seiner rechten Hand bemerkte sie einen Stressball, den er unablässig knetete.

„Nervös, Stanley?", fragte sie.

Er lächelte sie an und hielt ihr den Ball hin. „Deswegen? Es beruhigt. Mehr nicht." Bancroft nahm es so hin.

„Gut, Stanley. Ihre Aufgabe wird darin bestehen, uns so schnell wie möglich in Richtung Bronx zu chauffieren", übernahm Peter Hunziker die Einweisung. Mehr brauchte der Fahrer vorerst nicht zu erfahren.

Als sie einstiegen, drehte sich Bancroft zu Taylor Danes um. „Was macht unsere Schuhbestellung, Taylor?“

„Gute Nachrichten, Mam: Wir haben einen Händler in Brooklyn gefunden, der zahlreiche Paare in unterschiedlichen Größen vorrätig hat! Ich lasse sie bereits abholen. Alle!“

„Auf welchem Weg?“

„Das Motorrad ist gerade los.“

„Guter Mann“, konstatierte Bancroft. „Ein Punkt weniger auf unserer Problemliste. Kümmern Sie sich jetzt um die designierten Doppelgänger! Die Männer müssen wie Harding und Johnson aussehen. Zumindest annähernd. Wir haben nicht die Zeit, sie noch zum Friseur zu schicken.“

„Bin schon dran!“, nickte Danes und schloss seinen Laptop auf einem der schmalen Tische im Van an.

„Könnten wir nicht einfach Gesichtsmasken von Harding und Johnson anfertigen?“, wollte Bishop wissen.

Hunziker schaute kurz zu Bancroft und übernahm die Beantwortung dieser Frage. „Prinzipiell wäre das tatsächlich möglich. Allerdings sollte man dafür zuerst eine 3D-Aufnahme des zu kopierenden Kopfes besitzen. Außerdem benötigt die Herstellung einer Maske mindestens vier Stunden. Das größte Problem ist hierbei die fehlende Zeit.“

„War ja nur ’ne Idee“, knurrte James Bishop auf Hunzikers etwas zu oberlehrerhaft geratene Antwort.

Turk saß derweil längst hinter dem Steuer und wartete, bis alle ihre Plätze eingenommen hatten. Alle Laptops wurden angedockt, alle Sicherheitsgurte geschlossen.

„Stanley. Wir sind soweit!“

Er nickte und griff an einen der Schalter im Fahrerhaus. „Mit Ihrer Erlaubnis, Mam?“

Bancroft zögerte, da sie nicht verstand, wofür Turk ihre Zustimmung einholen wollte. „Machen Sie schon! Wir haben es eilig!“

Stanley Turk legte den Schalter um, und im nächsten Moment knallte ihnen das Intro von *Sweet Home, Alabama* um die Ohren.

„Wir rollen los!“, rief Turk dazwischen. Augenblicklich beschleunigte er den Einsatz-Van. Bancroft und die anderen glaubten, verbranntes Gummi zu riechen. Die Tiefgarage des Time-Warner-Hochhauses war weiträumig, und Turk wollte offenbar die gesamte Länge des Untergeschosses für den Anlauf auf die Ausfahrt nutzen. Schon konnten sie das einfallende Licht der 60sten Straße weit vor sich sehen und mitten darin die noch immer geschlossene Schranke.

„Wer es eilig hat, ist bei mir richtig, Mam!“, rief Turk durch die ersten Textzeilen von Lynyrd Skynyrd und beschleunigte abermals.

Keiner der Agenten wollte sein Gesicht verlieren, und so sagte niemand ein Wort. Doch die sich fest um Griffe und Halterungen schließenden Hände sprachen eine deutliche Sprache. Während nach und nach die Fingerknöchel seiner Passagiere weiß wurden, lächelte Stanley Turk in sich hinein. Es war doch immer wieder schön, selbst den abgebrühtesten Agenten den Schweiß auf die Stirn zu treiben. Natürlich hatte er seinen Kumpels von der Parkhauswache sein dynamisches Kommen angekündigt, und wie schon so oft würden sie nicht nur die Schranke rechtzeitig öffnen, sondern auch die Absperrung auf der 60sten Straße vorbereitet haben.

Stanley Turk wusste, es war stets von Vorteil, das Vertrauensverhältnis zu seinem Auftraggeber gleich zu Beginn auf eine höhere Stufe zu heben. Diese Miss Bancroft war – das hatten ihm bereits mehrere Kollegen berichtet – ein harter Hund. Es war sicherlich für sie zum beiderseitigen Nutzen, wenn sie ihn von Anfang an als Partner und nicht als Angestellten sah.

Die Schranke war nur noch zwanzig Meter entfernt.

Hinten herrschte Grabesstille.

Gleich würde zum ersten Mal der Refrain des Liedes einsetzen und ihm den perfekten Einstieg in seinen Arbeitstag liefern.

Zehn Meter – die Schranke schnellte hoch –, und der Einsatz-Van jagte die kurze Auffahrt zur Straße empor. Aus den

Augenwinkeln sah er die Absperrungen, die seine Kumpels arrangiert hatten, und schon schoss der schwarze Van auf die Straße hinaus, machte einen mächtigen Satz, kam wieder auf und brachte die Federung des schwer beladenen Wagens beinahe ans Limit. Turk lenkte in eine weite Kurve und ließ den Wagen die 60ste Straße gen Westen hinauf schießen, fort vom Columbus Circle und dem stockenden Verkehr.

Sweet home, Alabama!

Turk nahm die Herausforderungen des laufenden Verkehrs auf der Sechzigsten weiterhin mit dynamischen Schlenkern. Elisabeth Bancroft stand auf und schwankte die drei Schritte zum Fahrerhaus. Turk sah sie im Innenspiegel und regelte die Lautstärke etwas herunter.

„Das war beeindruckend, Stanley. Und auch, wenn ich Ihren Musikgeschmack nicht teile, möchte ich Ihnen zu Ihrem Auftritt gratulieren. Falls Sie jedoch noch einmal eine solche Nummer abziehen, werden Sie erfahren, was es bedeutet, nicht mehr dazuzugehören. Wir verstehen uns?"

Bancroft drehte sich um und ging zurück an ihren Platz. Die Musik in ihrem Rücken wurde deutlich leiser.

Liz lächelte.

Der graue Lieferwagen hatte die Fifth Avenue erreicht. Die Absperrungen rund um den Marathonkurs hatten die Anfahrt kompliziert gestaltet. Normalerweise hätten sie – vom Lincoln-Tunnel kommend – den Central Park einfach durchfahren können. So aber umfuhren sie die südliche Spitze des Parks in weitem Bogen, um dann über die Third Avenue gen Norden und via 86ste Straße in Richtung Westen wieder auf die Fifth Avenue zu stoßen.

Igor dirigierte seinen Fahrer am Haupteingang des Metropolitan Museums vorbei und ließ ihn einen Parkplatz in der Spur zwischen all den Touristenbussen ansteuern. Direkt vor dem Eingang wäre ihr Wagen trotz der, wie er fand, perfekten Tarnung viel zu schnell aufgefallen. Irgendein Cop würde zu neugierig sein. Irgendetwas Unerwartetes konnte geschehen. Ein Risiko, das er nicht eingehen wollte.

Er blickte auf seine Armbanduhr und fand, dass sie exzellent im Zeitplan lagen. „Ihr Bescheid wisst. Jeder eine Flasche."

Die vier Muskelmänner bedienten sich einer nach dem anderen aus dem Evian-Kasten und blieben danach einen kurzen Moment auf dem Vorplatz des Museums stehen.

Als Igor den Lieferwagen abgeschlossen hatte und mit einer eigenen Flasche zu ihnen getreten war, stellten sie sich in einem Halbkreis vor ihm auf.

„Do poslednevo wsdocha!", sagte Igor.

„Do poslednevo wsdocha!", antworteten die vier wie aus einem Mund und strebten ohne ein weiteres Wort dem Haupteingang des Museums zu.

Igor schaute noch einmal zu dem Wagen zurück, in dessen Bauch das Paket eingeschlossen war und der auf beiden Seiten den typischen Schriftzug trug: Metropolitan Museum of Art.

„So, meine Herren! Zurück zu den offenen Punkten: die Fernbedienung?", begann Bancroft erneut.

Peter Hunziker übernahm: „Ist auf dem Weg zu uns. Wir müssen nur noch einen Treffpunkt vereinbaren."

„Die Läufer werden über die Madison Avenue Bridge aus der Bronx zurück nach Manhattan kommen", warf Danes ein, der sich mehr und mehr als Kenner der Materie outete.

Bancroft öffnete eine App auf ihrem iPhone und scrollte die Detailkarte von Manhattan gen Norden. Knapp unterhalb der genannten Brücke stoppte sie den Vorgang.

„Das ist oben an der 138sten Straße."

Hunziker nickte und griff zu seinem Handy, um die erbeutete Fernbedienung dorthin zu beordern.

Da meldete sich Bishop zu Wort: „Mam, ich habe Bart Lucas wieder in der Leitung. Er ist im Heli und fragt nach dem Treffpunkt."

Elisabeth Bancroft hob ihr Handy wieder vor ihre Augen und scrollte die geöffnete Karte ein kleines Stück nach Süden.

„T. J., bitte auf den Lautsprecher“, bat sie ihren Abhörspezialisten und wartete, bis er ihr zunickte.

„Lucas?“, fragte sie, um sicher zu gehen, dass er sie hören konnte.

„Ja?“

„Östlich der 122sten und Ecke Mount Morris liegt der Marcus Garvey Memorial Park. Dort können Sie runtergehen. Sie werden lange vor dem Läuferfeld ankommen. Wir holen Sie dann auf der westlichen Seite der Mount Morris ab. Stanley, haben Sie zugehört?“

„Immer auf Ballhöhe, Mam! Immer auf Ballhöhe!“

Elisabeth Bancroft lächelte. Turk hatte die Regeln des Spiels verstanden.

„Alles klar!“, antwortete Lucas und trennte die Verbindung.

„Haben wir Lucas’ Nummer?“, hakte Miss Bancroft bei Bishop nach.

„Haben wir, Mam.“ Und alle sahen, dass er nur mühsam seinen Drang unterdrücken konnte, schwungvoll die Hacken zusammenzuknallen.

Hunziker beorderte die Fernbedienung nunmehr zur 122sten. Gleich darauf war sein Wissen wieder gefragt, als Liz beim nächsten Punkt angelangt war.

„Gut – weiter auf unserer Liste. Was ist mit dem Russen im Feld? Wie bekommen wir den von der Bildfläche?“

„Beim Boston-Marathon hatte die NSA seinerzeit einen Sniper eingesetzt“, warf Hunziker ein, stieg auf einen Tritt und öffnete eine Deckenluke.

„Ohne Erfolg, wenn ich mich recht erinnere“, konterte Liz.

„Ich gehe davon aus, dass wir das besser können“, erwiderte Peter Hunziker seinerseits. „Ich war bereits so frei, die Drohne mit Hartgummi-Munition zu laden.“

„Eine Drohne? Hier an Bord des Vans?“, fragte Josh Hopkins überrascht.

„Wir sind auf dem letzten Stand der Technik“, sagte Peter mit einem Lächeln, deutete zu eben jener Luke in der Decke und fügte hinzu: „Die Drohne kann mit einer Höchstgeschwindigkeit von sechzig Kilometern in der Stunde fliegen, hat die Flügelspannweite von vierzig Zentimetern und eine Reichweite von hundert Kilometern.“

„Und sie enthält eine Abschussvorrichtung nebst Laser-Ziel-Einheit“, ergänzte Bancroft.

Hopkins stieß einen bewundernden Pfiff aus. „Ich bin begeistert. Und wer steuert das Baby?“, wollte er wissen.

„Wer's lädt, darf auch feuern“, wies Elisabeth auf ihren Assistenten.

„Wir sollten zuerst einen Abfangpunkt festlegen“, startete Hunziker sogleich mit der Vorbereitung. „Wo befindet sich die Spitzengruppe jetzt?“

„Es ist 11:02 Uhr. Die Läufer sind seit einer Stunde und zweiundzwanzig Minuten auf der Strecke. Ergo sind sie in der Nähe von Meilenstein 16“, sagte Bishop und schaute dabei auf die TV-Übertragung, wo ein interaktives Streckenschaubild seine Vermutung bestätigte.

„Okay, wir sollten praktisch denken“, sagte Bancroft und scrollte ihren Miniaturstadtplan hinüber zur First Avenue.

„Stopp!“, sagte Hunziker, der seiner Chefin über die Schulter gesehen hatte. „Da, ein Krankenhaus. Ecke First und Siebenundneunzigste“, kommentierte er das winzige rote Kreuz auf dem Stadtplan in Bancrofts iPhone-Display.

„Wenn wir den Russen davor auf den Boden der First Avenue schicken, wird man ihn direkt ins Krankenhaus schaffen. Mehr Zeit für unsere Jungs, ihn dort in Empfang zu nehmen.“

„Perfekt!“, stimmte ihm Bancroft zu.

„Wie war der Name des Russen?“, fragte sie nach. „Nur um Verwechslungen auszuschließen.“

„Zarinow, Mam“, warf Danes ein, obwohl er gerade ein angeregtes Telefonat führte. „Er hat die Nummer 12.“

Derweil hatte Hunziker die Drohne startklar gemacht. „Wann wird die Spitzengruppe dort sein?", fragte er Bishop.

„Das ist an Meilenstein 18. Etwas über zwölf Minuten würde ich tippen."

„Stanley, wo befinden wir uns gerade?", fragte Bancroft nach vorne.

Stanley Turks Antwort kam postwendend: „Amsterdam Avenue, Höhe 87ste Straße."

„Zehn Blocks in der Länge und ungefähr doppelt so viele in der Breite. Das sind knapp drei Kilometer Luftlinie", rechnete Hunziker laut.

„Bei sechzig Kilometern pro Stunde sollte das kein großes Problem sein. Drei Kilometer in drei Minuten", resümierte Bishop.

„Zum Glück quer über den Central Park. Das spart ein Stück Weg und Zeit", sagte Bancrofts Assistent und setzte sich eine futuristische Brille auf. Unschwer zu erahnen, dass das die direkte Verbindung zur Videokamera der Drohne war.

„Stanley, könnten Sie bitte die Dachluke öffnen", bat er den Fahrer, nachdem er die innere Luke unter der Drohne geschlossen hatte.

„Luke ist geöffnet, Mister Hunziker!"

Schlagartig wurden die Fahrgeräusche durch den erhöhten Windwiderstand deutlich lauter. Hunziker setzte sich auf einen der ausklappbaren Seitenstühle und nahm einen roten und einen schwarzen Plastikstick in die Hände, die entfernt an Steuerungsgeräte neumodischer Spielkonsolen erinnerten.

„Rot ist für Steuerung von Höhe und Richtung, Schwarz für die Geschwindigkeit und zum Auslösen der Schüsse", erklärte Bancroft, doch alle schauten erwartungsvoll auf Hunziker und seine Videobrille.

„Reiten wir los!", sagte Peter Hunziker und riss die beiden Sticks in die Höhe. Seine Hände vollführten heftige Korrekturmanöver, um die Drohne in den Winden der Upper West Side in eine ruhige Fluglage zu bringen. Nach einigen Sekunden schien ihm das gelungen zu sein.

„Dachluke kann wieder zu!", rief er nach vorne. Stanley Turk reagierte offenbar sofort, denn die Fahrtgeräusche nahmen wieder ab.

Für Danes, Bishop und Hopkins hatten Hunzikers eigenartige Bewegungen etwas Surreales. Selbst Hawkins schaute überwältigt zu. Turk indes hatte genug mit dem Verkehr zu tun und keine Zeit, um Hunzikers Verrenkungen im Rückspiegel zu beobachten.

„Wir können das, was Peter sieht, auf dem Bildschirm verfolgen", sagte Elisabeth und schaltete einen weiteren Monitor ein. Dann zog sie eine Tastatur auf einem Rollbrett aus dem Seitenschrank hervor und startete eine der Applikationen, die auf dem Screen als kleines grünes Viereck mit gerundeten Ecken sichtbar war.

Zwei Sekunden später wähnten sich alle, die den Bildschirm einsehen konnten, in einer prächtigen New-York-City-Flugsimulation. Das Fadenkreuz in der Mitte des Bildschirms jagte durch die Häuserschluchten in Richtung Osten, und am Ende der Straße konnte man bereits das Grün des Central Parks erahnen.

„Okay!", sagte Elisabeth, um alle wieder an ihren Job zu erinnern. „Josh, schicken Sie zwei Männer zum Metropolitan Hospital Center. Sie sollen Zarinow ins Hauptquartier bringen. Nette kleine Zelle – bis wir zurück sind."

„Mit welcher Begründung, Mam?"

„Wie wär's mit Verdacht auf Mitgliedschaft in einer terroristischen Vereinigung?", antwortete sie leicht genervt.

Zugleich ärgerte sie sich darüber. Josh Hopkins trug ebenso wie ihre anderen Teammitglieder nicht die Schuld an den Herausforderungen des heutigen Tages. Sie nahm seine Hand und entschuldigte sich mit einem sanften Druck. Sein Blick zeigte ihr, dass er verstanden hatte.

„Gut. Zum nächsten …“, wollte die Chefin ihre imaginäre Liste weiter abarbeiten, als ihr Danes ins Wort fiel: „Die Männer sind gefunden, Mam! Und sie sind bereits unterwegs.“

„Werden sie es rechtzeitig schaffen?“, fragte Elisabeth skeptisch.

„Ich habe mir erlaubt, unsere Männer nach dem Einkauf bei Macy's mit dem Helikopter abzuholen. Die Doubles wurden direkt aus unserer Zentrale abgeholt und sind im selben Heli. Wenn alles glatt läuft, werden sie vor uns da sein“, warf Bishop ein.

„Gut gemacht, Josh. Werden die Schuhe passen?“, schwenkte Miss Bancroft sofort zurück zu Danes.

„Wir haben bei dem Brooklyner Händler sechzehn weiße Paare erstehen können. Die beiden benötigten Größen für die Doubles sind dabei“, berichtete Danes.

„Zeigen Sie mal Bilder von den beiden“, forderte Bancroft.

Danes klickte sich kurz durch die Agenten-Akten.

„Der hier für Johnson, Mam. Cliffort West“, präsentierte er der Chefin das erste Konterfei.

Miss Bancroft kniff die Augen zusammen. „Könnte Johnson sein. Und?“

„Allister Read als Brian Harding“, zeigte Danes seinen wahren Trumpf.

Bancroft stieß einen leisen Pfiff aus. „Als hätte man sie bei der Geburt getrennt. Gute Arbeit, Taylor!“

Sie blickte kurz nach vorne, zum Führerhaus und versuchte sich an den wenigen Hinweisen, die sie durch die Frontscheibe erspähen konnte, zu orientieren.

„Wo sind wir, Stanley?“

„Die Hälfte ist geschafft, Mam. Wir haben gerade die 102te passiert. Damit sind wir fast auf Höhe des nördlichen Endes des Central Parks.“

Elisabeth Bancroft blickte in die Runde. Ihre Männer waren allesamt beschäftigt. Hawkins lauschte dem Dialog zwischen Stalin und seinen beiden Läufern. Bishop verfolgte die Verkehrsströme in und um Manhattan. Hunziker kümmerte sich darum, den russischen Läufer aus dem Spiel zu nehmen und gleichzeitig die erbeutete Fernbedienung heranzuschaffen.

Ihr Hauptaugenmerk galt in dem Moment jedoch Danes und Hopkins. „Wir brauchen einen Ort ohne fest installierte Kameras und mit etwas Platz für den Austausch. Und da wir wissen müssen, was Stalin plant, sollten wir die Doubles so schnell wie möglich auf die Strecke schicken."

Taylor und Josh nickten einhellig.

„Allister Read und Cliffort West sind im Heli. Sie tragen bereits die Schuhe, Trikots und Startnummern. Der Hubschrauber ist auf dem Weg zu uns. Bislang sind wir davon ausgegangen, dass wir den Austausch auf der Brücke aus der Bronx vornehmen können. Es fällt dort am wenigsten auf, weil häufig Werbeeinspielungen geschaltet werden, wenn die Spitzengruppe über Brücken läuft", erstattete Josh Hopkins Bericht.

Und Taylor Danes ergänzte: „Das wäre kurz vor Meilenstein 21."

„Viel Zeit bleibt nicht mehr", erwiderte Bancroft. Doch das klang mehr wie eine allgemeine Feststellung, als ein Beitrag zum geplanten Austausch.

„Wir stimmen Ihnen zu, Mam. Aber wenn die Zeit so knapp ist, warum fahren wir hier mit Turk herum?", fragte Hopkins und rief ergänzend nach vorne: „Nichts gegen Sie, Turk!"

Der hob nur seinen Arm zum Zeichen, es gehört zu haben. Ob er es wirklich nicht persönlich nahm, würde sich gegebenenfalls noch erweisen.

„Wir haben eine halbe Armada von Helis in der Luft", ergänzte Danes die offene Frage.

„Stalin fährt, wir fahren", kommentierte Bancroft ihre Entscheidung. „Wir werden ihn ganz unauffällig in Gewahrsam nehmen. Wir halten einen Heli in der Luft, aber nur für Notfälle. An der Stelle halte ich es mit Bishop: minimalinvasiv."

Sie wusste, dass das Nachhaken ihrer Agenten weit davon entfernt war, eine Meuterei anzuzetteln. Und ganz unberechtigt war ihr Einwand nicht, doch Elisabeth hatte über die Jahre ein beinahe untrügliches Gespür dafür entwickelt, wann sie den Luftweg benötigte und wann den Landweg. Noch schien ihr Turks Berufung Erfolg versprechend. Noch …

Liz gönnte sich einen kurzen Moment der Analyse. Sie kam sich vor wie ein Jongleur, der zehn Bälle gleichzeitig in der Luft hatte und tunlichst aufpassen musste, dass nicht einer herunterfiel. Denn so viel war klar: Wenn auch nur ein Ball fallen würde, würden sie verlieren.

Was plante Stalin?

Über die einzelnen organisatorischen Punkte hatte sie beinahe das Kernproblem vergessen. Sie war sich sicher, dass es ihrem Team gelänge, die Läufer rechtzeitig auszutauschen. Egal, was Stalin plante, er würde es in Manhattan tun. Elisabeths viel größere Sorge war, dass Johnson und Harding ihr nicht würden weiterhelfen können. Stalin war zwar bestimmt nicht davon ausgegangen, dass seine beiden ‚Hasen' noch einmal die Gelegenheit erhalten würden, ihr Wissen weiterzugeben, doch bedeutete das nicht zwingend, dass er sie überhaupt in seinen Plan eingeweiht hatte. In diesem Fall würde die Zeit knapp werden. Verdammt knapp!

Sie blickte zu Bishop. Er war tief in seinem Verkehrsüberwachungssystem versunken. Wenn sie nicht herausbekommen konnten, was Stalin plante, dann mussten sie zumindest seiner habhaft werden, bevor er etwas unternehmen konnte. Und noch etwas: Der Russe war mit Sicherheit nicht allein. Doch wer auch immer ihn unterstützte, erhielt von ihm keine Anweisungen per Funk. Elisabeth Bancroft war sich nicht sicher, ob sie diese Tatsache beängstigen sollte. Sie hatte in ihrer Karriere schon einiges erlebt. So war es keine Überraschung, dass sich ihr zuerst die Bilder von Selbstmordattentätern aufdrängten. Menschliche Bomben, die von einem Auftraggeber zu einem bestimmten Ort befohlen wurden und die ihre tödliche Fracht entluden, ohne dass im Vorfeld irgendeine Spur hätte verfolgt werden können. Liz sprach ein kurzes Stoßgebet. Gott gebe, dass sie es nur nicht mit einer Armee von Selbstmordattentätern zu tun bekämen.

Vielleicht würden sie Stalin rechtzeitig finden. Vielleicht würden sie ihn und seine Gefolgsleute aufhalten. Vielleicht. Hoffentlich!

„Wir sind runter auf siebenundsechzig", polterte Bishop in ihre Gedanken und meinte damit die Anzahl der verbliebenen potenziellen Stalin-Fahrzeuge. Das war noch kein Erfolg, und das wussten sie beide. Elisabeth Bancroft seufzte leise.

„Bin über den Park rüber", gab Huniker die ungefähre Position der Drohne bekannt. Gut, dachte Bancroft. Mehr als die Hälfte der Strecke war bereits geschafft.

Stalin orientierte sich kurz. Der blaue Sebring befand sich auf Höhe der 119ten Straße. Es war an der Zeit, sich in Manhattan ein ruhiges Plätzchen zu suchen und auf die Läufer zu warten, die unweigerlich nach ihrem Ausflug in die Bronx den Weg zurück in diesen Stadtteil finden würden.

„Fahren Sie rüber zur Lexington, und dann halten Sie dort", befahl der Oligarch.

„Sechsundsechzig", sagte Bishop, und Elisabeth hoffte, dass er den restlichen Countdown für sich behalten würde. Bevor er nicht mit einer ‚Eins' aufwarten konnte, war seine gesamte Überwachung nichts wert.

„Meine Herren Amerikaner!", brach Stalin sein minutenlanges Schweigen. „Das Schöne an unserer Situation ist: Egal, was Sie wissen oder glauben zu wissen … Sie können nichts dagegen unternehmen. Vielleicht verfangen meine kleinen Nettigkeiten bei Ihnen nicht mehr, aber davon unberührt bleibt die Tatsache, dass Sie weiterhin meinem Willen ausgeliefert sind. Und je nachdem, wie sich mein Plan entwickelt, werden Sie ins Ziel laufen oder kriechen."

Brian und Chris sahen sich an. Chris erkannte, dass Brian zum Heulen zumute war. Und er konnte sich gut vorstellen, was sein Kumpel dachte: Stalin hatte Recht. Es gab keinen Ausweg für sie.

Christopher sah sich um. Sie liefen mit den Afrikanern an der Spitze der Gruppe. Bacha hielt sich vornehm zurück. Zarinow blieb immer dicht hinter ihnen. Obwohl letzterer offensichtlich in Stalins Diensten stand, hatte ein Blick auf dessen Hände zumindest offenbart, dass Zarinow keine Fernbedienung bei sich trug. Das war die gute Nachricht. Bei Stalins riesigem Ego war es sowieso keine Überraschung, dass er niemand anderen an den Drücker ließ. Und noch schien alles nach Stalins Plan zu laufen. Die Geschwindigkeit der Spitzengruppe war auf einem hohen Niveau. Es gab kaum Vorstöße, und wenn, dann wurde der Abstand von den Hasen stets sofort zugelaufen.

Falls Brian zuvor nicht von selbst darauf gestoßen war, dass Stalin sie nur zu einem bestimmten Zeitpunkt an einem bestimmten Ort brauchte, dann war Christophers Enthüllung sicherlich ein schwerer Schlag, der ihm vielleicht die letzte Hoffnung rauben würde. Christopher wollte nicht, dass dies geschah. Er wollte, dass sie beide am Leben blieben. Doch was konnte er tun, um seinen Freund aufzurichten? Er ahnte, dass Brian seinen Worten keinen Glauben schenken würde, wenn er ihm sagte, dass sie noch eine Chance besaßen. Er kannte seinen Kumpel zu genau, um zu wissen, dass das, was jetzt so dringend nötig war, von außen kommen musste.

Alles was sie brauchten, war ein Zeichen.

Bancroft wandte sich an ihren Assistenten: „Wie weit sind wir mit Zarinow?"

Hunziker grinste unter seinem Brillenvisor: „Noch eine Kurve, dann sollte ich ihn sehen können."

Auf dem Bildschirm sah Elisabeth, wie die Drohne die 87ste Straße verließ und gen Norden auf die First Avenue einschwenkte. Die Läufer waren zweihundert Meter weiter die Straße hinauf. Bancroft nickte. „Okay, hol ihn von den Beinen!"

Bancrofts Vertrauen in ihren Assistenten war groß genug, ihn diese Aufgabe ohne ihre Überwachung durchführen zu lassen. Außerdem galt es noch einige andere Dinge zu erledigen.

Sie griff zu ihrem iPhone und wählte die Nummer der CIA-Telefonvermittlung. „Es wird Zeit, dass ich mal ein Wörtchen mit dem Programmchef von NBC rede", sagte sie mehr zu sich selbst, als zu ihren Mitarbeitern. Doch an Danes' Nicken konnte sie erkennen, dass zumindest er ihr zugehört hatte. Und das, obwohl er mit je einem Auge auf die beiden Bildschirme schielte.

Auf dem einen lief das Fernsehprogramm von NBC 4, direkt daneben die Übermittlung des Bildes aus der Drohne. Einmal sah man die führende Gruppe von schräg vorne, wie sie von der Motorradcam live in Millionen Haushalte auf diesem Planeten übertragen wurde. Die andere Sicht zeigte die Läufer von hinten und oben, und die Kamera näherte sich schnell.

Die Führungsgruppe hatte das Krankenhaus beinahe erreicht. Hunziker war etwas vor dem Zeitplan. Mittlerweile flog die Drohne dicht genug hinter der Gruppe, dass man die einzelnen Läufer unterscheiden konnte.

Danes fragte sich, ob Hunziker auch den richtigen Läufer ins Visier nahm. Schließlich sah er die Spitzengruppe von hinten, die Startnummern prangten dagegen auf der Brust. Andererseits beobachteten sie den Lauf schon eine geraume Weile, und Peter Hunziker sollte Zarinow selbst ohne Nummer, von hinten und schräg oben erkennen können.

In dem Moment kam von Turk ein kurzes „Achtung!", ehe er einem LKW auswich, der die Kreuzung offensichtlich bei dunkelstem Ampelrot genommen hatte. Hunziker rutschte vom Sitz und ließ in dem instinktiven Bemühen, sich selbst irgendwo festzuhalten, die Steuerungssticks zu Boden gleiten. Hopkins sah hilflos mit an, wie das Videobild der Drohne augenblicklich zu trudeln begann, sich die Nase des ferngelenkten Flugobjekts gen Boden neigte und dem Asphalt der First Avenue entgegen fiel.

Brians Mimik drückte seine Niedergeschlagenheit weiterhin deutlich aus. Chris lief neben ihm und sah sich in einer hilflosen Position.

Vorne hatten drei der Afrikaner das Zepter übernommen. Das Tempo blieb dauerhaft hoch, doch das bereitete Johnson und Harding kein Problem. Sie liefen einfach mit. Und es kostete sie keinerlei Anstrengung. Christophers größtes Problem bestand darin, seinen Zorn auf Stalin allzeit aufrecht zu erhalten. Die Erfahrung, die Nebenwirkung am eigenen Körper zu spüren – beziehungsweise durch sie wie in einem Strudel alle Entscheidungsgewalt einzubüßen, war in der Tat beängstigend. Vor allem, wenn es darauf ankam, dass sie unbedingt Herr ihrer Sinne bleiben mussten. Zum Glück – in diesem Fall – lief mit Oleg Zarinow so etwas wie der verlängerte Arm Stalins ständig in ihrer Nähe und entfachte so Christophers Zorn stetig neu. Auch jetzt hing der Russe wie ein Schatten an ihnen, lief links neben Brian am äußeren Rand der Gruppe.

Bancroft hatte sich sofort im Gang des Vans auf den Boden gestürzt und griff nach den beiden Steuerungssticks, die Hunziker fallen gelassen hatte.

„Miss Bancroft!“, rief Hawkins wenig hilfreich.

Doch Elisabeth hatte sich der Sticks bemächtigt, zum Screen umgedreht, der das Videosignal der Drohne zeigte und versuchte, den Fall des mehrere zehntausend Dollar teuren Fluggeräts aufzuhalten.

Hunziker hatte sich den Visor heruntergerissen und sah, dass Elisabeths Bemühungen erfolgreich sein könnten ... wenn nur der Boden nicht so verdammt schnell auf die Kamera zurasen würde!

In buchstäblich letzter Sekunde riss Bancroft den roten Stick nach oben und drückte den schwarzen Stick nach vorn. Als

Ergebnis ihres Manövers kippte der Bug der Drohne hoch, und die Beschleunigung ließ sie direkt über dem Boden der First Avenue auf die nun nur noch dreißig Meter entfernten Läufer der Spitzengruppe zufliegen.

Bancroft wusste, sie hatte nur einen Versuch. Und sie musste aus dem Blickfeld der Fernsehkameras verschwinden, ehe die ihre Intervention aufzeichnen konnten.

Noch zehn Meter.

Dort vor ihr, links neben Harding, lief Zarinow. Sie hob die Nase der Drohne geringfügig an, bis das Fadenkreuz in der Videoanzeige über Zarinows Rücken hing und drückte einmal auf den Auslöser am schwarzen Stick. Sofort veränderte sie die Lage des roten Sticks nach links und nach oben. Weg aus dem Bereich, den die Motorradcam von Channel 4 aufzeichnen könnte. Fort von der First Avenue.

Plötzlich war es da, das Zeichen, auf das Brian so sehnsüchtig gewartet hatte und das ihm zeigte, dass sie diesen Kampf doch nicht ganz alleine würden ausfechten müssen: Wie ein Blitz aus heiterem Himmel hatte Zarinow gestöhnt, war ins Straucheln geraten und schließlich vornüber auf den Asphalt der First Avenue gefallen.

Brian lief weiter, doch er hatte Zarinows Sturz sehr wohl wahrgenommen und blickte noch eine Weile zurück. Alonso Bacha ließ sich etwas zurückfallen und kreuzte so Brians Blickrichtung. Der Spanier deutete das Gefühl von Brustschmerzen an und erinnerte ihn damit an Boston, den Heartbreak Hill und den Sniper auf dem Dach des Boston College.

Brian dachte an den Moment, als Bacha und er auf dem regennassen Boden der Commonwealth Avenue gelegen hatten, und für einen Augenblick sah er all das, was er damals gesehen hatte, wieder vor sich. Die Erkenntnis, dass keiner von ihnen blutete, dass der Anschlag mit Gummigeschossen erfolgt sein musste, dass Bacha nicht mehr weiterlaufen konnte ... Und jetzt bedeutete ihm eben dieser Bacha:

Was damals in Boston mit ihm geschehen war, war diesmal Zarinow widerfahren.

Der Spanier war offenbar auf ihrer Seite, gehörte zum Team!

Brian Harding vermied es, sich nach dem Scharfschützen umzusehen, der Zarinow aus dem Lauf genommen hatte.

Viel wichtiger war: Es gab jemanden da draußen, der ihnen half, der sie nicht verrecken lassen würde.

Er schaute hinüber zu seinem Kumpel. Chris zwinkerte ihm nur zu.

Und Brian?

Der hatte endlich verstanden und … grinste!

10

„Geschafft!", sagte Elisabeth, als sie auf dem TV-Monitor verfolgen konnte, wie der Russe sich schlafen legte. Ihre Befriedigung hielt sich dennoch in klar definierten Grenzen, die keinen euphorischen Ausbruch zuließen. Zumal Zarinows Ausschaltung das Geringste all ihrer Probleme war.

Für einen kurzen, aber entscheidenden Moment hatte sie dennoch vergessen, dass sich die Drohne noch immer in der Luft befand.

„Liz!", schrie Hunziker, der wie die anderen wieder zum Videobild der Drohne schaute und dort sah, dass die Wand über dem Vordach des Metropolitan Hospitals groß und größer wurde. In seinem Bemühen, ihr die Sticks wieder zu entreißen, und ihren Versuchen, das scheinbar Unvermeidliche zu verhindern, zerstörten sie die Drohne gemeinschaftlich am Grau der Krankenhausmauer.

„Verdammt!", fluchten beide fast wie aus einem Munde, als sie das Ergebnis ihres Rettungsversuchs in Form eines rauschenden Bildschirms sahen. Das Video-Signal der Drohne war erloschen.

„Sagen Sie den Agenten, die Zarinow in Empfang nehmen, dass ihnen eine kleine Klettertour bevorsteht", meinte Bancroft in Anspielung auf die Tatsache, dass die Reste der Drohne sicherlich auf dem Vordach des Krankenhauses ihrer Entdeckung harrten.

Da fiel ihr siedendheiß wieder ein, dass sie versucht hatte, mit den Programmverantwortlichen von NBC 4 ins Gespräch zu kommen. Blitzschnell angelte sie sich ihr Smartphone, das sie ebenfalls auf dem Boden des Vans wieder fand. Keinen Moment zu früh, denn sie hörte gerade die letzten Töne der Warteschleifenmusik verklingen, und eine weibliche Stimme meldete sich mit einem gelangweilten ‚NBC, wen möchten Sie sprechen?' Nachdem Bancroft ihren Wunsch geäußert hatte, wurde sie sofort verbunden.

„Edward Perkins. Ich bin der Programmdirektor von NBC Channel 4. Und ich spreche mit …“

Bancroft hob eine Augenbraue.

Perkins klang genervt und abweisend. Eine denkbar ungünstige Kombination für die Unterstützung, die sie von dem Mann dringend erhoffte.

„Guten Tag, Mister Perkins. Mein Name ist Elisabeth Bancroft, und ich bin Einsatzleiterin der Central Intelligence Agency. Wir haben ein akutes Problem, bei dem wir auf Ihre Mitarbeit setzen.“

Elisabeth ertappte sich dabei, mit weicher, beinahe verführerischer Stimme gesprochen zu haben.

„Einen Moment, meine Dame“, unterbrach sie Perkins und schrie seine Regieassistenten an: „Könnt ihr nicht mal eine Minute ohne mich den Laden schmeißen? Splittscreen! Eine Kamera bleibt bei dem gestürzten Russen. Kamera zwei verfolgt die Spitzengruppe. Wenn der Heli in Position ist, Bilder aus der Luft. Los, los, los!“

Miss Bancroft erkannte, dass das Timing denkbar schlecht war. Perkins bedeckte den Hörer offenbar nur halb mit seiner Hand, und so konnte Elisabeth auch weiterhin seine Anweisungen verstehen.

„Was soll das heißen: Da war ein Flugobjekt im Bild? Landen die UFOs in New York? Zeig mal her! Moment mal …“

Sie hörte ein halbwegs bemühtes Räuspern, ehe er sich wieder ihr widmete. „Sie sagten, Sie wären von der CIA? Ist das Ihr Miniaturflugzeug, das ich gerade in meiner Wiederholungsschleife sehe?“

Bancroft fluchte leise. Laut und bestimmt sage sie jedoch: „Wir sind mitten in einer Operation, zu der ich Ihnen leider keine Details verraten kann.“

„Hey hey, Sie wollen etwas von mir. Keine Details, kein Deal!“

Bancroft entschloss sich, vorerst noch nicht mit dem Knüppel zu drohen. Sie winkte Peter heran und hielt ihr Telefon zwischen ihre beiden Köpfe. Allerdings mussten sich beide zuerst dringend festhalten, als Turk einen vorschnellen Spurwechsler noch schneller umkurven musste. Aus dem Fahrerhaus kam nur ein lapidares „Sorry“, dann ging die wilde Fahrt weiter.

„Okay, Edward. Versuchen wir es nach Ihren Regeln. Zwei der Läufer tragen Bomben bei sich, derer sie sich nicht selbst entledigen können. Da der Bombenleger sie wahrscheinlich über Ihr TV-Bild überwacht, benötigen wir Ihre Unterstützung. Wir möchten, dass Sie die Kameras ausschalten, eine Weile Werbung zeigen oder die Läufer weiter hinten …“

„Sie wollen die Läufer austauschen! Ich habe das schon kapiert“, schoss Perkins dazwischen, und seine Stimme überschlug sich wie bei einem kleinen Jungen, der gerade sein erstes Fahrrad geschenkt bekommen hatte.

Ehe Bancroft etwas erwidern konnte, fuhr er in seinen lauten Überlegungen fort. „Sie würden mich nicht fragen, wenn die beiden nicht in der Spitzengruppe laufen würden, richtig?“

Auch auf diese Frage erwartete er keine Antwort. „Dass ich das noch erleben darf! Mein Gott, ich dachte, nach Boston würde sich nie wieder eine solche Gelegenheit bieten. Das, was da in diesem Jahr abgelaufen ist, war genial. Da wartet man als Programmverantwortlicher Jahre drauf. Manchmal Jahrzehnte. Verstehen Sie mich nicht falsch: Ich neide es meinem Kollegen in Boston kein bisschen, was er da geboten bekam, aber hey, das hier wird ja noch viel besser!“

Elisabeth Bancroft konnte Perkins’ Euphorie nicht nachvollziehen. „Heißt das jetzt, dass Sie uns unterstützen werden?“, fragte sie ungeduldig.

Die Antwort war ein lautes Glucksen, das wohl ein Lachen sein sollte. „Aber auf keinen Fall, meine Liebe! Drama! Das ist es, was unsere Zuschauer sehen wollen. Und wie es aussieht, werden sie genau das bekommen!“

Bancroft drehte ihren Kopf zu Hunziker und schaute ihn ungläubig an. Der zuckte mit den Schultern. Wobei seine Mimik entweder ausdrückte, dass er mit einer solchen Unverfrorenheit nicht gerechnet oder dass er genau diese Reaktion befürchtet hatte.

Liz wollte noch einen Versuch im Guten starten. „Mein Herr, da draußen sind zwei amerikanische Staatsbürger, die dringend unsere Hilfe benötigen!"

„Sie brauchen *Ihre* Hilfe!", konterte Perkins kalt. „Mein Job besteht darin, Ihren Job zu *dokumentieren*."

Bancroft platzte langsam der Kragen. Zumindest öffnete sie wieder die beiden oberen Knöpfe ihrer Bluse. „Sie sollten nicht auf den Pulitzer hoffen! Die Behinderung einer Bundesermittlung kann Sie bis zu fünf Jahre in den Strafvollzug bringen!"

„Hey! Und Sie sollten wissen, dass wir alle Telefonate mitschneiden und dass Sie sich in einer denkbar schlechten Position befinden, wenn Sie den freien Medien drohen wollen! Aber ich werde dennoch etwas tun: Ich verspreche Ihnen, dass Channel 4 bis zum Zieleinlauf keine Werbeunterbrechungen mehr einspielt. Wir bleiben bis zur letzten Sekunde live am Geschehen!"

Bancroft legte auf.

„Na, das lief ja super!", murmelte Peter.

Bancroft stimmte ihm zu: „Ich hatte schon bessere Tage." Im Stillen verfluchte sie diesen Perkins.

„Wo sitzt der Sender?", fragte sie ihren Assistenten.

„In Eastchester. Aber um deiner nächsten Frage vorzubeugen: Wir können zwar ganz Eastchester den Strom abdrehen, aber die Sender haben im Allgemeinen Notstromaggregate, die stark genug sind, noch mindestens eine Stunde weiter zu senden. Das würde uns also nicht helfen."

„Es ist manchmal erschreckend, wie gut du mich schon kennst, Peter."

„Auch das ist mein Job, Liz."

Bancroft nickte. „Wenn wir unseren Plan retten wollen, müssen wir mit dem Satellitenbetreiber sprechen. Die Sender haben die Frequenzen meist nur gemietet. Möglicherweise begegnen die Leute von der Satellitenfirma unseren Argumenten etwas aufgeschlossener. Peter, kümmere dich bitte darum. So langsam läuft uns die Zeit davon."

Hunziker nickte, und Elisabeth schaute auf die Uhr. 11:16 Uhr. Ein Blick auf den Fernsehbildschirm zeigte, dass die Schnellsten gerade die 106ste passierten. Wenn sie die Läufer auf der Brücke aus der Bronx austauschen wollten, blieben ihnen noch vierzehn Minuten. Andererseits, wenn sie den Sender auf dem Satelliten unterbrechen konnten, dann war der Ort des Austauschs egal. Sie gewannen also Zeit. Doch sie wussten immer noch nicht, was Stalin plante, und je später sie mit Johnson reden konnte, desto geringer wurde die Chance, den Russen rechtzeitig zu stoppen.

„Scheiße!", resümierte Bancroft undamenhaft. „James, was ist mit Ihrer Verkehrsüberwachung? Wann haben wir ihn endlich?"

Bishop schüttelte den Kopf. „Zu früh, Mam. Wir sind erst runter auf zweiunddreißig Fahrzeuge."

Beinahe hätte sie ein zweites Mal geflucht.

Hawkins meldete sich: „Lu-lu-lucas ist scho-scho-scho – er ist da und wa-wartet."

„Stanley", rief sie nach vorn. „Wie weit noch?"

Statt einer Antwort kam ein lautes „Festhalten!", und schon legte sich der Wagen in eine scharfe Rechtskurve. Irgendetwas zersplitterte mit lautem Bersten an der Front des Vans, während Turk den Wagen wieder gerade stellte und mit unverminderter Geschwindigkeit durch eine schmale Einbahnstraße dem Ziel entgegen donnerte.

Bancroft hangelte sich nach hinten, zu den schwarzen Scheiben, die nur Blicke nach draußen zuließen, und betrachtete Turks Werk. Er hatte eine Straßenabsperrung überfahren und dabei mehr oder minder in alle Einzelteile zerlegt. Mit dem atemlosen Trillern seiner Pfeife lief ein Polizist hinter ihnen her.

Elisabeth schüttelte den Kopf und erkannte, dass sie Harlem erreicht hatten. Der typische Baustil der meisten Häuser dieses Stadtteils strahlte viktorianische Schönheit aus. Hohe rote Backsteinhäuser mit Steintreppen, die zum Eingang im Hochparterre führten und an der Seite schwarz lackierte Feuertreppen.

Der Polizist spurtete an einer wunderschönen Kirche vorbei, und insgeheim zollte Elisabeth dem Gesetzeshüter Respekt für seine Ausdauer.

Derweil brachte Turk den Wagen mit laut quietschenden Reifen zum Stehen. „Wir sind da, Mam!“, kommentierte er unnötigerweise.

Leicht resignierend rief sie nach vorne: „Schnell und unauffällig, Stanley. Unauffällig!“

Doch dann sah sie, dass ihr Fahrer bereits wieder seinen Stressball knetete. Und sie bereitete sich darauf vor, den Zorn des Streifenpolizisten abzuschmettern.

Der schwarze Riesen-Van hatte sich vor Read und West, den designierten Doubles, quasi aus dem Nichts materialisiert. Zusammen mit Carter und Simon, den zwei Agenten, die sich bei Macy's um das Gelingen der Aktion verdient gemacht hatten, bildeten sie jetzt einen Viertelkreis vor dem Bug des Vans. Außerdem standen zwei komplett montierte Laufbänder neben ihnen auf der Straße. Die Stromkabel baumelten über den Haltegriffen und verrieten so den Wind, der inzwischen aufgefrischt hatte.

Sie befanden sich in der 122sten Straße. Die Absperrungen auf der Mount Morris Park West waren rund vierzig Meter entfernt. Neben ihnen auf dem Boden lagen zwei Beutel, die die restlichen vierzehn Schuhpaare enthielten. Danes hatte sie angewiesen, auf jeden Fall alle Schuhe mitzubringen. Der Motorradbote, der die Schuhe von Brooklyn hierher gebracht hatte, war wieder abgefahren.

Allister Read und Cliffort West trugen lange, schwarze Mäntel. Darunter lugten jedoch nackte Unterschenkel hervor, die in weißen Puma-Schuhen steckten. Beide Männer versuchten sich in dem typischen Auf-der-Stelle-Laufen.

Komplett unbeweglich hingegen präsentierten sich Carter und Simon, die sofort ihren Job darin sahen, den Bereich um den Van gegen Neugierige abzuschirmen.

„Ihre Männer sind tatsächlich hier", nickte Bancroft in Bishops und Danes' Richtung, nachdem sie gesehen hatte, wer und was sie hier bereits erwartete.

„Der Heli ist in Warteposition im Marcus Garvey Park", vervollständigte Bishop Elisabeths Kenntnisstand.

„Gut. Soll warten."

Damit schaute sie abermals an Turk vorbei, zurück auf die 122ste Straße. „Stanley. Wenden Sie den Wagen schon mal. Wenn wir hier wieder los müssen, dann bestimmt nicht in Richtung der Marathonstrecke."

Turk nickte ihr zu und tippte an die imaginäre Fahrerkappe. „Wird erledigt", antwortete er und ließ seinen Worten sofort Taten folgen. Es war beileibe kein Kinderspiel, die Nase des Maxi-Vans auf der schmalen Straße umzudrehen, doch Turk zeigte, dass er sein Handwerk verstand und richtete den Wagen mit minimalem Rangieraufwand neu aus.

Von der Mount Morris herauf kamen zwei weitere Männer eiligen Schrittes auf den Van und die Agenten zu. Einer der schwarz gekleideten CIA-Männer löste sich vom Wagen, trat den beiden Neuankömmlingen mit breiter Brust entgegen und hob die Hand, um sie zum Anhalten zu bewegen. „Wer sind Sie, und was wollen Sie?"

„Ich bin Bart Lucas, National Security Agency, Chef der Ostküste und ...", wollte er zu einer epischen Erklärung ansetzen, als sich der Zweite der Schwarzträger ebenfalls auf ihn zu bewegte.

„Solange Sie sich nicht ausweisen, sind Sie uns vor allem im Weg!"

Bart Lucas lächelte ihn kurz an. „Mein lieber Freund, Ihre beschissene CIA-Überheblichkeit kann Sie einiges kosten. Bringen Sie mich sofort zu Ihrer Vorgesetzten, oder packen Sie schon mal Ihre Koffer für Alaska."

Der Angesprochene wollte gerade zu einer Entgegnung ansetzen, als ihn Elisabeth Bancroft, die gerade erst den Streifenpolizisten beruhigt hatte, zurückpfiff. „Lassen Sie die Männer passieren, Carter."

Zur Freude von Carter fügte sie aber noch hinzu: „Aber kontrollieren Sie sie vorher auf Waffen."

An Bart Lucas' Gesicht in diesem Moment würde sie sich noch Jahre später erinnern, so viel war sicher! Dennoch kamen Truman und Lucas der Aufforderung nach und spreizten die Beine.

Carter erfüllte seine Pflicht mit größter Sorgfalt. So war es kein Wunder, dass er bei Lucas' Leibesvisite zwei Geflügelscheren zutage förderte. Carter drehte sich zu seiner Chefin um und präsentierte die Fundstücke mit einem ratlosen Gesichtsausdruck.

„Geflügelscheren, Bart?", fragte Miss Bancroft und zog die Augenbrauen hoch.

Lucas hob seine Schultern und machte ein beinahe entschuldigendes Gesicht. „Irgendwann werden wir uns die Frage stellen, wie wir den Männern die Schuhe von den Füßen holen können. Ich wäre dann gerne vorbereitet."

Offensichtlich hatte Bart Lucas die Zwischenzeit genutzt und an ein entscheidendes Detail gedacht, das sie alle bislang übersehen hatten.

„Hat Schnarrenberger Sie auf diese Idee gebracht?"

„Hat er. Er empfahl, die Schuhe an der Ferse aufzuschneiden."

Elisabeth Bancroft zollte dem NSA-Mann still ihren Respekt. Etwas, was sie jedoch niemals laut zugegeben hätte. „Hoffen wir, dass wir diese verdammten Schuhe in die Finger bekommen und dass Schnarrenberger Recht behält."

Lucas nickte. „Tja, hoffen wir das."

„Wo haben Sie die denn aufgetrieben? Oder gehört das neuerdings zur NSA-Standardbewaffnung?", fragte sie lächelnd, nahm Carter die beiden ‚Waffen' ab und führte Lucas höchstpersönlich in den Van. Die Scheren legte sie in die Schublade für besondere Fundstücke.

Es folgte eine kurze gegenseitige Vorstellung. Lucas, Truman, Bancroft, Bishop, Danes, Hunziker, Hopkins und Hawkins reichten sich gegenseitig die Hände, ehe Lucas die nicht ganz ernst gemeinte Frage nach der Herkunft der Geflügelscheren beantwortete.

„Mein Heli war gelandet, und von euch war weit und breit nichts zu entdecken. Außerdem konnte ich grob überschlagen, wie lange ein Wagen vom Columbus benötigen würde. So eine Umgebungssuche per App kann ganz hilfreich sein. Kleiner Abstecher in die 115te Straße. Wer hätte gedacht, dass das *Number One Chinese Restaurant* in Harlem steht! Ein kleiner, unscheinbarer Laden, aber zum Glück gibt es kein chinesisches Restaurant ohne Geflügelschere."

Bancroft schmunzelte. „Und Ihr Heli?"

„Steht drüben im Park neben Ihrem und wartet auf Order."

„Gut, belassen wir es vorerst dabei. Wir werden ihn sicherlich noch brauchen."

„Ein Glück, dass Sie hier nicht in der Provinz sitzen und aus dem Vollen schöpfen können. Als ich noch in Boston ..."

Hunziker stellte sich dienstbeflissen neben seine Chefin und musste dabei Lucas ein wenig zur Seite schieben, bei dem er sich jedoch mit einem kurzen ‚Sorry' entschuldigte. Der NSA-Ostküstenchef vergaß darüber scheinbar seinen Text. Truman komplettierte das Quartett, während die anderen Agenten den Austausch vorbereiteten.

„Wie steht es mit unserem Plan?", konzentrierte sich Lucas auf das Wesentliche.

„Wir haben mit kleineren Rückschlägen zu kämpfen", antwortete Bancroft, und es klang eine Spur resignierend. „Für einen Austausch hätten wir den Fernsehsender gebraucht. Leider präsentierte sich der Programmchef als quotengeiles Arschloch. Unsere Hoffnungen ruhen derzeit auf dem Satellitenbetreiber."

„Oh-ohh", kommentierte Lucas wenig euphorisch, „das hatte ich bereits überprüfen lassen. NBC ist Haupteigner der Terra-Satelliten-Gruppe."

Bancroft wandte sich an Hunziker: „Stimmt das?“

Peter nickte. „Das wollte ich dir gerade sagen. Die einzige Antwort, die ich dort bekommen habe, lautete ‚Fragen Sie NBC!‘“

„Schei…“, hielt Elisabeth gerade noch inne und reduzierte ihren Ausbruch auf „Verdammter Mist!“

Sie sah wieder ihre virtuellen zehn Bälle in der Luft, von denen plötzlich ein oder gar zwei die Erdanziehungskraft entdeckten. Zwei Stunden waren so oder so eine viel zu knappe Zeitspanne, um eine solche Aktion unvorbereitet durchzuziehen. Zum ersten Mal gestand sie sich ein, auf ein Wunder gehofft zu haben. Wenn sie keinen Weg fanden, Johnson und Harding aus Stalins Zugriff zu entziehen, platzte Bancrofts letzte – und zugegebenermaßen einzige – Hoffnung, rechtzeitig hinter den Plan des Russen zu kommen. Was immer er vorhatte – sie wollte es verhindern und nicht als zweiter Sieger hinterher die Scherben zusammenkehren. Selbst wenn sie die große Chance hätten, Stalin anschließend noch zu stellen, wäre das dann nur ein schwacher Trost.

Es musste einen Ausweg geben. Es gab immer einen! Die Kunst bestand nur darin, ihn auch zu finden.

„Taylor, Josh, kümmern Sie sich bitte um West und Read“, sagte sie, obwohl die vier Männer längst beieinander standen. Taylor Danes hielt zwei Bilder von Johnson und Harding in den Händen, und gemeinsam mit Josh Hopkins verglich er die Originale mit den Kopien. Cliffort West und Allister Read hatten dafür wie zwei Exhibitionisten ihre Mäntel geöffnet. Nur präsentierten sie lediglich ihre Laufbekleidung und die gefälschten Startnummern.

Elisabeth Bancroft neigte den Kopf leicht zur Seite und verengte ihre Lider zu schmalen Schlitzen. Die beiden sahen wahrhaftig wie Johnson und Harding aus. Einen flüchtigen Moment sonnte sie sich in diesem Teilerfolg.

Ein Muster ohne Wert, gestand sie sich ein. Wie konnte sie jetzt noch die Männer gegen die beiden Läufer austauschen? Direkt vor Stalins Augen und ohne, dass der Russe es bemerkte?

Peter Hunziker hatte sich währenddessen der Fernbedienung angenommen. Gemeinsam mit Bart Lucas hatte er die Laufbänder umkurvt, war in den Van getreten und steuerte zielgenau auf einen der schmalen Arbeitstische zu. Er schaltete zuerst einen Spot ein, der die Arbeitsfläche ausleuchtete, dann öffnete er eine Schublade weiter unten und entnahm ihr einige Gerätschaften, die eher einem Uhrmacher als einem CIA-Agenten zugestanden hätten.

Peter klemmte sich eines dieser Lupenmonokel über sein rechtes Auge und betrachtete die erbeutete Fernbedienung von allen Seiten.

„Kann ich helfen?“, meldete sich Stanley Turk vom Fahrersitz und hatte sich dabei ein wenig ins Wageninnere gedreht.

„Nein danke“, antwortete Peter Hunziker, „Sie sind hier nur der Fahrer. Aber Sie können die Laufbänder in den Wagen bringen.“

„Der Van hat an der Seite zwei große Außenfächer …“

„Tun Sie's einfach, Stanley“, schnitt ihm Bancrofts rechte Hand den Satz ab.

„Ich dachte, es könnte Sie interessieren, wo ich die Laufbänder unterbringe“, erwiderte Turk eine Spur sarkastisch.

„Ich werde Sie bei Gelegenheit fragen. Sie planen doch nicht, uns demnächst zu verlassen?“, schoss Hunziker ironisch zurück.

„Wie sollte ich? Ich bin doch nur der Fahrer“, knurrte Stanley und schwang sich aus seinem Sitz hinaus, um sich der Laufbänder anzunehmen.

„Oberflächlich ist alles sauber“, sagte Hunziker mehr zu sich als zu dem zum Zuschauen verdammten Lucas. Dann zog er eine schwere Schublade sehr langsam auf, positionierte die Fernbedienung auf einem Kreuz in der Mitte dieser Lade und schob sie ebenso vorsichtig wieder zu.

Lucas ahnte, was nun kommen würde. Der Van enthielt offensichtlich ein portables Röntgengerät. Sicherlich ähnlich den Durchleuchtungsgeräten an Flughäfen. Und Hunziker würde die Fernbedienung auf versteckte Sprengfallen durchleuchten.

„Es ist unwahrscheinlich, dass dieses kleine Ding eine Ladung enthält", sagte er zu Hunziker.

„Stimmt", antwortete der CIA-Mann einsilbig. Doch dann schien er ein Einsehen zu haben und schob noch nach: „Aber Sie wissen ja: Vorsicht …"

Lucas nickte still. Peter Hunziker schaute sich bereits das Bild der Durchleuchtung an, vergrößerte Details, um dann leise zu fluchen. Lucas schaute auf das Falschfarbenbild des Monitors, wusste jedoch nicht, was Hunziker darauf zu finden hoffte. Bancrofts Assistent schaltete die Durchleuchtung wieder aus, öffnete die Schublade erneut und entnahm das Objekt ihrer Begierde mit leisem Schnauben.

„Nichts, was ‚Bumm' macht, aber auch nichts, was uns weiterhelfen könnte", kommentierte er die Tatsache, dass er die Fernbedienung ohne weitere Vorsichtsmaßnahmen öffnete.

„Wie befürchtet. Eine Sendeeinheit, aber kein Interpreter-Chip."

„Interpreter-Chip?", fragte Lucas und wurde sich in dem Moment bewusst, wie Hunziker auf seine Nachfrage gelauert hatte.

„Ich nenne es nur Interpreter. Fernbedienungen schicken Codes, also Ziffernfolgen. Entweder der Sender – in dem Fall die Fernbedienung – oder der Empfänger – die Schuhe – benötigt ein kleines Teil, das ihm sagt, dass genau diese Ziffernfolge ein Event auslöst … es interpretiert die empfangenen Befehle. Befände sich ein solcher Chip hier in der Fernbedienung, könnten wir den Chip auslesen und die Ladungen in den Schuhen deaktivieren."

„Aber der Chip befindet sich in den Schuhen", ergänzte Bart die logische Schlussfolgerung und nahm seinem Gegenüber zumindest etwas von seiner offensichtlichen Überlegenheit.

„Sie sagen es“, schloss Peter die Beweisaufnahme ab. „Wir müssen die Männer austauschen oder Stalin schnappen. Andernfalls sind sie verloren.“

Zeitgleich mit Hunzikers Untersuchung war Hawkins zu seiner Chefin getreten und hatte sie etwas zur Seite gezogen.

„T. J., was ist los?“, fragte Bancroft erstaunt.

„Jo-Johnson sagte zu Stalin, dass er-er sie nur zu-zu einer be-be-bestimmten Zeit an einem be-be- … an einem Ort ha-haben will.“

Elisabeth wusste, dass das gesprochene Wort bei dem Abhörspezialisten meist einen längeren Weg nimmt. Insofern war sie sein Sprachproblem gewohnt. Dennoch wünschte sie in diesem Augenblick, dass Hawkins schneller sprechen könnte.

„Die Explosion ihrer Schuhe soll von etwas anderem ablenken. Ich hatte so etwas bereits befürchtet. Das macht unseren Job leider nicht leichter“, erklärte sie bedeutungsschwer.

„Da ist noch was“, sagte Hawkins ungewöhnlich gerade heraus, und Bancroft schwante, dass das nächste Unheil sich unweigerlich seinen Weg bahnte.

„Ja?“, fragte sie nach, und Hawkins kam noch näher an ihr Ohr, so dicht, dass er flüstern musste, um ihr Trommelfell nicht zu verletzen.

„A-ab und zu-zu ist da ein Ha-Hall, wenn ich Stalins Ge-Gepräche abhöre und hier g-g-gleichzeitig gesprochen wird.“

„Ab und zu?“, wiederholte Elisabeth. „Wann genau?“

„I-immer, wenn wir Verbi-bin-dung zur NSA ha-hatten.“

„Und das bedeutet?“, fragte Bancroft, doch insgeheim wusste sie längst, worauf das hinauslief.

„Sta-Stalin ka-kann uns hören.“

Das war von allen Möglichkeiten die mit Abstand schlechteste.

„Sind Sie sicher?“

T. J. nickte.

„Und dieser Hall kann nicht von dem Telefonat selber herrühren?"

Hawkins schüttelte seinen Kopf, lächelte ein wenig schief und hielt ihr einen kleinen Zettel hin. Bancroft las:

Das hatte ich auch erst gehofft, aber dafür müssten wir mit Stalin selbst telefonieren. Ich habe alles mitgeschnitten und nochmals abgehört. Nur in den Phasen, wenn einer von uns mit Lucas oder Truman gesprochen hat, hatte ich den Hall auf dem Mitschnitt. Das Signal war zu schwach für eine Rückkopplung, aber stark genug, um es als Schatten zu hören. Die einzig logische Erklärung ist, dass Stalin uns in diesen Momenten hören konnte.

Elisabeth brauchte eine Minute, um das zu verarbeiten. Sie versuchte, sich zu erinnern, was Stalin mitgehört haben könnte. Am wahrscheinlichsten erschien ihr die Annahme, dass ihr Feind alles wusste. Sie hatten mit Lucas und Truman über den Austauschplan gesprochen – das genügte. Mit einem mittelschweren Panikgefühl versuchte sie sofort, alle möglichen Auswirkungen zu bedenken und wusste zugleich, dass sie dabei zwangsläufig scheitern würde. Verdammt!

Ihr Blick suchte die beiden potenziellen Verräter. Truman stand inmitten ihrer Agenten und hantierte mit einem Gerät, das entfernt an einen Tricoder aus der *StarTrek*-Serie erinnerte. Lucas konnte sie nicht entdecken, doch sie erinnerte sich, dass er mit Hunziker in den Van gestiegen war.

Hawkins wollte sich schon fast wieder an seinen Platz zurückziehen, als Bancroft ihn an der Schulter festhielt.

„Und jetzt?", fragte sie ihn.

„S-S-Seit die beiden hier sind – j-ja!"

Bancroft blickt sich nochmals um. Vielleicht blieben Truman und Lucas noch eine Weile getrennt.

„T. J., sagen Sie mir, wen Sie hören, dann wissen wir, wer der Judas ist."

Hawkins nickte und ging wieder zu seinem Platz in den Van.

Probleme ohne Ende, dachte Bancroft. Diese Aktion verlief überhaupt nicht so, wie sie erhofft hatte. Durch ihre langjährige

Erfahrung, ihre vielen – wenn auch keineswegs ähnlichen – Einsätze, wusste sie, dass irgendetwas immer schief ging. Doch sie hatte gelernt, dass es immer einen alternativen Weg geben würde, eine Tür, die sich auftat, wenn eine andere sich schloss. Finde die Tür!

Danes und Hopkins standen mit West und Read zusammen und schauten zu ihr herüber. Truman blieb weiter abseits und drehte sein Suchgerät nach und nach in alle Himmelsrichtungen.

Peter Hunziker und Bart Lucas kamen an T. J. vorbei auf sie zu. Bancroft schickte Lucas einen bösen Blick, der aber ohne Wirkung abprallte, da Lucas fragend zu Truman blickte. Der zuckte nur kurz mit den Schultern. Eine Geste der Hilflosigkeit, die Liz noch nicht zu deuten vermochte. Als Peter bis auf zwei Meter heran war, begann er zu sprechen. Dabei hielt er mit beinahe entschuldigender Miene die geöffnete Fernbedienung vor sich.

„Das Teil bringt uns keinen Deut weiter. Es enthält keinen Interpreter-Chip, der uns in die Lage versetzt hätte, den Code für das Unterbrechen des Zündvorgangs herauszufinden."

Miss Bancroft schaute fragend zu dem NSA-Mann. „Sehen Sie das genauso, Bart?"

Lucas hob abwehrend die Hände. „Hey, das ist eindeutig sein Fachgebiet."

Sie wollte bereits eine weitere Frage an ihren Assistenten richten, als sie Hawkins seinen Kopf aus dem Van strecken sah. Als T. J. sie erspäht hatte, deutete er mit dem ausgestreckten Zeigefinger in ihre Richtung und damit auf Bart Lucas.

Truman war einige Meter die Straße hinuntergegangen. Eine Verwechslung war nicht möglich. Lucas war der Verräter!

Der Chef der Ostküste, ein Mann in einflussreicher Position, früherer Chef der Bostoner Zentrale und damit auch von Christopher Johnson – ein russischer Spion! Bancroft kannte Hunzikers Bericht über die Möglichkeit eines Maulwurfs in einem der Geheimdienste. Sie hatte immer befürchtet, dass sich dieser Maulwurf in der CIA befand. Ihn nun in der NSA zu entdecken, machte die Tatsache keinen Deut erträglicher.

Elisabeth musste Zeit gewinnen. Zeit, die sie eigentlich nicht hatte. „Peter, lässt sich nicht anhand der bisher gedrückten Tasten ein Muster erkennen, das einen Hinweis auf die eine oder andere Tastenkombination gibt?"

Bancroft war sich sicher, dass diese Frage eigentlich großer Humbug war, doch Hunziker antwortete ihr wie immer freundlich und detailliert. „Grundsätzlich wäre das möglich. Da Johnson diese Fernbedienung jedoch ungefähr die Hälfte des Marathons in seiner Hand halten musste, hat der Schweiß alle Anhaltspunkte mit absoluter Sicherheit zerstört."

Lucas brannte scheinbar noch etwas unter den Nägeln. Kaum dass Hunziker seinen Satz beendet hatte, stellte er sich halb vor ihren Assistenten. „Möglicherweise gibt es noch ein weiteres Problem, Elisabeth. Die Freundin von Harding und Ex-Kollegin von Johnson scheint verschwunden. Es ist zu befürchten, dass Stalin sie gefangen hält."

Ein weiteres Problem? Natürlich! Lucas sollte ihre Planungen unterbrechen, die Gegenmaßnahmen bremsen, Stalin im Geheimen unterstützen. Doch zumindest in diesem Punkt irrte Lucas.

„Da muss ich Sie enttäuschen", konterte Bancroft vielleicht eine Spur zu hartherzig. „Wir wissen aus erster Quelle, dass sie tot ist."

Die Nachricht traf Lucas wie ein Schock. Und dieser Moment, diese Reaktion ließ Elisabeth beinahe daran zweifeln, dass der NSA-Mann Stalins Spion war.

Doch Lucas' Reaktion musste ihn nicht zwangsläufig entlasten. Das eine musste nichts mit dem anderen zu tun haben. Möglicherweise war Lucas in dieses Detail der Operation nicht eingeweiht, oder Stalin und er hatten eine andere Absprache. Es würde zu Stalin passen, wenn er Absprachen nicht einhielt.

Lucas' Bestürzung konnte echt sein, sein Schock nicht gespielt. Diese Parker war seine ehemalige Vertreterin, seine rechte Hand. Sie hatten Jahre miteinander gearbeitet. Ein wenig Betroffenheit wollte Elisabeth ihm in dieser Situation zugestehen.

„Wie …?“, stammelte er wie ein schlechter Schauspieler.

Bancroft hatte über die Jahre erfahren müssen, dass selbst die härtesten Männer zu Weicheiern mutierten, dass es keine angemessene Reaktion gab, dass in keinem Handbuch der Welt stand, wie man mit dem Verlust umgehen sollte. Und ebenso stand nirgendwo, wie die erste Frage zu stellen sei.

„Das wissen wir nicht, aber Harding und Johnson waren wohl dabei, als es geschah.“

Elisabeth hatte diese Antwort unbewusst etwas mitfühlender formuliert. Bart Lucas war dessen ungeachtet einige Zentimeter kleiner geworden.

Mitgefühl war hier und jetzt fehl am Platz, zwang sich Elisabeth zurück zu ihrem Kernproblem. Stalin plante einen Anschlag, Lucas war sein Spion, und Johnson und Harding blieben weiterhin an ihre Sprengladungen gefesselt. Das allein war jetzt wichtig. Und Zeit hatten sie heute wahrlich schon genug verloren.

Eines war indes klar: Sie musste Lucas loswerden, ihn beschäftigen, ihn aus dem operativen Bereich hinausdrängen. Wenn Lucas aus dem Weg war, konnten sie und ihr Team frei agieren. Andernfalls hätte sie gleich Stalin anrufen und ihm ihre Pläne verraten können. Truman war zwar nicht mehr Hauptverdächtiger. Doch ihm grenzenlos zu vertrauen, fiel Elisabeth ebenfalls schwer. Zur Sicherheit wollte sie auch ihn aus dem Weg haben.

„Peter, überprüfen Sie bitte sicherheitshalber dennoch, ob Johnsons Schweiß noch eine Identifizierung der gedrückten Tasten zulässt“, befahl sie ihren Assistenten zurück in den Van. „Und nehmen Sie Bart mit. Ein bisschen Ablenkung könnte ihm jetzt gut tun“, log sie ungeniert.

Hunziker zog mit einem fragenden Blick in ihre Richtung ab. Lucas trottete ihm hinterher, sah abermals zu Floyd Truman hinüber und sackte nach dessen erneutem Kopfschütteln ein weiteres Stück in sich zusammen.

Bancroft registrierte es, doch sie hatte wichtigere Ziele als Lucas' Seelenheil. Sie überdachte zum wiederholten Mal ihre in der Luft befindlichen Bälle. Lucas war aus dem Spiel. Truman beschäftigt. Die Austauschläufer standen bereit. So weit, so gut. Doch das Hauptproblem blieb: Wie konnte sie Read und West für Johnson und Harding ins Rennen schicken, wie Stalin narren, wenn NBC 4 keinen Moment seine Kameralinsen von der Führungsgruppe abwendete und ihr Feind eigentlich wusste, was sie planten?

11

Hinter Igor fiel die Tür leise ins Schloss. Das dritte Untergeschoss des Metropolitan Museums präsentierte sich stockfinster. Igor tippte auf sein Smartphone, und der schwache Lichtschein des Displays gestattete ihm eine ungefähre Orientierung.

Der Zugang zu diesen sehr speziellen Kellerräumen war code-gesichert. Die Tastenkombination hatte Stalin eine Million Dollar gekostet, die Key-Card für die geheimen Bereiche war eine Auftragsarbeit eines russischen Hacker-Genies.

Jetzt, zwischen all den gestapelten Kisten des Untergeschosses, einer vor der Nation geheim gehaltenen Etage, die mit den Geheimnissen dieses Landes zum Bersten gefüllt war, schlich Igor auf der Suche nach dem wahrscheinlich kleinsten Objekt mit nichts als einem Handy bewaffnet durchs Dunkel. Es war ein Labyrinth aus Kisten und Kästen, manche beschriftet, viele jedoch nicht. Er wusste, dass das Objekt seiner Begierde in einer kleinen Kiste steckte, die wiederum in einem großen Kasten untergebracht war. Ihn zu suchen wäre unmöglich gewesen. Doch da Stalin eine weitere Million in einen Lageplan investiert hatte, würde sich das Finden des Objekts vergleichsweise einfach gestalten. Jeder einzelne der Menschen, die etwas zum Gelingen dieses Plans beigetragen hatten, kannte ein kleines, nützliches Detail. Doch keiner von ihnen wusste um den Gesamtzusammenhang.

Igor eilte im fahlen Schein des Handylichts durch die Gänge aus Kistenstapeln. Der Zeitplan war eng gesteckt, größere Verzögerungen konnten sie sich nicht leisten. Er hatte sich den Lageplan wieder und wieder eingeprägt und bewegte sich nun mit der Sicherheit eines Mannes, der im nächtlichen Dunkel seiner Wohnung den Weg zur Toilette finden musste, durch dieses Kellergeschoss.

Brian lief und lief und lief …

Neben ihm rannte Chris und schwieg. Wieder!

Irgendjemand hatte Zarinow von den Beinen geholt. Irgendjemand war da draußen und würde ihnen helfen. Bacha gehörte dazu, Christopher wusste davon. Doch die Hilfe ließ auf sich warten. Und sein Kumpel sagte nichts, konnte ihm nichts sagen, ohne Stalin etwas zu verraten. Brian blieb nichts anderes übrig, als zu laufen. Die mittlerweile auf sechs Läufer geschrumpfte Spitzengruppe schickte sich an, Manhattan in Richtung Bronx zu verlassen.

Und mit jedem Schritt formten die Erinnerungen an Elaine schmerzhafte Bilder vor seinem inneren Auge. Die glücklichen Jahre in Boston, die viel zu kurze Zeit auf den Caimans ...

Sie ist fort, dachte er. Was sollte jetzt werden? Selbst wenn er das hier überleben würde – er wollte die Hoffnung darauf nun nicht mehr aufgeben – hatte er die Liebe seines Lebens verloren.

Er war allein. Und Christopher Johnson, sein Kumpel seit ihren gemeinsamen Studientagen, hatte einen viel zu großen Anteil daran. Brian wusste, dass dies eine riesige Last für ihre Freundschaft sein würde. Er hätte – gesetzt den Fall, sie kamen mit heiler Haut davon – sicherlich einen Freund gebraucht. Einen, mit dem er würde reden können. Einen, der die Sorgen und Nöte eines so schweren Verlustes nachempfinden konnte. Einen wie Chris.

Und doch war da eine unsichtbare Mauer. Brian realisierte erst jetzt, dass seine Gefühle während des bisherigen Rennens mit ihm Achterbahn gefahren waren. Er hatte gelitten und gezweifelt, geflucht und gebetet. Er hatte Hoffnung gehabt und sie wieder verloren. Und während der ganzen Zeit hatte er stupide ein Bein vor das andere gesetzt.

Um sie herum fand der größte Marathonlauf der Welt statt, doch das war weiterhin nebensächlich. Er sah die verbliebenen drei Kenianer, sah Roy Curran und Alonso Bacha.

Und Chris.

Mit ihm dachte er an Stalin. Da war der Zorn.

Mit Stalin dachte er an Elaine. Da war die Trauer.

Seine Gedanken drehten sich im Kreis.

Zum ersten Mal wurde Brian bewusst, dass er am liebsten aussteigen würde, sich verkriechen würde. Nichts hören, nichts sehen. Doch wenn sie das hier beenden wollten, mussten sie zuerst diese verdammten Schuhe von den Füßen bekommen! Wer war da draußen? Die NSA? Wahrscheinlich, aber sicherlich nicht allein.

Und Chris wusste davon, schien zumindest etwas zu wissen. Brian war sich nicht mehr sicher, woran er glauben durfte. Doch vielleicht gab es einen Weg für ihn, diesen Zustand zu ändern. Konnte er Christopher etwas entlocken, ohne dass er ihn nötigte, vor Stalin etwas preiszugeben? Brian erinnerte sich, wie er mit Elaine nach dem Bostoner Lauf geredet hatte, um die mithörenden NSA-Agenten zu narren. Sie hatten scheinbar Belangloses über sein Hühnchengericht besprochen, doch gleichzeitig war das der Code, über den damals tot geglaubten Chris zu reden. Und Chris hatte mitgehört, hatte sie damals verstanden, die Analogie durchschaut.

Wenn Brian jetzt einen ähnlichen Versuch unternahm, ein scheinbar belangloses Gespräch zu führen, war das vor Stalins Ohren sicherlich verdächtig. Der Oligarch hatte durch sein Schweigen zugegeben, dass Chris mit seiner Vermutung Recht hatte. Noch schwebten sie nicht in Gefahr. Stalin brauchte sie. Solange er die Chance sah, dass sein Plan durch ihre explosive Mitwirkung funktionierte, waren sie in Sicherheit. Sie mussten nur weiterhin auf dem Marathonkurs bleiben und ihre Durchschnittsgeschwindigkeit halten. Stalin würde – ja konnte – gar nichts unternehmen. Nicht einmal, wenn sie beide laut über die Lösung ihres Problems nachdenken würden.

Chris war ein Genie, er würde sofort wissen, was er plante und sicherlich mitspielen. Brian Harding überlegte fieberhaft, wie er einen Aufhänger fand, einen Einstieg, als Chris sich erneut an Stalin wandte.

„Stalin, jetzt, wo wir es beinahe geschafft haben, wäre es da nicht fair, wenn Sie uns in Ihren Plan einweihen würden?"

Stalin lachte. Er lachte herzlich und laut. „Johnson, Sie sind ein Unikum. Selbst mit dem sicheren Tod oder zumindest einer sicheren Verstümmelung vor Augen, belieben Sie noch zu scherzen."

Chris sah zu Brian hinüber. Sein Kumpel folgte jedem Wort.

„Stalin, aus irgendeinem Grund haben wir eine Patt-Situation. Wir können nichts tun, um Ihnen zu entkommen, und Sie sind ein Knecht Ihres eigenen Zeitplans und werden uns nichts tun. Sie könnten uns zumindest mit einigen Details Ihres sicherlich genialen Plans die Zeit bis zu unserer unumgänglichen Verstümmelung vertreiben."

„Mister Johnson. Sie mögen ein Genie sein, aber von Suggestion haben Sie keinen blassen Schimmer. Sie sollten doch am besten wissen, dass Ihr Johnson-Phone die Sprachdaten unverschlüsselt überträgt. Jeder findige Hobbyfunker könnte uns zuhören. Und wer weiß schon, wer uns in diesem Moment alles belauscht? Insofern werden Sie mir sicherlich verzeihen, dass ich Ihnen keine Auskünfte erteile."

Stalins süffisante Art, Christophers Vorlage zu parieren, beantwortete beinahe Brians ungestellte Frage. Der russische Oligarch rechnete geradezu damit, abgehört zu werden. Erschreckend erschien Brian dabei jedoch der Umstand, dass der Russe sich dennoch im Vorteil wähnte.

Langsam formte sich für Brian Harding ein halbwegs verlässliches Bild der aktuellen Situation. Jemand war da draußen, der ihnen helfen würde. Stalin wusste das. Chris wusste das. Und beide schienen ebenfalls zu wissen, dass ihr Gespräch wahrscheinlich von Anfang an mitgehört wurde. Deswegen hatte Christopher versucht, Stalin aus der Reserve zu locken. Deswegen hatte Stalin – obgleich er sicherlich nichts in der Welt lieber getan hätte, als ihnen seine eigene Cleverness vor Augen zu führen – nach Christophers Frage geblockt.

Ein Umstand erschien Brian jedoch eigenartig. Offensichtlich wusste Stalin um die Schwächen von Christophers

Johnson-Phone. Und obwohl er mehrfach betont hatte, dass auch die Russen über Spezialisten verfügten, hatte er diesen Lapsus nicht beheben lassen. War Christophers Genie so groß, dass die Russen sich nicht an den Mechanismus gewagt hatten? Und woher wusste Stalin, dass Christophers Erfindung in der NSA Johnson-Phone genannt wurde? Brian kannte auf keine dieser Fragen eine Antwort. Er hoffte nur, dass jene, mit denen Bacha im Bunde war, über deutlich mehr Informationen verfügten.

Beinahe am Rande realisierte Brian Harding, dass die Kenianer um Koskai momentan alles dafür taten, um Roy Curran aus der Spitzengruppe zu verdrängen. Betrachteten die Afrikaner den Spanier, Chris und ihn nicht als ernst zu nehmende Konkurrenz? Hatte gar Koskai mitbekommen, dass außer dem Marathon hier noch etwas ganz anderes lief? Zumindest ließen die Kenianer seinen Kumpel und ihn unbehelligt, liefen Curran jedoch ein ums andere Mal vor die Beine – natürlich nur in einem Maße, dass es nicht als Behinderung gewertet werden konnte. Koskai, der hohe Favorit auf den heutigen Sieg, hatte sicherlich noch im Hinterkopf, dass Currans Nervenkostüm nicht das beste war. Vor einem halben Jahr in Boston hatte Curran entnervt aufgegeben, nachdem Brian trotz aller Widrigkeiten immer und immer wieder in die Spitzengruppe zurückgefunden hatte.

Der amerikanische Marathonmeister tat ihm Leid. Wahrscheinlich war er ein armer Tropf, der ohne sein aktives Zutun in eine missliche Lage geraten war und nun von Stalin erpresst wurde, ihm einen ‚Gefallen' zu erweisen. Und ein wenig fühlte sich Brian schuldig, Curran in Boston die Chance auf eine gute Platzierung geraubt zu haben. Für Brian Harding waren das bereits zwei gute Gründe, um Roy diesmal beizustehen. Sein neu aufkeimender Gerechtigkeitssinn ließ ihn Christopher anstoßen. Mit einem Kopfnicken wies er seinen Kumpel auf die unlautere Methode der Kenianer hin.

„Hab ich schon gesehen", kommentierte der lakonisch.

„Werden wir ändern", konterte Brian und deutete Christopher an, ihm zu folgen. „Vielleicht können wir so etwas für unser Karma tun", ergänzte er.

Bacha, Chris und er hatten etwas abreißen lassen und sahen, wie Curran jedes Mal, wenn er sich um eine Windschattenposition hinter den Kenianern bemühte, von dem jeweils letzten der Afrikaner auflaufen gelassen wurde. Der dunkelhäutige Läufer bremste nur ein wenig ab, und Curran wurde aus dem Rhythmus gebracht. Natürlich kostete das wertvolle Kraft. Ebenso wie die Alternative, dass Curran etwas mehr Platz zu seinem Vordermann ließ und sich so dem Gegenwind ungeschützt ausgeliefert sah.

Brian zog im Tempo etwas an und setzte sich so rasch neben den amerikanischen Meister. Chris lief in seinem Windschatten.

„Bleib bei uns, wenn du siegen willst", sagte er zu dem völlig überraschten Curran und zwinkerte ihm zu.

Dann veränderte Brian seine Laufrichtung etwas und zeigte Curran an, die Straßenseite wechseln zu wollen. Brian lief vorn, Chris dahinter, gefolgt von Alonso Bacha. Und endlich verstand Roy das Angebot, ließ von der Ideallinie der Kenianer ab und schob sich hinter Bacha in dessen Windschatten.

Die vier weißhäutigen Läufer auf der rechten Straßenseite der Willis Avenue lieferten sich mit den drei Afrikanern ein Fernduell. Die linke Seite war ausgangs der Bronx und damit auf dem Weg die Brücke hinauf, die zurück nach Manhattan führte, der deutlich kürzere Weg. Doch Brian und Chris taten alles, um gegenüber den Kenianern nicht ins Hintertreffen zu geraten.

Obwohl es immer noch sehr kalt war und der Wind deutlich aufgefrischt hatte, lächelte die Sonne milde auf die Läufer herab. Der Zieleinlauf im Central Park würde ein visuelles Fest werden. Das Licht der Sonnenstrahlen würde das vielfarbige

Laub des Indian Summers noch kräftiger wirken lassen. Es wäre ein Fest für die Augen und natürlich für die Kameras der Fernsehsender.

„Ihr Amerikaner seid ein seltsames Volk", bemerkte Stalin und fügte mit vor Sarkasmus triefender Stimme hinzu: „Sollten Sie beide sich nicht viel mehr Sorgen um Ihr eigenes Wohlergehen machen, als um das eines Läufers, den Sie nicht einmal kennen und der nur zufällig für die Farben Ihres Landes läuft?"

Es war an Chris, Stalins Einwurf angemessen zu kontern. „Wir würden auch einem russischen Läufer zu Hilfe eilen. Aber scheinbar gibt es derzeit keinen in der Weltspitze!"

Einen langen Moment meinte Brian zu spüren, wie Stalins Finger über der Fernbedienung schwebte, ehe der Russe mit eiskalter Stimme antwortete: „Vielleicht ist es für Sie, Mister Johnson, nicht von Belang. Aber ich glaube, dass Mister Harding sehr gerne in dem von mir festgesetzten Tempo weiterlaufen möchte."

„Und welcher Umstand sollte uns veranlassen, dies zu tun, wenn Sie unser Wohlergehen doch so gering schätzen?"

Stalin lachte. „Nichts Geringeres als mein Angebot an Sie, dass ich Mister Hardings kleine Freundin nicht doch noch töten lasse."

Brian sah Chris an.

Und Chris Brian.

War das ein weiterer böser Scherz des Russen? Wechselte er auf der Klaviatur des Schmerzes noch eine Oktave höher?

Brian wollte Stalin zu gerne glauben. Wie sehr hatte er gehofft, dass alles nur ein böser Traum war, dass er nur erwachen müsste und Elaine wäre noch da.

Doch dann erinnerte er sich des alles entscheidenden Moments auf dem Oberdeck von Stalins Yacht. An ihren flehenden Blick, als sie seinen Augen entschwand, als sie hinunter fiel und auf dem Wasser …

Was, wenn Stalin es ernst meinte? Brian versuchte, sich erneut zu erinnern. Nur diesmal genauer. Was gab es für

Details, die er gesehen, aber nicht wahrgenommen hatte? Die vielleicht die ganze Zeit über vom Schock überdeckt wurden, aber die dennoch da waren? Zum Greifen nah, wenn er sie doch nur sehen, wenn er sich doch nur erinnern könnte!

Und letztlich: Was hatten Chris und er wirklich gesehen?

Clustern! Er musste versuchen, die Details losgelöst zu betrachten. Er musste sich dem Problem logisch nähern.

Fakt Eins: Die Muskelmänner warfen Elaine samt Stuhl, an den sie gebunden war, über Bord.

Fakt Zwei: Er hörte, wie sie auf dem Wasser aufschlug.

Aber stimmte das?

Noch cinmal.

Fakt Eins: Er sah, wie sie Elaine vom Oberdeck warfen.

Fakt Zwei: Er hörte, dass *etwas* auf dem Wasser aufschlug.

Langsam, ganz langsam manifestierte sich ein Gedanke, der so logisch wie überraschend war. Das Unterdeck! Stalins Yacht besaß ein Unterdeck, das breiter als das Oberdeck war. Ein – zugegeben – schmaler Gang, auf den man hinunterblicken konnte, wenn man sich über die obere Reling beugte.

Die Muskelmänner hätten Elaine samt Stuhl nicht nur hinunter, sondern auch mindestens einen Meter weit werfen müssen. Hätten sie das vermocht? Sicherlich. Aber hatten sie es auch getan? Hatte Stalin sie beide genarrt? Wurde Elaine auf dem Unterdeck leise und weich aufgefangen und zugleich etwas ins Wasser geworfen, das Christopher und ihm suggerieren sollte, sie wäre ins Meer geworfen worden?

„Das Unterdeck“, hörte er sich leise sagen.

Chris bestätigte seine Gedanken deutlich lauter: „Das Unterdeck. Natürlich!“

Stalin lachte ihnen laut ins Ohr. „Glückwunsch, meine Herren. Ihre Kombinationsgabe ist nicht die schnellste, aber zumindest existiert sie noch.“

Brian dachte weiter. Hinter Stalins Wut schlummerte ein intelligenter Geist. Natürlich war Stalin kein Idiot. Er warf kein Druckmittel weg, das ihm später noch einmal von Nutzen sein konnte. Sicherlich hatte der Oligarch genau diese Situation vorhergesehen: das Aufbegehren seiner Läufer. Und um die aufkeimende Meuterei im Keim ersticken zu können …

„Also nochmal zu Ihrer Erinnerung. Sie laufen mein Tempo! Sofort!"

12

Ein letzter Richtungswechsel, dann hatte Igor den finalen Gang erreicht. Vor dem Russen türmten sich die Kästen zu unüberschaubaren Stapeln auf. Das schwache Licht seines Handydisplays konnte nur selten den oberen Rand dieser Mauern erreichen. Sorgsam zählte er die Kisten zu seiner Linken ab, schritt langsam weiter, bis er den achtundzwanzigsten Stapel erreicht hatte. Die zweite Kiste von oben. Und darin eine kleinere Kiste.

Der Russe lauschte in die Dunkelheit. Noch schien niemand von seiner Anwesenheit zu wissen. Vorsichtig machte er sich an den Aufstieg. Er wusste, er lag gut in der Zeit. Für übermäßige Eile bestand also keine Notwendigkeit. Da die Kisten selten akkurat übereinander standen, fanden seine Hände und Füße immer einen Halt. Schließlich hatte er die Spitze erreicht, schob den obersten Kasten zur Seite und machte sich daran, den darunter befindlichen über den Rand des Stapels zu stoßen. Einen kurzen Moment wünschte er sich, die Kraft eines seiner vier Kameraden zu besitzen, doch der Gedanke an ihre aufgepumpten Körper ließ ihn vor der Konsequenz seines Wunsches zurückschrecken. Er verdoppelte seine Anstrengungen, und tatsächlich kippte die Kiste über den Rand, stieß auf dem Weg nach unten zweimal an anderen Kästen an und zerbarst auf dem Boden des Untergeschosses. Igor verlor keine Sekunde und kletterte sofort wieder hinunter. Auf dem Boden angelangt, betrachtete er zuerst den Wust aus losen und mit Nägeln zusammengehaltenen Brettern. Der Kasten war robust genug gewesen, um nicht vollends auseinander zu brechen, dennoch hatten sich zwei Seiten geöffnet. Der schmale Spalt dazwischen war gerade groß genug, dass Igor die darin enthaltene kleinere Kiste mühelos entnehmen konnte. Voller Ehrfurcht und im sicheren Wissen, dass der Plan nunmehr aufgehen würde, hob er die Kiste auf die Reste des aufgebrochenen Kastens. Er führte sein Smartphone einmal um die unversehrte Kiste herum und lächelte.

Hier also ruhte seit Jahrzehnten der unwiderlegbare Beweis …

Floyd Truman war die 122ste weiter hinauf bis direkt zu den Absperrungen an der Mount Morris gegangen und schwenkte seinen Tracker abermals nach Süden, als die kleine Anzeige endlich zu blinken anfing. „Ich habe ein Signal!“, rief er aufgeregt, drehte sich augenblicklich um und suchte mit den Augen seinen Vorgesetzten. Erst jetzt bemerkte er, wie weit er sich vom CIA-Van entfernt hatte.

Truman startete zur Sicherheit eine Rekalibrierung des Geräts und bestimmte Richtung und Entfernung des Signals erneut. Das Signal war noch da. Zum Glück. Er hatte sie gefunden! Rachel Elaine Parker war in südsüdwestlicher Richtung in ziemlich genau zwei Meilen Entfernung, und sie ... lebte!

Zu gerne hätte er Bart Lucas die positive Kunde sofort überbracht, doch Floyd hütete sich, jetzt von dem Signal abzulassen. Zuerst kam es darauf an, ob sich Parker in Bewegung befand.

Er schaute weiter auf den Tracker und behielt die von dem Gerät errechneten Koordinaten im Blick. Länge und Breite blieben konstant. Was noch nichts heißen wollte. Parker konnte in einem Wagen sitzen, der wegen einer roten Ampel halten musste. Truman wartete. Eine Minute war vergangen. Immer noch keine Veränderung. So lange blieb keine Ampel rot. Rachel Elaine Parker bewegte sich nicht. Sie würden sie finden – er würde sie finden! Sicherheitshalber blieb er an Ort und Stelle und beobachtete weiter die Koordinaten des Trackers. Dabei holte er sein Handy aus seiner Manteltasche und suchte mit einem halben Auge nach Lucas’ Nummer.

Im selben Moment stürmte Hawkins aus dem Van und auf Elisabeth zu.

„T. J.?“, fragte Bancroft, die seine Schritte natürlich gehört hatte und sich umwandte.

„Pa-Parker lebt. St-Sta-Stalin hat es eben ge-gesagt.“

Kaum hatte Hawkins das ausgesprochen, suchte sie Lucas und Truman. Lucas schien noch mit Hunziker im Van zu sein.

Truman entdeckte sie nahe der Absperrungen am Ende der Straße.

„Weiß sonst jemand davon?“, fragte sie ihren Abhörspezialisten.

Hawkins schüttelte den Kopf.

„Gut, belassen wir es vorerst dabei.“

Sie sah weiterhin zu Truman, der unverwandt auf das Gerät in seiner Hand blickte und mit der anderen sein Telefon aus der Tasche zog. Es war nicht schwer, eins und eins zusammenzuzählen. Ohne weiter zu überlegen, begann sie zu laufen.

Floyd Truman hantierte mit seinem Handy, während er seine Augen nicht vom Tracker ließ. Beinahe blind konnte er sich durch das Menü seines Telefons navigieren. Nur ab und an gönnte er sich einen kurzen Kontrollblick, ob seine Finger das von ihm Erwartete ausgelöst hatten. Da war sie: Lucas' Nummer! Er brauchte nur noch den Finger …

„Diesen Anruf schieben wir besser noch auf“, hörte er Bancroft einigermaßen außer Atem neben sich sagen und sah verblüfft und überrumpelt mit an, wie sie das Handy seinem Griff geschickt entwand.

„Was …“, formulierten seine Lippen, ohne die Frage sinnvoll beenden zu können und sah ungläubig zu, wie sie sein Telefon wortlos einsteckte. Dabei schaute sie ein wenig Hilfe suchend zurück zum Van. Endlich wurde sie von Hopkins bemerkt, der ihrem Winken sofort Folge leistete und sich schnellen Schrittes auf sie zu bewegte.

„Floyd, Sie haben eine Erklärung verdient“, begann sie und spielte damit ein wenig auf Zeit. Sie wusste in diesem Moment noch nicht, was sie Truman verraten konnte. Sollte sie ihm erklären, dass sein Vorgesetzter ein russischer Spion war? Wie würde er darauf reagieren?

Zum Glück gab es einen Ausweg. Eine Lüge, die so nah an der Wahrheit war, dass sie später als Missverständnis durchgehen konnte. Elisabeth lächelte still in sich hinein.

„Wir haben Grund zu der Annahme, dass der Van abgehört wird. Insofern verstehen Sie sicherlich, dass wir mit Ihrer Entdeckung noch sehr vorsichtig umgehen möchten.“

Josh Hopkins gesellte sich zu ihnen und schenkte Elisabeth einen fragenden Blick.

„Floyd“, begann sie, „hat die als tot oder zumindest als vermisst geltende Rachel Parker gefunden. Richtig, Floyd?“

Truman war ein gestandener Agent. Und er war beileibe kein unsicherer Typ. Dennoch befand er sich gegenüber Elisabeth Bancroft in der Defensive.

„Floyd?“, hakte Elisabeth nach, als sie Trumans Zweifel spürte. „Kommen Sie, wir ziehen in dieser Sache an einem Strang. Wie haben Sie Parker eigentlich gefunden?“

Hopkins und seine Chefin sahen, wie der NSA-Agent sich überwand, sich beinahe widerwillig öffnete, um letztlich doch zu kooperieren.

„Bis heute früh hatte ich keine Ahnung. Lucas drückte mir den Tracker in die Hand und sagte, ich solle ein mögliches Signal genau im Auge behalten. Ich kannte mich bereits mit Trackern aus, aber ich wusste nicht, dass er Parkers Kennung eingestellt hatte.“

„Parkers Kennung?“, fragte Josh nach.

„Nach Johnsons unautorisiertem Ausstieg wurde verfügt, dass nie wieder ein abtrünniger Agent verloren gehen darf. Also erhielt jeder – wirklich jeder – NSA-Agent einen Sender unter die Haut implantiert. Der Sender arbeitet mit Körperwärme, was einen Nachteil und einen Vorteil hat. Der Nachteil entsteht aus der kleinen Sendeleistung und der daraus resultierenden geringen Reichweite, der Vorteil in diesem Fall besteht darin, dass wir wissen, das Miss Parker sehr wahrscheinlich noch am Leben ist – und sich in einem Abstand von zwei Meilen von unserem derzeitigen Standort befindet.“

„In welcher Richtung?“, wollte Bancroft sofort wissen.

„Südsüdwest.“

„Zwei Meilen", sagte sie halb fragend, halb wiederholend. Dabei scrollte sie auf ihrem iPhone bereits wieder durch den Stadtplan von Manhattan.

„Höhe Central Park Mitte. Ungefähr beim Metropolitan Museum."

Was hatte Stalin vor? Was gab es dort, das die Aufmerksamkeit des Russen verdiente? Und warum war Parker dort?

Bancroft fragte sich insgeheim, wie Lucas wohl auf diese Eröffnung reagieren würde. Doch zu Parkers Schutz musste sie Trumans Enthüllung vor Lucas' – und vor Stalins – Ohren geheim halten. Elisabeth blieb nur ein Weg: Floyd Truman höchstpersönlich musste zu Parkers Rettung eilen. Natürlich flankiert von ihren Männern, denn Truman durfte keine Chance bekommen, Lucas – womöglich aus falscher Loyalität – die Neuigkeit doch noch zu verraten.

„Wie heißt es doch in Geheimdienstkreisen? Wer's findet, der darf es behalten. Floyd, Sie werden sich besser selbst aufmachen, um Miss Parker zu finden. Sie kennen den Tracker am besten, diese Aktion ist quasi Ihr Baby. Sie sind der richtige Mann am richtigen Ort."

Bancroft musste aufpassen, dass Sie es mit der Lobhudelei nicht übertrieb. Betont unbetont fügte sie daher noch hinzu: „Ich gebe Ihnen drei Agenten mit."

Damit wandte sie sich an Hopkins: „Josh, Sie werden Floyd unterstützen. Nehmen Sie Carter und Simon mit, und versuchen Sie, so unauffällig wie möglich zu agieren. Das sieht mir nach einer Befreiungsaktion aus. Handeln Sie nach eigenem Ermessen. Ich versetze ein SWAT-Team in Alarmbereitschaft. Sollten Sie Grund zu der Annahme haben, dass Stalins potenzielles Ziel sich beim oder im Museum befindet, geben Sie mir umgehend Bescheid."

Während Hopkins die beiden Agenten suchte, die zuvor den ‚Einkauf' im berühmtesten Kaufhaus von Big Apple abgewickelt hatten, umfasste Bancroft die Schulter des NSA-Agenten in einer kleinen Geste des Vertrauens. Wie einen alten Kumpel zog sie ihn etwas zur Seite. „Floyd, das war verdammt gute Arbeit. Bringen Sie's zu einem guten Ende!"

So ließ sie ihn stehen. Sie wusste, dass sie ihn komplett überrumpelt hatte. Wie groß Trumans Loyalität zu Lucas auch sein mochte … die Aussicht auf einen eigenen, nicht unwesentlichen Anteil am Erfolg dieser Mission war auch für den New Yorker Einsatzleiter verlockend. Elisabeth konnte den Widerstreit von Trumans Motivationen in dessen Gesicht beinahe ablesen.

Josh Hopkins hatte mittlerweile seine beiden Flügelagenten eingesammelt und tauchte neben ihnen auf. Perfektes Timing!

„Sie sollten sich beeilen! Da der Kurs durch den südlichen Central Park verläuft, wird es schwer sein, auf dieser Seite der Fifth Avenue schnell nach Süden zu gelangen. Sie müssen die Marathonstrecke kreuzen, ehe die ersten Läufer hier vorbei kommen. Vielleicht rüber zur Lexington. Nehmen Sie ein Taxi, konfiszieren Sie einen Wagen, ein Motorrad, was immer nötig ist. Aber retten Sie mir Parker!"

„Wir haben drüben im Park zwei Helis stehen", erinnerte Hopkins sie an etwas, das sie im Stress der letzten Minuten glatt vergessen hatte.

„Stimmt. Ich denke, Floyd wird dafür gerne den Hubschrauber der NSA einsetzen, oder? Aber gehen Sie nicht direkt vor dem Museum runter. Unauffällig!", ermahnte sie den NSA-Mann.

Elisabeth sah, wie Truman nickte und sich laufend auf die Absperrungen des Kurses zu bewegte. Simon und Carter taten es ihm gleich. Hopkins jedoch hielt sie gerade noch am Ärmel fest, bevor auch er startete.

„Truman darf unter keinen Umständen mit Lucas sprechen! Ich habe Trumans Handy. Aber es könnte sein, dass er ihn auf einem anderen Weg kontaktieren will. Sie sorgen dafür, dass es ihm nicht gelingt."

Hopkins nickte. „Geht klar, Chefin."

Dann lief auch er davon. Bancroft sah noch, wie sie die Mount Morris ungehindert passieren konnten, um hinter den Marathonabsperrungen auf der Seite des Marcus Garvey Memorial Parks ihren Blicken zu entschwinden.

Sie selbst kontaktierte die Zentrale. „Hier Bancroft. Ich brauche ein SWAT-Team in Alarmbereitschaft. Noch haben wir kein klares Ziel. Wahrscheinlich im Central Park oder dessen unmittelbarer Nähe. Da wir von Tausenden Zuschauern des Marathons ausgehen müssen, darf die etwaige Annäherung nur ohne Sirenen erfolgen. Ich melde mich, sowie ich mehr weiß. Bancroft – Ende."

Beinahe überhörte sie die Antwort der Zentrale. „Mam", sagte die Stimme am Telefon, „wir bekamen eine Meldung des 68sten Reviers, dass ein Toter heute früh in Brooklyn und unweit der Laufstrecke gefunden wurde. Der Mann ist sehr wahrscheinlich russischer Herkunft, trug die Laufbekleidung eines Marathonteilnehmers inklusive Startnummer und hatte eine sehr professionelle Gesichtsmaske hinten in der Hose stecken. Mister Duke bat mich, Ihnen dies zu übermitteln."

„Cameron persönlich?"

„Ja, Mam."

Bancroft schüttelte den Kopf als stummes Zeichen ihres Unverständnisses. Cameron Duke, der große Boss, wusste natürlich von ihrem heutigen Einsatz. Dass er helfend eingriff, war neu.

„Wie ist der Name des Polizisten an dem Fall?"

„Pernetti, Mam."

Bancrofts Blick fand zurück zum TV-Bildschirm. Es gab im Moment wichtigeres als einen toten Russen. „Danke. Ich melde mich später dort."

Sie wandte sich wieder dem Van zu und den virtuellen Bällen, die sie dort immer noch jonglieren musste, die Entscheidungen, die unumgänglich waren, die Zwänge, denen sie dort wieder begegnen würde. Und über allem thronte ihr

Wille, Johnson und Harding zu retten. Dieser Gedanke brachte unweigerlich das kurzzeitig verdrängte Problem zurück, dass Stalin jede ihrer Aktionen sehen würde, dass er jederzeit reagieren konnte, dass mit Johnson und Harding im Fall einer Explosion ihre letzte Hoffnung auf einen Hinweis auf ein mögliches Anschlagsziel verloren gehen würde.

Doch so stark ihr Drang war, diese Situation zu lösen – in dem Moment holte sie ein allzu menschliches Bedürfnis ein. Drei große Becher Kaffee waren selbst für ihre kampferprobte Blase zu viel. In dem Befinden, dass es bei Harndrang sofort eine Toilette geben müsse, unterschied sich Elisabeth Bancroft nicht von anderen Frauen.

Trotz seiner Größe enthielt der Van keine Toilette und war somit keine Option. Offensichtlich war diese rollende Festung von Männern konzipiert worden. Die Seitenstraße, in der sie sich befanden, enthielt keine Geschäfte, die auf das Vorhandensein einer Toilette hätten schließen lassen. Je länger sie wartete, desto akuter wurde das Problem. Es war zwangsläufig, dass sie sich suchend an den Rand der 122sten Straße stellte, in der Hoffnung, eine rasche Lösung zu finden.

„Kann ich helfen?", erkundigte sich Danes, der ihre offensichtliche Hilflosigkeit erkannt hatte.

„Ich brauche dringend eine Toilette", gestand sie zähneknirschend.

Danes fiel in alte Verhaltensmuster zurück, als er lospolterte, dass sie aber auf keinen Fall die portablen Häuschen vorne auf der Mount Morris oder der Fifth Avenue benutzen dürfe. Die seien für die Läufer. „Vielleicht im Pfarrhaus der Kirche, an der uns Turk vorhin vorbei geflogen hat", fügte er augenzwinkernd hinzu.

Bancroft hörte kaum noch zu. Die Hoffnung auf Hilfe verging ebenso rasch, wie sie gekommen war.

„Gibt es keine App für öffentliche Toiletten?", fragte Danes deutlich zu keck.

Ihre erste Intention war, Taylor erneut abzustrafen. Einen Sekundenbruchteil später jedoch erkannte sie, dass er sie auf die Lösung ihres Problems gebracht hatte!

Brian und Chris hatten Stalins Befehl ohne eine weitere Erwiderung Folge geleistet. Sie liefen einträchtig nebeneinander her. Nach Brians Hilfe suchenden Blicken an seinen Kumpel und dessen ernüchterndem Schulterzucken waren sie in einen schweigsamen, aber flotten Schritt verfallen. Sie sprachen kein Wort. Dachten nach. Hofften.

Stalin hatte seinen größten Trumpf gerade in dem Moment ausgespielt, als Brians Hoffnungen auf ein gutes Ende endlich etwas Nahrung bekommen hatten. Zarinows Fall und das Wissen, dass sie nicht allein mit dem Problem an ihren Füßen waren, hatte Harding ein flüchtiges Hochgefühl beschert. Der Sturz in die mentalen Abgründe war nach Stalins Eröffnung umso tiefer.

Wussten die da draußen – wer auch immer das sein mochte – dass Elaine ihre Hilfe brauchte? Dass Stalin sie gefangen hielt, dass Chris und er gezwungen waren, weiter zu laufen, bis …

„Die Läufer kommen über die Madison zurück nach Manhattan."

Ein Blick auf den Bildschirm bestätigte Peters Einwurf. Mit der Madison meinte er natürlich die Madison Avenue Bridge, die Manhattan mit der Bronx verband.

Elisabeth Bancroft war wieder in den Van gestiegen. Peter Hunziker und Bart Lucas hatten Johnsons Fernbedienung vor sich auf dem Tisch liegen. Daneben entdeckte Elisabeth diverse Utensilien, die für die Spurensicherung verwendet werden. Offensichtlich hatte ihr Assistent tatsächlich versucht, den Code der zu drückenden Tasten anhand nachweisbarer Fingerabdrücke zu bestimmen.

„Liz, die Untersuchung des Geräts hat leider keine neuen Erkenntnisse gebracht."

„Ich hatte es befürchtet, Peter."

Bei diesen Worten nahm sie die Fernbedienung in die Hand, schaute einen Moment auf das friedlich rot leuchtende Lämpchen und steckte das Gerät schließlich ein.

„Mist!", fluchte Bishop plötzlich.

„Was ist passiert?", fragte Elisabeth nach. Doch als sie sah, wie James Bishop verzweifelt versuchte, der Anzeige der Verkehrsüberwachung etwas zu entlocken, ahnte sie, woher der Wind wehte.

„Wir sind runter auf Null. Ich habe keinen Wagen mehr im Raster, der unseren Erwartungen entspricht."

„Sie sagten, Stalin könnte angehalten haben."

„Wir haben zwei Wagen in der Bronx, sieben in Manhattan und einen in Queens, die ursprünglich markiert waren. Alle stehen seit geraumer Zeit still. Also länger als ein oder zwei Ampelphasen das zulassen würden."

Bancroft überlegte nur kurz. Es wurde Zeit, die Karten neu zu mischen. „Schalten Sie die Verkehrsüberwachung ab. Ihr Spielzeug klang zu Beginn spannend, bringt uns letzten Endes aber nicht weiter."

Bishop widersprach: „Er könnte weiterfahren. Bald schon." Er klang wie ein Kind, das verzweifelt versuchte, sein Lieblingsspielzeug zu behalten.

„Es lohnt sich nicht, James. Wir müssen uns auf irgendetwas konzentrieren. Im Moment neige ich dazu herauszufinden, was Stalins Ziel ist. Ob mit Harding und Johnson, ist dabei nebensächlich."

Elisabeth Bancroft sah James Bishop fest in die Augen, bis der widerwillig den Bildschirm ausschaltete.

Lucas ließ ihre Entscheidung unkommentiert, aber irgendetwas nagte dennoch an ihm. Elisabeth war das im Moment egal. Sie musste so oder so handeln. Ihr Doppelgängerplan war nicht mehr anwendbar. Nicht nach ihrem Anruf bei NBC Channel 4. Bancroft schalt sich eine komplette Idiotin, bei Perkins auf Patriotismus gesetzt zu haben. Das aktuelle Bild des

Senders bestätigte ihre Befürchtung auch allzu deutlich. Die Kameras zeigten kaum eine Totale, meist fokussierten sie auf der Gruppe als Ganzes oder direkt auf den einzelnen Gesichtern in Großaufnahme.

Bancroft und ihr Team hätten die stationären Kameras sabotieren können, doch der Sender würde mit der Motorradcam bei Johnson und Harding bleiben.

Das Schöne an dieser Situation war, dass der Nachteil des alten Plans zum Vorteil des neuen wurde. Elisabeth Bancroft legte sich ihre Worte bereits zurecht, als Lucas mit einem einzigen Satz all ihre virtuellen Bälle ins Trudeln brachte.

„Haben Sie schon überprüft, ob es dort GPS-Signale gibt?", fragte er und deutete dabei auf den Fernsehschirm, der die Spitzengruppe zeigte.

Bancrofts erster Gedanke war: Natürlich – Bart Lucas will unsere Bemühungen sabotieren! Als Spion in Stalins Diensten musste er unseren Plan ausbremsen. Keine Sekunde später sah sie jedoch noch eine zweite Möglichkeit. Wenn es Parker betreffend zwischen Stalin und Lucas eine Absprache gegeben hatte, die der Russe gebrochen hatte, dann versuchte der NSA-Ostküstenchef ihnen jetzt vielleicht zu helfen. Möglicherweise brach Lucas gerade seine Verpflichtung gegenüber Stalin!

So oder so – Lucas hatte Recht. Sie sollten unbedingt überprüfen, ob die Schuhe außer ihrer explosiven Fracht auch etwas zur Positionsbestimmung in sich trugen. Die Antwort würde essentiell sein, egal, ob alter oder neuer Plan.

„Bart! Sehr guter Hinweis!", sagte sie mit einem Lächeln für den Spion und drehte sich sofort zu Bishop. „James, die Positionierung ist Ihr Metier."

Bishop hatte sein Handy längst am Ohr. „Das ist ganz klar ein Fall für Hank Reynolds. Er ist ein wahrer Zauberer mit den Satelliten."

„Und er ist im Büro?", fragte Elisabeth ungläubig.

„Die GPS-Leute haben immer Dienst. Sein Pech ist unser Glück!"

Damit richtete er seine Aufmerksamkeit auf sein Handy, aktivierte den Lautsprecher und hielt es so, dass Elisabeth, Peter und Bart mithören konnten.

„Hank Reynolds", ertönte eine raue, beinahe kratzige Stimme.

„Hank? James Bishop. Wir haben einen dringenden Auftrag für dich, Code Tango, Victor, Blau."

„Moment, James. Tango, Victor, Blau sagtest du?"

„Hank, das ist nicht nur wichtig, das ist vor allen Dingen dringend."

„Code bestätigt. Was liegt an, James?", fragte Hank, als hätte er Bishops letzten Hinweis überhört.

„Überprüf bitte, ob es in der Gruppe der Führenden des New-York-Marathons GPS-Signale gibt!"

„Du unterschätzt, glaube ich, wie viele Signale Manhattan zu bieten hat."

„Ach komm, das kann nicht so schwer sein! Die Straßen sind für den Verkehr gesperrt. Wer auch immer da GPS mit sich herumträgt, gehört zu den von uns gesuchten."

„Es gibt auch GPS-Uhren für Läufer."

Bishop verdrehte genervt seine Augäpfel gen Himmel.

„Grenz es ein! Such an der Spitze. Die beiden Signale sind dicht beieinander und vor allen anderen."

James Bishop hielt das Mikrofon seines Handys zu und kommentierte für die Anwesenden im Van: „Sonst ist er nicht so kompliziert."

„James?"

„Ja, Hank."

„Du hast Recht, exakt zwei Codierungen an der Spitze der Gruppe."

„Verdammt!", entfuhr es Elisabeth.

Doch insgeheim sah sie diesen Moment als Chance. Diese neue Entwicklung spielte ihr direkt in die Karten. Der Doppelgängerplan war sicherlich auch in Lucas' Augen nicht mehr durchführbar. Jetzt war der Moment, um ihn – und Stalin – auszubooten.

„Das war's", sagte sie so lapidar wie möglich.

Bart Lucas baute sich sofort vor ihr auf. „Was soll das heißen?"

Bancroft zollte seiner schauspielerischen Leistung stillen Respekt. Der NSA-Ostküstenchef spielte seine Empörung täuschend echt. Beinahe musste sie befürchten, dass Lucas sie körperlich angehen würde, doch neben ihm stellte sich auch Peter Hunziker in Position. Bancroft dankte ihm mit einem kurzen Blick.

„Das bedeutet, dass der Doppelgängerplan nicht funktionieren wird. Es ist zu spät, um uns noch eine Alternative einfallen zu lassen. Wir haben aufs falsche Pferd gesetzt – und verloren."

Lucas schnaubte. „Sie kleine, falsche Schlange! Das da draußen sind unsere Männer."

Jetzt kam ihr Peter zu Hilfe. „Korrektur Mister Lucas. Dies sind – oder waren – *Ihre* Männer. Niemals unsere."

Bancroft übernahm wieder. Sie musste das hier zu einem raschen Ende bringen. „Wie auch immer. In diesem Moment können wir nicht nach Gefühlen gehen, wir müssen nach Prioritäten handeln. Wir haben Grund zu der Annahme, dass Stalin einen biologischen oder chemischen Anschlag in Manhattan plant. Die Zeit läuft uns davon. Manhattan und seine Einwohner sind wichtiger als Ihre beiden Männer." In einer Geste des Mitgefühls legte sie Bart Lucas ihre Hand auf die Schulter. „Wir können nichts mehr für die beiden tun. Gott befohlen."

Lucas erwiderte ihren Blick. „Sie haben nie wirklich daran gedacht, unsere Männer da rauszuholen, oder?"

Liz Bancoft sah ihn wortlos an. Doch in ihrem Blick lagen alle Antworten. Was haben Sie gedacht, wie es beim Geheimdienst läuft? Wir haben Wichtigeres zu tun! Und letztlich sind es Ihre Männer, nicht meine.

„Ich will eine Antwort!", beharrte Lucas.

Die Uhr tickte. Harding und Johnson näherten sich immer weiter ihrem Standort. Sie musste gegenüber Lucas unmissverständlich werden. „Bart, Sie sind raus! Das Schicksal der Nation steht auf dem Spiel. Wir können den Austausch nicht mehr vornehmen, aber vielleicht finden wir Stalin noch rechtzeitig und können ihn stoppen. Es steht nicht nur das Leben zweier Menschen auf dem Spiel, sondern vielleicht dutzender, gar hunderter oder tausender!“

„Ein Leben ist genauso viel wert wie das Vieler.“

„Hat das einer der Kennedys gesagt?“, erwiderte sie spöttisch.

„Nein, das stammt von Spock. Aber es ist wahr.“

„Was erwarten Sie von mir?“

„Er wird sie in die Luft sprengen!“

„Das ist ein Opfer, das ich einzugehen bereit bin. Ihre Männer. Ihr Problem.“

Mit hochrotem Gesicht stürmte er aus dem Van.

Elisabeth zog Hunziker zu sich. „Halten Sie mir Lucas vom Hals. Gehen Sie ihm nach. Stiften Sie ihn an, die NSA dazu zu rufen. Was auch immer, er soll mir nur nicht mehr unter die Augen kommen.“

Mit waidwundem Blick fragte Peter sie: „Kann das nicht jemand anders übernehmen?“

Liz überlegte. Hopkins war mit Truman fort. Danes brauchte sie für den Austausch. Bishop für den Satelliten.

„Keine Chance, Peter. Die Aufgaben sind verteilt.“

Mit einer Geste, als wolle sie ihn mit der Hand aus dem Van waschen, scheuchte sie ihren Assistenten hinter Lucas her. Der flehende Blick ihres Assistenten überraschte sie. Normalerweise war Peter der perfekte Befehlsempfänger, der ohne Murren alles erledigte, was sie ihm auftrug.

Als Hunziker endlich den Van verlassen hatte, ging sie zur Tür und vergewisserte sich, dass Lucas auch wirklich weit genug entfernt stand. Der lief zehn Meter weiter die 122ste Straße auf und ab. Hunziker flankierte ihn auf Schritt und Tritt. Der NSA-Ostküstenchef hatte sein Handy am Ohr und versuchte offenbar, Betriebsamkeit vorzutäuschen. Sollte er nur, dachte Liz. Wichtig war allein, Stalin glauben zu lassen, dass sein Plan ungefährdet blieb.

Sie winkte Danes heran, der mit West und Read scherzte und dennoch auf ihr Zeichen gewartet zu haben schien. Taylor Danes lief sofort auf sie zu, doch Elisabeth schaute sich zuerst nochmals im Van um.

Wo war die Wanze? Hatte Lucas sie noch am Körper, oder hatte er sie hier im Van versteckt? Bishop schaute sie mit großen Augen an, als sie zu Hawkins nach vorne ging. Offensichtlich hatte er erwartet, aufgrund der GPS-Problematik ihr nächster Ansprechpartner zu sein.

Bei Hawkins angekommen, lüftete sie seinen Kopfhörer auf einer Seite und flüsterte ihm ins Ohr: „T. J., können Sie herausfinden, ob Lucas den Sender noch am Körper trägt?"

Hawkins nickte stumm, regelte ein wenig an seinen Drehknöpfen und lauschte in seinen Kopfhörer. Die Pegelanzeige auf dem Equalizer blieb eine viel zu lange Weile bei null. Als Stalin endlich etwas zu den beiden Läufern sagte, schloss Hawkins die Augen und schien einen Moment entrückt, weggetreten, schlafend. Dann schlug er die Augen auf und nickte. „B-bei L-lucas – draußen."

„Danke, T. J.!", sagte Elisabeth und schlug ihm dabei leicht auf die Schulter. Turk hatte sich zu ihnen umgedreht und schaute sich das Ganze stumm aus dem Führerhaus an. Als er Bancrofts Blick bemerkte, wechselte er seinen Stressball in die linke Hand und tippte sich mit der rechten an seinen imaginären Hut.

Elisabeth nickte ihm zu, und wandte sich wieder dem hinteren Bereich des Vans zu. Danes stand sozusagen Gewehr bei Fuß und wartete.

„Sie sind doch fix mit den Marathon-Details? Wo sind hier die nächsten Klohäuschen?"

Danes feixte: „Ich glaube nicht, dass Sie die benutzen …"

Bancroft fuhr ihm harsch dazwischen: „Papperlapapp! Dort werden wir den Austausch vornehmen."

„Ich dachte …", begann Bishop überrascht.

„Und das soll auch Stalin denken. Aber wir wissen es besser, nicht wahr, James?"

Bishop nickte. „Sie wollten doch nicht wirklich, dass ich die Verkehrsüberwachung abschalte?"

„Und Sie haben sie auch nicht abgeschaltet?"

„Kam mir nie in den Sinn", sagte er und fiel in seine Angewohnheit zurück, mit den Hacken zu knallen.

„Gut – und Sie sagen Reynolds, er soll sich bereithalten, anhand eines neuen GPS-Signals zwei andere zu imitieren."

„Das scheint mir nicht notwendig", antwortete James Bishop zweifelnd.

„Wenn wir die Männer tauschen würden, sicherlich nicht. Wenn wir jedoch nur die Schuhe tauschen …"

Bishop lächelte und verstand. Allerdings ergaben sich ihm daraus sofort mindestens drei andere Fragen.

„James", erinnerte Bancroft den verwirrten Agenten, „wir brauchen Reynolds. Jetzt!"

Bishop zückte sofort sein Handy. Danes hatte währenddessen mit den Organisatoren des Marathons telefoniert. „Die Toiletten sind gefunden, Mam. Ganz in der Nähe", grinste er, „zwei Stück auf der rechten Seite der Mount Morris, Ecke 120ste."

„Nur zwei Blocks. Man muss auch mal Glück haben!", strahlte Bancroft und griff in die Schublade für besondere Fundstücke. Sie drückte Taylor Danes die beiden Geflügelscheren in die Hand und schickte ihn los: „Nehmen Sie Read und West und alle Schuhe, die Sie haben, und gehen Sie bei den Toiletten in Position. Sobald wir die Größen von Johnson und Harding wissen, gehen Ihre Männer mit den Schuhen und den Scheren in die Toiletten und warten dort, um die Schuhe auszutauschen. Sie müssen die Schuhe an der Ferse aufschneiden! Nur dort!"

„Alles klar, Mam!"

„Das hier bekommen Harding und Johnson ebenfalls", betonte Bancroft und händigte Danes je zwei Halsmikrofone und zwei Ohrwürmer aus. Die Mikros waren das leicht um den Hals zu hängende CIA-Äquivalent zur Sendeeinheit eines Johnson-Phones. Die Ohrwürmer konnten ebenso leicht in den Gehörgang eingesteckt werden und bildeten die entsprechenden Empfangseinheiten.

„Ich will wissen, was sie wissen", ergänzte Bancroft, und Taylor nickte stumm. Er wollte bereits losstürzen, doch Elisabeth pfiff ihn zurück. „Moment noch."

Sie kramte eilig in den Schubladen, bis sie Isolierband gefunden hatte. Sie riss ein etwas vier Zentimeter langes Stück davon ab, eilte nach vorn zu Stanley Turk und griff an ihm vorbei zu dem Navigationsgerät auf dem Armaturenbrett. Es dauerte einen Moment, bis Elisabeth es aus der Halterung befreit hatte.

„Ich hoffe, Sie haben nichts dagegen", flachste sie, ohne wirklich mit Stanleys Einwand zu rechnen.

„Ich bin hier nur der Fahrer", erwiderte der gelangweilt.

Bancroft hatte dennoch den Trotz in seiner Stimme wahrgenommen. Irgendetwas war hier schief gelaufen. Sie wusste, dass sie Turk noch brauchen würde und nahm sich vor, ihn bei nächster Gelegenheit aufzubauen. Irgendwie …

Während der vier Schritte zurück zu Danes schaltete sie das Gerät ein und klebte das Isolierband quer über den Touchscreen. Dann schrieb sie mit einem roten Stift ‚GPS' auf den Streifen und gab es Taylor.

„Das bekommt Johnson. Unbedingt! Und", erinnerte sie sich an etwas ebenso Essentielles und beförderte Johnsons Fernbedienung aus ihrer Manteltasche in Danes' Hand, „dieses Gerät bekommt Johnson ebenso."

Danes nickte und verließ den Van. Elisabeth wandte sich wieder Bishop zu. „Was sagt Reynolds?"

„Das ist generell möglich. Aber …"

Bancroft lächelte. „Kein ‚aber'! Haben Sie ihn gerade am Ohr?"

Bishop nickte und reichte ihr sein Handy. Sie schnappte es sich und begann sofort, Hank Reynolds in ihren Plan einzubinden. „Das neue Signal, aus dem Sie die beiden alten imitieren werden, bewegt sich gerade südlich auf der Mount Morris am Marcus Garvey Memorial Park entlang. Die beiden alten Signale hatten Sie bereits identifiziert?"

„Hab ich beide hier."

„Gut, dann holen Sie schon mal das neue hinzu. Es ist ein Navigationsgerät und mit ziemlicher Sicherheit das einzige, das sich gerade zwischen 122ster und 120ster südwärts bewegt."

„Einen Moment - okay, habe ich identifiziert."

„Hank, in wenigen Minuten müssen Sie die beiden ersten abschalten, um sie dann aus dem neuen Signal neu zu generieren. Können Sie das?"

„Sie wollen jemandem vorgaukeln, dass die ursprünglichen Signale noch genau dort sind, wo er sie erwartet. Hab's kapiert."

„Also?", wartete Elisabeth auf die Antwort ihrer zuletzt gestellten Frage. „Können Sie das?"

„Die ursprünglichen Signale werden vom Satelliten nicht weiter übertragen, stattdessen erzeuge ich anhand des neuen Signals eine Dublette. Auf Ihr Zeichen hin. Ich bereite alles vor."

Elisabeth Bancroft atmete deutlich hörbar aus. Ihr neuer Plan kam ins Rollen. Ein Blick auf den TV-Screen zeigte ihr, dass Eile geboten war. Die Läufer waren mittlerweile längst auf der nördlichen Fifth Avenue. Keine Meile mehr bis zu den Toilettenhäuschen an der 120sten Straße. Ihr blieben noch höchstens viereinhalb Minuten. Und sie musste noch zwei Dinge klären.

„James, Sie müssen herausfinden, welche Schuhgrößen Harding und Johnson haben. Und denken Sie dran: Laufschuhe sind eine Nummer größer als normal."

Bishop nickte. „Ich habe keine Ahnung, wie ich das herausbekommen soll, aber wir sind schließlich die CIA."

Bancroft war bereits beim nächsten Punkt: „T. J., ich brauche sofort eine Verbindung zu Alonso Bacha."

Hawkins nickte stumm, schaltete an seinen Geräten und reichte ihr ein Headset. Es war eine Ironie des Schicksals, dass Bacha ebenfalls mit einem Johnson-Phone ausgestattet war.

„Alonso?“, fragte sie in den Äther und hoffte auf eine verbale Antwort oder ein Zeichen in die Kameras von NBC 4.

„Sí?“, klang es leise in ihrem Kopfhörer.

„Gleich führt der Kurs rechts um einen Park herum. Achten Sie auf die Straßenschilder. Bei der 120sten Straße stehen zwei Toilettenhäuschen auf der rechten Seite. Johnson muss ins erste, Harding ins zweite. Die beiden müssen da rein! Das ist unsere letzte Chance, Alonso.“

„Sí, no hay problema, Señora.“

Bancroft teilte seinen Optimismus noch nicht. Doch die Botschaft war auf dem Weg. Sie hoffte auf Johnson. Wenn er begriffen hatte, was sie plante, musste er sich immer noch gegen Stalin durchsetzen. Und er würde dessen Zeitplan in Gefahr bringen müssen. Ließ sich Stalin darauf ein? Oder würde er gar Verdacht schöpfen? Möglicherweise provozierte sie eine Kurzschlussreaktion des Russen und alles wäre umsonst gewesen. Elisabeth war sich klar, dass sie immer noch auf ein mittelgroßes Wunder hoffte.

Und alles, was sie nun tun konnte, war warten.

Zugleich erinnerte sie sich an den toten Russen in Brooklyn. Das 68ste Revier. Officer Pernetti. Sie hätte schon längst dort anrufen sollen. Elisabeth nahm ihr iPhone zur Hand und wählte selbst.

„68stes Revier. Vermittlung. Mein Name ist Spencer“, meldete sich eine piepsige Frauenstimme.

„Ich möchte Officer Pernetti sprechen.“

„Wen darf ich melden?“, kam es fast noch eine Tonlage höher zurück.

„Elisabeth Bancroft. Central Intelligence Agency.“

Das tat seine Wirkung. Tat es immer. Elisabeth wusste das.

„Gerne, Miss Bancroft. Ich verbinde sofort.“

Nur eine Sekunde später bellte ihr eine um diverse Oktaven tiefere, männliche Stimme entgegen: „Pernetti hier. Morgen Miss Bancroft. Hatte mich schon gefragt, wann Sie endlich anrufen. Ist doch immer wieder dasselbe. Wir machen hier die Arbeit, und Ihr von der CIA kommt irgendwann, und wir müssen ..."

„Ich unterbreche Sie nur ungern, Officer, aber ..."

„Detective! Nicht Officer", knarrte Pernetti durchs Telefon.

„Detective Pernetti. Ich wurde informiert, dass Sie eine Leiche haben, die für mich interessant sein könnte."

„Der Russe. Hah! Wissen Sie, wie viele Amerikaner tagtäglich auf unseren Straßen sterben? Kein Schwanz schert sich drum. Aber kaum liegt ein Russe auf dem Rücken ..."

Bancroft unterbrach seinen Redefluss abermals: „Er lag auf dem Rücken?"

„Wie? Äh, ja. Auf dem Rücken. Direkt am Straßenrand an der Kreuzung Fifth Avenue und 40ste Straße. Zwei Brusttreffer von vorn. Sofortiger Exitus. Trug Laufkleidung. Inklusive einer Startnummer für den Marathon."

Bancroft wurde hellhörig. „Welche Nummer?", hakte sie nach.

„Moment. Ich hab die Bilder hier. Warum interessiert Sie das denn? Aber was geht's mich an? Ich sammle die Toten ja nur ein. Ah, hier. Ich hab's. Er trug die Nummer 5820."

„Danke Detective. Ach, eine Frage noch. Mir wurde zugetragen, dass der Tote eine Maske bei sich trug."

„Hab mich schon gefragt, wann Sie danach fragen. Ist wohl ein sehr professionelles Teil. Mann, wir dachten echt, die ist direkt aus *Im Körper des Feindes*. Sie wissen schon, der Film mit Travolta und Cage. Wo sie die Gesichter tauschen. Na, zumindest steckte die ihm hinten in der Hose."

Elisabeth Bancroft wurde langsam ungeduldig. Eine professionelle Gesichtsmaske sprach tatsächlich dafür, dass der Russe zu Stalins Team gehörte. Nur wie passte er in dessen Plan?

„Konnten Sie ermitteln, wessen Gesicht es darstellen sollte?"

„Wir haben es an Ihre Dienststelle geschickt. Uns fehlen die Möglichkeiten, daraus ein 3D-Bild zu fertigen. Aber das ist ja für Sie sicherlich nichts Neues. Ist halt 'ne Geldfrage, und so ein popeliges Revier wie unseres..."

Es fiel Elisabeth nicht schwer, Detective Pernettis Ausführungen für einen Moment die Gefolgschaft zu verweigern. Deswegen hatte sich also Cameron Duke eingeschaltet. Ein toter Russe mit Hightech-Maske und die Jagd auf einen russischen Milliardär gehörten fraglos in denselben Topf.

„... und ich hatte mich schon gefragt, ob die sich überhaupt noch mal melden würden oder ob die Ermittlungen direkt zum FBI gehen ...", war Pernetti noch immer bei seiner Grundsatzrede, eher er doch noch zu den interessanten Details zurückfand, „... aber dann kam doch noch der Anruf, dass der Träger der Maske sehr wahrscheinlich den amerikanischen Marathonmeister Roy Curran imitieren wollte."

Klar. Der Marathon. Aber wenn sich Bancroft nicht verhört hatte, dann war der echte Curran inmitten der führenden Gruppe. Was sollte es also für einen Sinn machen, zwei Currans im Lauf zu haben?

„Danke, Detective", flötete sie eine Spur zu freundlich in ihr iPhone, um Pernetti dann doch mitten in seiner Antwort wegzudrücken.

Sie hatte zwei Möglichkeiten, um herauszufinden, was sie wissen wollte. Sie konnte die Information auf der Website des Marathon-Veranstalters suchen. Oder sie konnte Danes fragen.

„T. J., ich brauche Taylor."

Hawkins nickte und reichte ihr das Headset. „T-T-Taylor kommt."

Sie schenkte ihm einen dankbaren Blick, ehe sie sich Taylor Danes zuwandte.

„Mam?", fragte der, nachdem die Verbindung stand.

„Wenn ein Läufer die Startnummer 5820 trägt, dann startet er doch sicherlich in unmittelbarer Nähe der Nummern 5417 und 5439, oder?"

Seine Antwort kam sofort, wenn auch etwas abgehackt, da er zwischendurch immer wieder nach Atem rang. „Der Start ist in Tausenderblöcke eingeteilt. Die drei Nummern könnten also innerhalb eines Blocks direkt nebeneinander stehen."

„Danke, Taylor. Wie weit sind Sie?"

„Vor Ort. Kennen Sie schon die Schuhgrößen?"

Sie wandte sich mit einem fragenden Blick zu Bishop um. Der verstand, schüttelte aber den Kopf.

„Noch nicht, Taylor."

„Ich hoffe, wir schaffen das, Mam."

Bancroft lächelte. „Ich bin mir dessen sicher."

13

Der das Kleinod umschließende Kasten hatte glücklicherweise wenig Widerstand geleistet und sich leicht öffnen lassen. Darin fand Igor nach einigem Suchen im Wust unzähliger Reiskörner das Ziel seines Trachtens. Dann machte er sich auf den Rückweg.

In dem Moment klingelte Elisabeths iPhone.

„Truman hat das Signal geortet. Es ist ein grauer Transporter des Museums. Zumindest trägt er dessen Namenszug. Er steht unweit des Haupteingangs des Metropolitan“, erstattete Josh Hopkins Bericht.

„Ihre Position?“, fragte Bancroft.

„Andere Straßenseite. Ecke 81ste. Rund dreißig Meter entfernt.“

„Ist von Miss Parker schon etwas zu sehen?“

„Negativ.“

„Halten sich in oder bei dem Wagen Verdächtige auf?

„Negativ.“

Bancroft räusperte sich. „Es steht wohl außer Frage, dass das Museum Stalins Ziel sein wird. Ich schicke Ihnen ein SWAT-Team. Miss Parker und der Anschlag müssen aber nicht zwingend miteinander zu tun haben. Holen Sie sie so schnell wie möglich da raus. Aber vermeiden Sie Heldentaten. Dafür haben wir die SWAT-Truppe.“

„Geht klar, Mam“, antwortete Hopkins, und sein Tonfall unterstrich, dass das Gespräch für ihn damit beendet war.

„Josh, eine Frage noch!“

„Mam?“

„Wo ist der NSA-Helikopter?“

„Drei Blocks östlich. Kreist über der Lexington.“

„Gut gemacht. Bancroft Ende.“

Damit trennte sie die Verbindung. Keinen Moment zu früh, denn im selben Augenblick meldete sich Taylor Danes. „Wir sind bei den Toiletten“, bestätigte er Elisabeths Vermutung und erinnerte sie zugleich an ihr eigenes, fast vergessenes Problem.

„Einen Moment, Taylor.“ Damit drehte sie sich zu Bishop um. „James? Haben Sie schon die Schuhgrößen?“

Brian hatte gewartet, und er hatte gehofft. Vor allen Dingen war sein Hass auf Stalin zurückgekehrt. Größer, mächtiger, böser. Elaine einmal sterben zu lassen, war grauenvoll. Sie nun für ihn zurück ins Leben zu holen und sozusagen an einem Strick vor ihm baumeln zu lassen, war barbarisch. Brian hoffte inständig, dass er den Russen noch in seine Finger bekam. Beinahe vergaß er darüber das Damoklesschwert in Form seiner Laufschuhe.

Als Alonso Bacha, der ihn die ganze Zeit flankiert hatte, plötzlich auf Christophers Seite wechselte, ahnte er, dass hinter der Bühne endlich etwas in Bewegung geraten war.

Der Spanier hatte sich neben Johnson gesetzt, lief auf gleicher Höhe und deutete kaum merklich nach vorn, gerade als der Kurs die Fifth Avenue zwischenzeitlich verließ und mit einem Richtungswechsel nach rechts begann, einen Park zu umkurven. Nur ein paar hundert Meter weiter folgte der unvermeidliche Richtungswechsel zurück nach Süden und auf die Fifth. Auf diesem kurzen Stück gab es keine fest installierten Kameras des Fernsehsenders. Die vor ihnen fahrende Motorradcam würde kaum einen Läufer in Großeinstellung zeigen. Der Kameramann, der rücklings auf dem Motorrad saß, würde mit Sicherheit in der Totalen bleiben und die gesamte Spitzengruppe auf die Fernsehbildschirme dieser Welt übertragen. Ergo würde auch Stalin nichts davon bemerken, dass Bacha sich mit seinem Oberkörper näher zu Johnson hinüber beugte und die Lippen bewegte. Dass sich Christopher dabei an die Nase fasste, um sein Mikro währenddessen zu bedecken, konnte als zufällige Bewegung gedeutet werden.

Der Spanier wies Chris mit knappen Worten ein. Als sie dem Schwenk der Straße nach Süden folgten, konnten sie die Klohäuschen bereits sehen.

„Du ins erste – unbedingt!“

Bacha nickte ihm ein letztes Mal zu und ließ sich wieder zurückfallen.

James Bishop klappte seinen Laptop zu und grinste. „Harding hat die Laufschuhgröße 45, Johnson 43.“

„Danke, James. Ich frage später, wie Sie das herausgefunden haben. – Taylor?“

„Ja, Mam?“

Bancroft gab die Schuhgrößen an Danes weiter und wartete. Im Hintergrund hörte sie, wie er mit den Doubles sprach: „West. Sie gehen ins erste. Suchen Sie Schuhe in 43. Und vergessen Sie die beiden Geräte nicht. Read. Sie gehen ins zweite. Harding trägt 45.“

Es dauerte eine Weile, bis Elisabeth ihn leise fluchen hörte.

„45 ist aus. Harding wird es mit einer 46 versuchen müssen.“

„Wir haben wohl keine Wahl.“

In dem Moment hörte sie, wie der Applaus an der Marathonstrecke anhob. Sie drehte sich um, blickte die 122ste hinunter zur Mount Morris und konnte gerade erahnen, wie die Führungsgruppe an ihrem Standort vorbei flog.

„Beeilen Sie sich!“, ermahnte sie Danes, wartete jedoch nicht auf dessen Antwort, sondern sprang zurück in den Van und ging schnell zu T. J. „Hat Johnson schon mit Stalin gesprochen?“

Johnson wusste, dass er keine Zeit verlieren durfte. Brian würde erahnen, was er tun musste. Aber zuerst musste Chris Stalin überzeugen. Johnson überdachte die Möglichkeiten und kam zu dem Schluss, dass sie wahrscheinlich keine zweite Chance bekommen würden, insofern …

„Stalin? Ich weiß nicht, was Sie mir in meinen Eiweißcocktail gemixt haben, aber das nächste Klohäuschen muss meins sein.“

Der Russe antwortete für ihn überraschend schnell: „Wie Sie wissen, haben wir einen sehr engen Zeitplan, und Sie möchten doch sicherlich nicht das Leben Ihrer früheren Kollegin gefährden?"

Zum Glück wusste Chris, dass er seiner Linie treu bleiben musste. Wenn er jetzt zu betteln anfing, würde der Russe Lunte riechen. „Stalin, Sie Idiot. Ich muss aufs Klo! Soll mir das Zeug aus der Hose laufen? Wie wär's, wenn Sie uns zumindest einen Hauch von Anstand zugestehen, bevor wir gleich den Löffel abgeben?"

Brian sah erst Chris an und dann die Straße vor sich. Dort vorn standen Toilettenhäuschen.

„Stalin?"

Der Russe gab keine Antwort.

Die Häuschen waren nur noch siebzig Meter entfernt.

Stalin war sich nicht sicher, was er davon halten sollte. Wenn er dem Glauben schenken durfte, was er bei dem CIA-Team mitgehört hatte, dann hatte diese Bancroft die Befreiung von Harding und Johnson abgeblasen. Dass sie sich fortan auf ihn konzentrierte, ließ ihn kalt. Es war Teil des Plans und brauchte ihn nicht weiter zu beunruhigen.

Er schaute auf das TV-Bild und sah einen eigenartig verkniffen laufenden Johnson. Harding blieb solidarisch dicht an seiner Seite. Was blieb ihm auch anderes übrig?

Der Russe versicherte sich, dass die Fernbedienung dicht bei ihm lag. Falls Johnson oder die CIA oder beide gemeinsam etwas unternahmen, was seine Pläne ins Wanken brachte, dann würde er dafür sorgen, dass zumindest Johnson und Harding es bereuen würden.

Nur noch zwanzig Meter.

„Stalin!" Chris Ruf klang eine Spur hysterisch.

„Tun Sie, was Sie tun müssen. Sie haben fünfzig Sekunden", sagte Stalin so, als gäbe es nichts Belangloseres.

Chris scherte sofort aus, dichter an die rechte Straßenseite heran, Brian folgte ihm wie ein Schatten. Zwei mobile Toilettenhäuschen warteten dort, und Brian richtete ein stummes Stoßgebet gen Himmel, dass es nicht nur leere Häuschen sein würden.

Bancroft schaute wie gebannt auf den Fernsehschirm. Gleich würden ihre beiden Schutzbefohlenen die Häuschen erreichen. Was sah sie? Was würde Stalin sehen können?

Noch befanden sich die mobilen Toiletten am Bildrand. Die Türen waren geschlossen. Von Danes, Read oder West war nichts zu sehen oder auch nur zu erahnen. Bancroft wählte Taylor Danes' Nummer. „Status?"

„Sind in Position!"

Elisabeth nutzte diesen Moment und rief endlich die Zentrale an, um das SWAT-Team zum Metropolitan Museum zu beordern. Ihre Augen verfolgten weiter die Entwicklung an der 120sten Straße.

Johnson und Harding erreichten die für sie vorgesehenen Häuschen, öffneten die Türen und schlüpften durch einen schmalen Spalt hinein. Der Kameramann der Motorradcam scheiterte in seinem Bemühen, sowohl die beiden Unterbrecher als auch den Rest der Spitzengruppe im Fokus behalten zu wollen. Nachdem er kurz mit der Linse auf den beiden Läufern geblieben war, die ihre aussichtsreiche Position eigenartigerweise gleichzeitig opferten, schwenkte er zielsicher zurück zu den in der Spitze verbliebenen Fünf. Nur Curran, Bacha, Koskai und zwei seiner kenianischen Hasen waren jetzt noch beieinander. Der Kurs ging in die dreiundzwanzigste Meile und damit in die entscheidende Phase. Die Tatsache, dass zwei amerikanische Hoffnungsträger gleichzeitig aus der Gruppe der Besten ausfielen, wurde vom umstehenden Publikum mit einem lauten Aufstöhnen begleitet.

Edward Perkins, der NBC-4-Programmdirektor, reagierte sofort: „Die Motorradcam bleibt stehen", donnerte er seinen Befehl durchs Aufnahmestudio. „Los, der Kameramann soll zurückschwenken und auf den Klos in Großaufnahme bleiben. Wer auch immer dort wieder heraus kommt … ich will sein Gesicht so groß auf den Bildschirmen haben, dass alle Welt seine Nasenhaare sehen kann!“

„Äh, Chef – jeder Regisseur der Welt würde in dieser Phase des Rennens auf der Spitzengruppe bleiben.“

„Scheiß drauf! Wen interessiert, wer gewinnt, wenn wir hier Fernsehgeschichte schreiben?“

Cliffort West hatte sich in den toten Winkel des Häuschen gezwängt und wartete dort mit Geflügelschere, Navigationsgerät, Halsmikro, Ohrwurm und Fernbedienung. Das alles hätte wunderbar in den Bauchladen eines Straßenhändlers gepasst. Nur für den Bauchladen wäre hier kein Platz mehr gewesen. Die neuen Schuhe standen auf dem Fußboden.

Ein beinahe normal atmender Christopher Johnson kam herein und drängte sich neben ihn. Logischerweise waren diese Toiletten nicht für zwei Personen ausgelegt. Ihre Aktion würde ein wahrer Stunt werden. Chris nickte dem CIA-Agenten stumm zu und trampelte, so gut es eben unter diesen erschwerten Bedingungen möglich war, auf der Stelle. West nickte zurück und hob die Fernbedienung vor ihrer beider Augen. Das LED-Licht leuchtete immer noch rot.

„Stalin! Ich muss, verdammt noch mal! Wenn ich dabei trampeln muss, werde ich nie fertig. Schalten Sie die verdammten Sprengkapseln aus. Wir können ja wohl schlecht vom Klo aus flüchten!“

Es dauerte eine gefühlte Ewigkeit. Dann sprang die Anzeige von Rot auf Grün.

„Noch fünfundvierzig Sekunden“, sagte Stalin.

Chris stellte sofort das Trampeln ein und nickte dem CIA-Mann abermals zu. Er wusste, dass das, was nun folgte, ein Toilettenhäuschen weiter ebenso geschehen würde.

Cliffort West drückte Christopher alles außer der Geflügelschere in die Hand. Er deutete Johnson an, er solle seinen

Rücken ihm zuwenden und drängte sich hinter ihm in die Hocke. Während sich Johnson das Halsmikro umhängte und den Ohrwurm in das Ohr ohne Stalins Piercing steckte, führte West ihm eine Klinge der Schere an der Ferse des linken Fußes vorbei in den Schuh. Vorsichtig schob er die Schere hinunter, bis er sicher sein konnte, einen schnellen und sauberen Schnitt zu tun, presste die Scherenschenkel mit aller Kraft zusammen und – es funktionierte!

Danes hatte es bewusst versäumt zu erwähnen, dass niemand genau wusste, ob dieser Schnitt ein verstecktes Kabel durchtrennen und dadurch die Sprengladung zur Explosion bringen würde. West und Read ahnten also nicht, dass Bancroft und Bishop zwei Blocks entfernt gerade die Luft anhielten. Cliffort West grinste.

Die Klingen der Schere ließen sich so leicht schließen, wie ein heißes Messer durch Butter gleiten würde. Johnsons linker Fuß war frei.

„Noch fünfundzwanzig Sekunden, meine Herren."

Elisabeth Bancroft schnappte sich abermals Bishops Handy. „Reynolds, ist alles bereit, die GPS-Signale vorzutäuschen?"

„Noch nicht ganz, Mam!"

„Wie lange brauchen Sie?

„Zehn Sekunden."

„Wenn Sie es bis dahin nicht schaffen, ziehen Sie den Stecker!"

„Mam?"

„Schalten Sie das ganze verdammte GPS ab!"

„Mam! Der Flugverkehr, die Schifffahrt … Das dürfen wir nicht!"

„Reynolds, wir sind die CIA. Das Wort ‚Dürfen' existiert in unserem Sprachschatz nicht. Also – wie weit sind Sie?"

„Gleich!"

Während West die Prozedur bei Johnsons rechtem Fuß wiederholte, schaute Christopher sich das Navigationsgerät an.

Jemand hatte ein Stück Isolierband quer über den Touchscreen geklebt und ‚GPS' darauf geschrieben. Chris fragte sich, ob es eines Genies bedurfte, um den Zweck das Navigationsgerät zu erkennen.

Inzwischen war auch sein anderer Fuß befreit, und West half ihm, die neuen, unpräparierten Schuhe anzuziehen.

„Noch neun - acht - …"

Christopher Johnson hatte alles, was er brauchte. Die größte Herausforderung würde darin bestehen, das Navi so unauffällig zu halten, dass Stalin es via TV nicht sehen konnte.

West hatte sich der zerschnittenen Originalschuhe angenommen und hielt sie bereit, um gleich damit zu beginnen, sie abwechselnd auf den Toilettensitz zu schlagen. Danes hatte Read und ihn peinlich genau darauf vorbereitet, was sie tun mussten, wenn sie die Sprengladungen in ihren Händen hielten.

Johnson streckte West die Fernbedienung entgegen.

„… eins - null!"

Das Licht sprang vom ungefährlichen Grün zurück auf das verhängnisvolle Rot. Sofort schlug Clifford abwechselnd die Sohlen auf den Toilettensitz. Johnson formte ein lautloses ‚Danke' und schob sich durch die Tür zurück auf die Marathonstrecke.

Stalins Finger kreisten über der Fernbedienung. Er schaute auf das TV-Bild und wagte kaum zu blinzeln. Mit brennenden Augen wartete er auf seine beiden Geiseln.

„Das werdet ihr nicht wagen!", grollte er, als die Türen der Toilettenhäuschen sich endlich bewegten.

„Und Großaufnahme!"

Edward Perkins, der Aufnahmechef von NBC 4, hielt die Luft an, als die Türen sich öffneten. Einen Moment später war er sprachlos. Mehr noch - er war bodenlos erschüttert, dass dieselben Männer aus dem Häuschen kamen, die auch hineingegangen waren.

„Zurück in die Totale. Bleibt an ihnen dran“, stammelte er, als er sich halbwegs wieder gefangen hatte.

„Was ist mit der Spitzengruppe?“, fragte sein Assistent.

„Zeigt die mit den statischen Cams.“

„Und die Dynamik der Entscheidung?“

Perkins antwortete nicht. Er hatte etwas übersehen. Denk nach, zwang er sich zur Konzentration. Irgendetwas musste anders sein!

Brian hatte seine Toilettentür annähernd zeitgleich mit seinem Kumpel aufgestoßen, gehalten und sorgfältig wieder geschlossen. Sie sahen sich beide kurz und möglichst unauffällig gegenseitig auf die Füße und konnten ein Grinsen nur mühsam unterdrücken.

Stalin ließ die Fernbedienung sinken. Vorerst.

„Strengen Sie sich an, meine Herren, wir sind im Zeitplan zurück.“

Dabei öffnete er die Anwendung auf seinem Tablet-PC, der den Stadtplan zeigte. Zwei kleine Punkte – die GPS-Signale der präparierten Schuhe – bewegten sich dabei auf der Fifth Avenue weiter nach Süden.

Der blaue Sebring stand in der Lexington Avenue in Richtung Süden. Stalin hatte keinen Gewinn darin gesehen, dem Feld hinüber in die Bronx zu folgen. Die Sprechverbindung war stark genug, um ein paar Kilometer Entfernung zu überbrücken. So wartete der Oligarch auf Manhattan Island, bis es für ihn an der Zeit war, ebenfalls nach Süden zu rollen.

Brian Harding, Nummer 5417, und Christopher Johnson, Nummer 5439, waren zurück auf der Strecke. Sie reihten sich für den Moment neben einem deutschen Läufer ein, der zusammen mit einem Äthiopier und einem Marokkaner die erste Verfolgergruppe bildete. Brian hatte etwas mit den Schuhen zu kämpfen, denn das neue Paar war etwas größer und weiter als die russische Ausgabe, und er hatte das Disc-System sehr stramm einstellen müssen, um die Schuhe nicht zu verlieren. Dennoch lag es ihm natürlich fern, sich zu beklagen. Die Karten waren neu gemischt worden, und Brians Hoffnung auf ein gutes Ende hatte endlich Nahrung erhalten.

Doch seine Sorge um Elaine erstickte das aufkommende Glücksgefühl vollständig! Was würde Stalin ihr antun, wenn er von ihrem Schuhwechsel erfuhr? Gab es Hilfe für Elaine, so wie es auch Hilfe für sie beide gegeben hatte?

Truman, Hopkins, Simon und Carter hatten bereits die Straßenseite gewechselt, als ein schlanker, komplett in Grau gekleideter Mann zu dem Lieferwagen ging und ihn öffnete. Er huschte durch die hintere Tür hinein, kam bereits nach fünf Sekunden wieder heraus und schwang die Tür mit lautem Knall zu.

Die Agenten wandten sich rasch ab. „Noch kein Zugriff! Der wird unmöglich allein agieren. Unser Hauptinteresse gilt der Geisel", raunte Truman den anderen zu.

Vorsichtig drehte er sich wieder um. Doch der Mann hatte sich wieder in Richtung des Museumseingangs orientiert. Und was noch wichtiger war: Er hatte sie nicht bemerkt.

Igor hatte den weiten Weg zurück ans Licht der Fifth Avenue deutlich schneller als ursprünglich geplant zurückgelegt. Von seinen vier Genossen war – wie von ihm erhofft – noch nichts zu sehen. Er zog die hinteren Flügeltüren des Lieferwagens auf, sprang hinein und öffnete eine kleine Klappe im Boden. Die Waffe, die er aus diesem Versteck entnahm, steckte er eilig in seine Jackentasche. Doch in diesem Versteck gab es noch andere Dinge: einen kleinen roten Schalter und eine winzige Lampe. Der Russe legte den Schalter um, und die Lampe zeigte ein schwaches grünes Licht. Eilig schloss er die Klappe wieder, bedachte das Paket mit einem letzten Blick und knallte die Flügeltüren zu. Dann ging er zurück in die Nähe des Eingangs und wartete dort. Wenn alles nach Plan lief, sollten seine muskulösen Helfer in fünf Minuten durch diese Tür spazieren.

„Sie haben sechzig Sekunden verloren!"

„Und Sie werden niemals müde, uns unsere Verfehlungen wissen zu lassen", schoss Chris mit spitzer Zunge zurück.

„Sechzig Sekunden sind nicht die Welt", ergänzte Brian und zog das Tempo an. Chris folgte mühelos. So glaubten sie, Stalins unausgesprochenem Befehl zu befolgen und versuchten, zurück an die Spitze zu gelangen.

„Ich gebe Ihnen zwei Meilen, um die verlorene Zeit wieder aufzuholen."

„Zwei Meilen? Wir müssten sprinten, um das zu schaffen", empörte sich selbst Brian Harding.

„Es ist für einen guten Zweck. Sie wollen doch, dass Miss Parker überlebt, oder?"

Brian würde alles tun, um Elaine zu retten. Er wusste zwar nicht, wer ihnen da draußen geholfen hatte, doch er hoffte inständig, dass sich die Hilfe damit nicht erschöpft hatte. Offensichtlich wussten diese Personen von der Sprechverbindung zwischen Stalin und ihnen. Infolgedessen wussten sie sehr wahrscheinlich auch, dass Elaine lebte. Doch würde dieses Wissen dazu führen, dass ihre geheimnisvollen Helfer Elaine suchten und retteten? Sein stummes Gebet war im Moment so ziemlich alles, was er für sie tun konnte. Abgesehen von einer deutlichen Tempoerhöhung.

Brian blickte zu Chris hinüber. Sein Kumpel dachte nach. Es war deutlich zu sehen, dass Christopher Johnsons Verstand auf Hochtouren die derzeitigen Optionen bewertete. Das Genie Johnsons wurde dabei auf eine harte Probe gestellt. Schließlich verschärften sie beide das Tempo dermaßen, dass sie beinahe wie bei einem Schlussspurt über das Pflaster der Fifth Avenue fegten. Sie hatten sich mühelos von dem Deutschen und den beiden Afrikanern abgesetzt und eilten der Führungsgruppe hinterher. Brian glaubte, dass er noch nie so schnell gelaufen war. Noch dazu mit Schuhen, die eine Nummer zu groß waren.

Der Agent hatte ihn darauf hingewiesen. Stumm zeigte er ihm in dem Toilettenhäuschen das Schild im Innern des Schuhs. Brian hatte den Disc daraufhin etwas fester als wahrscheinlich nötig angezogen. Nun kämpfte er zwischen den Extremen, dass seine Füße einzuschlafen drohten und dem Gefühl, die Schuhe dennoch zu verlieren. Wahrscheinlich, so hoffte er, war letzteres nur eine Fehlinterpretation der Nerven, die das Gefühl von Freiheit noch nicht wieder korrekt wahrnehmen konnten.

So oder so: Sie mussten Zeit gewinnen. Stalins Befehle ertragen. Je später Stalin ihnen auf die Schliche kam, desto mehr Zeit hatten die Agenten aus den Toilettenhäuschen, die Sprengladungen an einer sicheren Stelle kontrolliert zu zünden. Und jede Sekunde, die sie gewannen, konnte auch helfen, Elaine zu retten.

Elisabeth Bancroft hatte Danes am Ohr, als Peter Hunziker mit Bart Lucas im Schlepptau wieder den Van betrat. Der schimpfte und fluchte immer noch ungebremst. Obwohl sie relativ sicher sein konnte, dass er kaum auf das achten würde, was sie zu Taylor in ihr Handy sprach, versuchte sie, sich dennoch so kryptisch wie möglich auszudrücken.

„Taylor, kommen Sie schnellstmöglich wieder zurück, und lassen Sie nichts liegen."

Sie wusste, dass Danes es verstehen würde – hoffte aber zugleich, dass Lucas und damit auch Stalin weiterhin ahnungslos blieben.

Bart Lucas war weit davon entfernt, sich zu beruhigen. „Und?", fragte er provokativ. „Sind Sie jetzt zufrieden?"

Bancroft war überfragt. Was meinte Lucas? Ihr Hilfe suchender Blick fand bei Peter Hunziker keine Auflösung. Ihr Assistent zuckte nur mit den Schultern. Lucas klärte sie schließlich auf.

„Ich habe mit meinem Boss telefoniert, und der hat Ihren Boss angerufen …"

„Cameron Duke?"

„Eben diesen. Und er hat Ihnen Carte Blanche erteilt. Sie können tun und lassen, was Sie wollen. Sie können also getrost das Leben zweier treuer Amerikaner auf Ihre schmalen Schultern laden …"

Der NSA-Ostküstenchef wollte zu einem langen und eindringlichen Appell anheben, doch Elisabeth hatte weder die Nerven noch die Zeit, dem zu folgen.

„Lucas", unterbrach sie ihn harsch, „Sie sind verhaftet."

Bishop reagierte sofort, zog seinen Dienstrevolver und richtete ihn auf Bart Lucas. Hunziker wich ein wenig von Lucas' Seite und ließ James Bishop den verdutzten und komplett überrumpelten Lucas durchsuchen.

„Umdrehen. Beine auseinander!", bellte Bishop in einem unerwartet drastischen Bullenjargon.

Bart Lucas folgte dem Befehl ebenso wie er es geschehen ließ, dass der CIA-Agent seine Innentaschen mit schnellen und sicheren Griffen abtastete. Die erwartete Waffe fand sich nicht, doch aus der Außentasche seines Jacketts hob James Bishop etwas heraus, das zumindest für Elisabeth Bancroft keine Überraschung darstellte: ein Miniaturmikrofon.

„Bart Lucas. Sie sind verhaftet wegen des Verdachts der Unterstützung einer terroristischen Organisation, Behinderung von Ermittlungen der Behörden …", wollte Elisabeth ihren Satz beenden und den Verhafteten auf seine Rechte hinweisen. Doch Lucas tat das, was wohl jeder in seiner Situation getan hätte.

„Das gehört mir nicht", stammelte er mehr als dass er überlegt sprach und deutete dabei auf das Mikrofon.

„Mag sein. Doch wer auch immer Sie damit ausgerüstet hat, wird gleich sehr traurig sein."

Bancroft nahm Bishop das Mikrofon ab, ließ es zu Boden fallen und trat mit ihrem rechten Absatz einmal kräftig darauf.

Es knackte beim Zerbrechen. Dann drehte sie ihre Ferse um eine viertel Drehung und zermalmte vollends das Beweisstück A. Dann blickte sie zu Hawkins.

Er hatte Lucas' Festnahme und die Zerstörung des Mikrofons eben mitverfolgt und lauschte nun in den Äther auf der Suche nach dem verräterischen Hall. Nach einigen Sekunden streckte er seinen Daumen nach oben. „Nun, Mister Lucas, es wird Sie freuen oder auch nicht. Aber Ihre beiden Männer sind gerettet."

Lucas ließ vor Überraschung den Unterkiefer unkontrolliert durchsacken.

„T. J.?", wandte sie sich sogleich an Hawkins.

„Ja, Chefin", kam ungewohnt flüssig zurück.

„Verkabeln Sie mich mit Halsmikro und Ohrwurm. Ich erwarte jeden Moment einen Anruf von Johnson und Harding."

Hopkins und Truman warteten währenddessen auf einen unbeobachteten Moment. Der Mann, der den Lieferwagen eben aufgesucht und wieder verlassen hatte, stand immer noch in der Nähe des Museum-Haupteingangs. Er war damit rund achtzig Meter von dem Wagen entfernt, sah aber immer wieder herüber.

„Wir müssen etwas unternehmen", fluchte Truman.

„Ich weiß", antwortete Hopkins und nahm Carter und Simon zur Seite. Nach einer kurzen Einweisung schickte er die beiden ebenfalls zum Museum. Sie steuerten mehr oder minder direkt auf den Verdächtigen zu.

Truman hob die Schultern: „Und?"

„Ablenkung ist alles, würde ich sagen", griente Josh Hopkins.

Abseits der NBC-4-Kameras schlugen sich zwei andere Agenten zurück zur 122sten durch. Und zwar im wahrsten Sinne des Wortes. Cliffort West und Allister Read schlugen die russischen Ausführungen der Puma-Schuhe gegen Häuserwände und alles, was ihnen als vermeintlich fester Untergrund zupass kam.

Am liebsten hätten sie die explosiven Bedrohungen in eine Ecke geworfen und schnellstmöglich einige Meter zwischen sich und die Gefahr gebracht, doch Danes hielt sie an weiterzumachen. Die Explosionen, wie stark sie auch sein mochten, durften noch nicht stattfinden.

Eifrig kam Hawkins mit Bancrofts Ohrwurm auf sie zu und verkabelte sie.

„Johnson und Ha-Harding sind j-j-jetzt on-online", erläuterte er sein Tun unnötigerweise.

Elisabeth nickte ihm dankbar zu, wissend, dass die beiden Läufer, wollten sie Kontakt zu ihr aufnehmen, erst die Verbindung zu Stalin kappen mussten.

Christopher wusste, dass der Ohrwurm logischerweise dazu gedacht war, Brians und sein Wissen mit dem der Geheimdienste auszutauschen. Doch ehe er diese Sprechverbindung aufnehmen konnte, musste er die mit Stalin unterbrechen.

Stalin hatte ihm das Piercing ins linke Ohrläppchen eingestochen. Den Ohrwurm hatte Chris erst einmal ins rechte Ohr gesetzt. Nun galt es, sich von Stalin zu trennen. Bislang war es – wenn auch im höchsten Grade nervenaufreibend – so doch notwendig gewesen, mit Stalin in Kontakt zu bleiben. Doch die Umstände hatten sich geändert. Und es würde so leicht sein, die Verbindung zu kappen. Er musste nur die Uhr an seinem Handgelenk in den Standby-Modus schalten. Damit wäre die Sprechverbindung unterbrochen – zumindest war das während des Boston-Marathons so gewesen. Und wenn die Russen diese Uhr als genaue Replik von Brians Uhr angefertigt hatten, sollte sie auch genauso funktionieren. Doch eine Garantie war das nicht. Denn wenn die Russen verstanden, wie das Original tickte, hatten sie vielleicht einige kleine Modifikationen vorgenommen. Das war ein Risiko, das er nicht einzugehen bereit war. Es musste eine andere Lösung geben. Eine einfachere, eine …

Verdammt! Das, was er nun vorhatte, konnte er unmöglich in der Großaufnahme der Motorradcam tun. Außerdem benötigte er dazu beide Hände. Momentan waren die jedoch durch das Halten von Fernbedienung und Navigationsgerät gebunden.

Doch der Gott der Marathonläufer oder der früherer Agenten schien heute auf seiner Seite zu stehen. Sie hatten durch ihren fulminanten Zwischenspurt den Abstand zur Gruppe der Führenden bereits wieder auf rund zweihundert Meter verkürzt. Keine zwanzig Meter vor ihnen lief der Spanier Alonso Bacha. Er hatte entweder das Tempo der Besten nicht halten können oder – und das war für Christopher die offensichtlichere Annahme – er hatte sich bewusst zurückfallen lassen, um ihnen eventuell noch helfen zu können.

Johnson nickte kurz Brian zu und deutete dabei zum Spanier. Der verstand augenblicklich, und sie taten beide so, als würden sie sich bei Bacha anhängen.

Stalin reagierte sofort. „Sie haben keine Zeit sich auszuruhen."

„Nur einen Moment, großer Meister. Nur einen Moment", erwiderte Johnson nicht ganz so garstig wie die vielen Male zuvor.

Chris lief jetzt direkt neben Alonso, der sich am rechten Rand der Fifth Avenue orientierte. Brian hielt sich direkt neben Chris. Direkt vor ihnen fuhr das Motorrad, auf dessen Rücksitz der Kameramann die Cam gnadenlos auf sie richtete.

Johnson beorderte Harding mit einem kaum wahrnehmbaren Kopfnicken auf die andere Straßenseite, und Brian befolgte diesen Wink sofort.

Der Kameramann tat das einzig Sinnvolle: Er wies seinen Fahrer an, schneller zu fahren, um sowohl Harding als auch Johnson und Bacha im Fokus zu behalten. Natürlich gingen durch dieses Manöver die winzigen Details verloren. Wie die Übergabe von Fernbedienung und Navi an den Spanier. Der Griff an die Nase zum Sendepiercing.

Chris fand die beiden Enden des Fremdkörpers nach kurzem Ertasten und drehte …

Er schalt sich einen kompletten Idioten, nicht bereits vorher daran gedacht zu haben. Die meisten Piercings werden nur eingedreht. Im Grunde eine Schraube mit einer Mutter samt Gewinde. Ein Christopher Johnson hätte daran gedacht, diese zu vernieten. Aber Stalin war nicht Johnson. Vielleicht hatte er Stalin doch überschätzt? Anfänglich glaubte er sich mit dem russischen Mastermind auf Augenhöhe. Sollte der diese Kleinigkeit übersehen haben? War der russische Oligarch doch nur ein Blender, ein Großschwätzer, ein Verrückter mit Machtfantasien? Fast hoffte er es.

Und tatsächlich ließen sich die Piercings ganz leicht lösen. Erst die Nase, dann das Ohr.

„Was treiben Sie denn …", verstummte die Stimme an Christophers Ohr.

Stalin hatte es bemerkt. Verdammt!

Johnson musste reagieren. „Wer immer mich über den Ohrwurm hört. Ihre Männer sollten sofort die Schuhe loswerden. Stalin könnte sie jeden Moment zur Explosion bringen!"

Elisabeth Bancroft gab die Warnung sofort an Danes weiter. Read und West taten daraufhin das einzig Richtige.

Stalin fluchte. Es war gegen den Plan, die vierte Ziffer auf der Fernbedienung zu drücken. Aber die beiden durften so nicht davonkommen. Drei der Zahlen hatte er bereits gedrückt, und sein Zeigefinger schwebte über der finalen Acht, verharrte für eine Sekunde, um die Taste dann doch niederzudrücken.

Weit, weit weg gab es einen lauten Knall, doch zwei Zehntelsekunden zuvor hatten die beiden amerikanischen Hoffnungsträger gegen den bisherigen Glauben des Publikums die Gruppe der Führenden wieder erreicht, und die Menge brach in tosenden Jubel aus. Selbst die lauteste Explosion konnte das nicht übertönen. Und so konnten Brian und Chris den Knall ebenso wenig hören, wie das Mikrofon der Motorradcam es aufzeichnen konnte. Womit auch Stalin die Information versagt blieb, dass die Zündung erfolgreich war.

„Die Schuhe!", rief Edward Perkins plötzlich in den Regieraum. Sofort befahl er seinem Assistenten, den Motorradkameramann anzuweisen, die Laufschuhe von Harding und Johnson in Großaufnahme zu zeigen.

„Was soll das?"

Stalin drückte die Kombination abermals. Alles blieb, wie es war. Harding und Johnson liefen die Fifth Avenue hinunter. Er konnte sehen, wie die beiden diskutierten, doch nachdem auch Harding sich der Piercings entledigt hatte, konnte er sie nicht mehr hören.

Plötzlich änderte sich die Kameraperspektive. Die Kamera zoomte auf die Beine der beiden Läufer, die Füße mit ihren weißen Schuhen.

Stalin fluchte erneut. Er konnte doch nicht die Zahlen vertauscht …

Dann blickte er abermals auf den Bildschirm. Das was er dort sah, durfte nicht stimmen! Der Russe erkannte die Wahrheit, und ein Schrei bahnte sich seinen Weg durch den Hals.

„Aaaaaaaaaaahhhhhhhhhhhhhh!"

Die Klohäuschen! Die Schuhe! Sie mussten es irgendwie geschafft haben, sie … Er beugte sich zum Fahrer etwas nach vorne. „Fahren Sie los. Dann eben auf die gute, alte Art."

Damit griff er die Waffe in seiner Hand so fest, dass es ihn beinahe schmerzte.

James Bishop streckte seine Faust gen Himmel. „Ja! Wir haben ihn! Stalin fährt in einem blauen Chrysler Sebring die Lexington hinunter. Er ist auf Höhe der 119ten Straße", beobachtete er den Screen mit der Verkehrsüberwachungssoftware.

„Ihre Überwachung lief die ganze Zeit?“, fragte Peter Hunziker erstaunt.

„Verdammt“, zischte Bancroft, so laut, dass selbst Hawkins unter seinen Kopfhörern zusammenzuckte.

„Was ist?“, fragte Taylor Danes, der mit dem Beutel der nicht benötigten Schuhe gerade den Van betrat und ihn in einem der zahlreichen Fächer verstaute.

West und Read blieben draußen und warteten auf neue Instruktionen, als die Entwicklung der Geschehnisse sie zu Randfiguren machte.

„Wir sind auf der falschen Seite der Laufstrecke! Stalin ist auf der Lexington“, antwortete Elisabeth Bancroft, während sie auf ihrem iPhone die Karte des nördlichen Manhattans durchscrollte.

„Stimmt, zur Lexington müssen wir die Fifth kreuzen. Und mittlerweile kommen die ersten Läufer des Hauptfeldes …“

„Stanley?“, zerstörte Miss Bancroft die epischen Ausführungen des Marathonkenners Taylor Danes.

„Ja, Mam?“, kam von Turk zurück.

„Es ist Zeit für Sweet Home Alabama.“

„Geht klar, Mam. Fest-hal-teeeeeeeeen!“

Turk hatte das letzte Wort wie ein Marktschreier heraus gepresst und startete unverzüglich den Motor. Alabamas inoffizielle Nationalhymne hatte noch nicht die ersten drei Takte beendet, als die durchdrehenden Reifen des Vans Halt auf der Harlemer Straße fanden. Turks Passagiere fühlten sich wie an Bord eines startenden Space Shuttles. Hawkins, der auf einem Bürostuhl mit Rollen saß, hatte arge Not, auf dem Metallboden des Gangs nicht nach hinten zu rattern. Bancroft bekam gerade noch einen Griff über sich zu fassen, was bei der heftigen Beschleunigung des Wagens dazu führte, dass ihre Füße für einen sehr langen Moment vom Boden abhoben. Danes hatte sich instinktiv neben dem Fach, das er eben noch mit den Laufschuhen gefüllt hatte, auf den Boden geduckt. Peter Hunziker und James Bishop indes standen starr und fest wie tausendjährige Eichen zwischen ihrer abhebenden Chefin und diversen Utensilien, die von den Arbeitsoberflächen aufstiegen und sich dann in niedere Umlaufbahnen begaben. Bart Lucas, der mit einer eisernen Acht an einen der ausklappbaren Sitze gefesselt war, konnte sich nicht am allgemeinen Bemühen beteiligen, abhebende und umher fliegende Kleinteile auf- oder einzufangen.

Nur Stanley Turk schien an der von ihm geschaffenen Szenerie diebische Freude zu empfinden. Und spätestens, als der Van auf der Lennox Avenue in Richtung Süden donnerte und Lynyrd Skynyrd beim Refrain angelangt waren, fühlte er sich wieder als wichtiges Mitglied dieses Teams.

Sweet home!

Im Grunde fuhr der Van einen Teil der Strecke zurück, die sie zuvor in Manhattan hinauf gefahren waren. Es war sinnvoll gewesen, von Columbus Circle den westlichen Weg um die Absperrungen herum zu wählen. Es war jedoch unverzeihlich – und Elisabeth Bancroft war sich dessen vollauf bewusst – nicht vorhergesehen zu haben, dass Stalin sich östlich halten würde. Jetzt musste Turk am nördlichen Ende des Central Parks die Fifth Avenue überqueren – irgendwo hinter den Führungs- und Verfolgergruppen und vor dem Hauptfeld.

Als aus der Beschleunigung eine schnelle aber immerhin gleich bleibende Geschwindigkeit wurde, erwachte das Gespräch zum Leben.

„Wir haben West und Read vergessen", sagte Danes, nachdem er sich aufgerappelt hatte, mit einer Spur des Bedauerns.

„Das sind große Jungs. Die finden den Weg allein nach Hause", antwortete Bancroft trocken.

Doch dann hatte sie ein Einsehen. „Sagen Sie ihnen, sie können unseren Heli benutzen, der im Garvey-Park steht. Sie sollen sich zurück in die Zentrale bringen lassen."

Danes nickte und schnappte sich sein Handy, um die Nachricht weiterzugeben.

„Wie wollen wir vorgehen?", fragte Hunziker in die Richtung seiner Chefin.

„Erst einmal muss unser Hubschrauber von der Lexington runter. Hopkins sagte, dass er dort auf das Team wartet. Taylor, kümmern Sie sich bitte darum? Er soll nach Süden abdrehen, aber in der Nähe bleiben."

„Quasi schon erledigt, Mam."

„Und Stalin?", blieb Peter Hunziker unnachgiebig.

„Wir stellen ihn und verhören ihn. So einfach", konstatierte Bancroft.

„Jetzt hätten wir die Drohne gut gebrauchen können", klagte Danes leise.

„Verpasste Chancen sind mir egal", schoss Elisabeth zurück. „Wir kriegen Stalin auch auf die althergebrachte Art."

„Er agiert nicht allein. Was auch immer er plant – es könnte schon zu spät sein. Vielleicht sollten wir nicht warten, bis wir ihn festnehmen können", betonte Hunziker.

„Und dein Alternativvorschlag?", hakte Elisabeth nach.

„Den hat James vorhin bereits genannt."

James Bishop nahm die Vorlage gern auf: „Wir haben Präzisionswaffen in den Umlaufbahnen. Wir können Stalins Wagen in den Manhattaner Staub stanzen."

„Sagten Sie nicht, dass Sie minimalinvasive Methoden bevorzugen?", gab Taylor Danes zurück.

„Kollateralschäden sind unvermeidbar", antwortete Bishop ungerührt.

„Von welcher Größenordnung sprechen wir?", hakte Elisabeth Bancoft nach.

„Zwanzig bis fünfzig Meter Umkreis."

„Was meinst du, Peter?"

„Wohl doch … zu viel", kam zögerlich von Hunziker zurück.

Bancroft schüttelte den Kopf und bestätigte die vorsichtige Einschätzung ihres Assistenten. „Zu viel! Aber du hast Recht. Stalin ist nicht allein. Und wir wissen noch nicht, welche Fluchtpläne er sich zurecht gelegt hat. Wir behalten es als Alternative in der Hinterhand." An Bishop gewandt hakte sie nach: „Wie lange dauert es, diese Waffe auszurichten und abzufeuern?"

„Das ist abhängig von der jeweiligen Position des Satelliten. Aber niemals länger als drei Minuten", erklärte James.

„Wo ist Stalin jetzt?",

Bishop deutete auf den Screen der Verkehrsüberwachung, wo ein kleines, rotes Fähnchen die Lexington Avenue hinabwedelte.

„Und wir sind wo?", rief sie nach vorn.

Turk antwortete sofort: „Biege links in die 112te Straße. Fest-hal-teeeeen!"

Brian war gemeinsam mit Chris in ein immer noch schnelles, aber nicht mehr gewinnträchtiges Tempo verfallen.

„Es war nicht schlau, die Piercings wegzuwerfen", raunzte Brian seinen Kumpel an. „Jetzt werden wir nie erfahren, wo Elaine ist."

„Doch, das werden wir", beharrte Christopher Johnson. „Wie du vielleicht bereits bemerkt hast, sind wir hier nicht allein", und fügte sehr leise hinzu: „Sind wir nie gewesen."

„Was, wenn Stalin ein weiteres Mikro an unserem Körper oder im Trikot versteckt hat?", unkte Brian Harding.

„Dann wird das hier ein sehr kurzes Vergnügen", lächelte Chris zurück. Damit zog er das Halsmikrofon ein wenig höher. „Mit wem spreche ich?"

„Liz Bancroft!"

„Die Chefin persönlich. Ich bin beeindruckt. Nur zur Sicherheit: Wer kann uns außer Ihnen hören?"

„Niemand weiter. Sie beide sind direkt auf meinem Ohr! Was wissen Sie über Stalins Pläne?"

„Wo auch immer er zuschlagen will, es wird direkt an der Marathonstrecke liegen."

„Nun, da kommt nicht mehr viel", gab Bancroft sofort zurück.

„Dann bleiben nur das Metropolitan Museum oder der Zieleinlauf", engte Christopher Stalins mögliche Anschlagsziele ein.

„Im Ziel warten seit 9/11 immer Scharfschützen. Das wäre eine schlechte Wahl."

„Ergo: das Museum."

„Es sieht in der Tat danach aus. Doch selbst dort gibt es Kontrollen. Außer Kinderwagen und Wasserflaschen darf niemand etwas mit ins Museum nehmen", informierte ihn Elisabeth.

„Sagten Sie gerade Wasserflaschen?", verlangte Johnson zu wissen.

„Wissen Sie etwas darüber?", hakte Bancroft sofort nach.

„Die Russen hatten eine Kiste 1-Liter-Flaschen dabei."

„*Die* Russen?"

„Fünf, um genau zu sein. Vier sehen aus wie wandelnde Eichenschränke. Einer ist eher der schlanke Typ", mischte sich Brian ein, um sofort seine wichtigste Gegenfrage zu stellen: „Wissen Sie, wo Elaine ist? Ist sie in New York?"

„Miss Parker ist am Leben, aber noch in den Händen Stalins. Wir haben sie aufgespürt. Ein Team ist vor Ort, um sie zu befreien."

„Spezialisten?"

„Meine besten Männer!", flunkerte Bancroft. Sie wusste, dass es niemandem nützen würde, einen panischen Harding am Ohr zu haben. Sie hatten nebenbei noch ein klitzekleines anderes Problem.

„Die Wasserflaschen?", wollte sie das Gespräch darauf zurück bringen.

„Wo ist sie? Wie geht es ihr?", verlangte Brian zu wissen.

„Ihr Interesse ist durchaus verständlich, Mister Harding. Aber glauben Sie mir, dass wir bereits alles unternehmen, damit Ihrer Freundin nichts geschieht", blieb Elisabeth ruhig.

„Wenn Sie so sicher sind, dass nichts schief gehen kann, dann können Sie mir auch erzählen, wo Elaine jetzt ist."

Brians Hartnäckigkeit war im Moment für die Einsatzleiterin der CIA-Einheit mehr als störend. Bancroft wollte Stalin dingfest machen, sie wollte seinen Angriffsplan verstehen, sie wollte Unheil von New York City abwenden. Um des lieben Friedens Willen gab sie also nach. „Sie ist in einem grauen Lieferwagen auf der Fifth Avenue auf Höhe des Museums."

Harding erwiderte nichts. Für Elisabeth war die Sache damit beendet.

„Die Wasserflaschen?", wiederholte sie, diesmal eindeutig an Johnson gerichtet.

„Wir wissen nichts darüber. Aber wenn sich in einem Lieferwagen außer fünf vor Waffen starrenden Männern nichts anderes als eine Kiste Wasserflaschen befindet, dann ist das meines Erachtens etwas auffällig", rekapitulierte Johnson.

Harding erinnerte sich wie sein Kumpel an die Evian-Kiste im grauen Lieferwagen der Russen. „Und Stalin sagte vorhin ‚Unterschätze nie die Macht des Wassers'… oder so", fügte er hinzu und versuchte, sich an den genauen Wortlaut zu erinnern.

„Was könnte das Ihrer Meinung nach sein, Mister Johnson? Biologisch?", riss Bancroft ihn aus seinen Grübeleien.

„Bei Stalins akademischem Hintergrund würde ich beinahe darauf wetten. Die Möglichkeiten sind vielfältig. Er könnte das Trinkwasser kontaminieren, vielleicht auch das Wasser der Sprinkleranlage."

„Vorausgesetzt, er würde Zugang zu den entsprechenden Wassertanks oder Zuleitungsrohren bekommen", spann Bancroft den Faden weiter.

„Sagen wir, jeder der fünf Russen bringt eine Flasche mit hinein, dann hätten wir fünf Liter. Fünf Liter einer Flüssigkeit, die entweder wie Wasser aussieht und etwas komplett anderes ist oder Wasser, welches eine biologische Waffe enthält."

„Das gefällt mir gar nicht."

Plötzlich wurde vorne laut gehupt.

„Stanley?"

„Ich versuche, über die Fifth zu kommen."
„Wo ist das Problem?"
„Die Streckenposten scheinen sich vor uns zu vereinigen."
„Einen Moment, bitte", sagte sie, an Johnson und Harding gewandt. Dann ging sie nach vorne zu Turk. Tatsächlich standen ungefähr zehn Streckenposten vor dem Wagen und bildeten eine menschliche Kette. Elisabeth öffnete das Fenster der Beifahrertür und hielt ihren Ausweis vor die Augen der am nächsten Stehenden.
„Im Interesse unseres Landes müssen wir über diese Straße", sagte sie.
„Im Interesse des Ansehens dieser Stadt muss ich Ihnen das verwehren", lachte ihr einer der Zehn ins Gesicht.
Bancroft zog ohne ein weiteres Wort die Waffe und richtete ihren Lauf vage auf die Männer vor ihr. Die Kette löste sich augenblicklich in ihre Einzelteile auf.
„Ihr Land dankt Ihnen", grinste sie böse den Rädelsführer an. „Fahren Sie, Stanley."
Damit war sie bereits wieder bei Brian und Chris. Beim Überqueren der Fifth Avenue schaute sie aus dem Beifahrerfenster die Straße hinunter und konnte weiter hinten tatsächlich die beiden Läufer im orangefarbenen Laufdress erkennen.
„Ich hätte gerne Ihre Einschätzung, Mister Johnson. Plant Stalin einen biologischen Anschlag?"
„Könnte sein."
„Könnte sein? Das hilft mir nicht. Ja oder nein?", forderte sie.
„Ich will Ihnen mein Dilemma bei der Beantwortung dieser Frage schildern. Ich versuche alle Informationen, die wir bislang haben, mit einfließen zu lassen. Stalin schickt seine Männer ins MET. Er plant, Brian und mich mit Sprengladungen an den Füßen in die Nähe des Museums zu bringen. Dass ihm das nicht gelingen würde, konnte er ja kaum vorhersehen. Was also würde passieren, wenn wir mit den Bomben an den Beinen am nördlichen Ende des Metropolitan angelangt wären und er diese zünden würde? Sagen wir mal, dass er die Sprengung an

dem Punkt vornimmt, wo die Strecke die Fifth Avenue verlässt und in den Central Park führt."

„Eine Panik?", schlug Elisabeth Bancroft vor.

„Richtig, aber wo entlang würde die Welle der Panik verlaufen? Denken Sie sich New York als eine Stadt mit einem besonderen Verhältnis zu lauten Explosionen. Und das kann ich Ihnen versichern: Der Knall wäre ohrenbetäubend."

„Worauf wollen Sie hinaus?", verlangte Bancroft ungeduldig zu wissen.

„Die Hauptkraft der Panikwelle würde die Fifth hinunter verlaufen. Wahrscheinlich bis zum Museum oder gar daran vorbei."

„Und?", verstand Elisabeth noch nicht, worauf Johnson hinaus wollte.

„Die Panikwelle soll Stalins Männern die Flucht erleichtern."

„Also hat Stalin vorhergesehen, dass wir hinter das Ziel seines Anschlags kommen?"

„Gott bevorzugt den, der vorbereitet ist. Sie wissen das. Ich weiß das. Und Stalin ist auch kein Idiot. Stalin wollte einfach sicher gehen, dass seine Leute da raus kommen. Allerdings bereitet mir eine Sache Sorgen", fügte Christopher hinzu.

„Die da wäre?"

„Um ein komplettes Durcheinander zu erzeugen, benötigt man eine zweite Welle, die der ersten entgegen läuft."

„Eine zweite Explosion!", erkannte Bancroft, und zum ersten Mal an diesem Tag fuhr ein Schauder über ihren Rücken.

„Wo genau steht der Wagen der Russen?", verlangte Brian daraufhin zu wissen.

„Ungefähr zweihundert Meter südlich des Haupteingangs."

„Und darin ist Elaine gefangen?"

„Ja", gab Bancroft kleinlaut zu.

Harding erhöhte sofort seine Geschwindigkeit. Sie waren bereits in unmittelbarer Nähe des von Chris beschriebenen Punktes. In ungefähr fünfhundert Metern würde der Laufkurs die Straße verlassen und in den Park abbiegen. Wenn Brian, so seine Überlegung, vor dem geplanten Zeitpunkt der Explosion ihrer Schuhe diesen Punkt passierte und die Fifth Avenue hinunter spurtete, dann konnte er vielleicht vor der zweiten Explosion dort sein. Er hatte keine Ahnung, wie schnell sich eine Panikwelle fortpflanzte und ob er schneller sein würde. Aber er hoffte es zumindest.

Chris folgte Brians Antritt ebenso mühelos, wie er zuvor ohne schwere Atmung mit Bancroft gesprochen hatte. Es war keine Kunst, Brians Ziel seiner Tempoverschärfung auszumachen.

„Harding“, sagte Bancroft, „was haben Sie vor?“

„Das wissen Sie genau!“, schleuderte ihr der Läufer mit der Nummer 5417 entgegen.

„Wir haben dort Spezialisten!“, gab Bancroft zurück.

„Dann sagen Sie denen lieber, dass sie sich beeilen sollen!“, konterte Brian Harding, warf seine Sonnenbrille fort und erhöhte weiter das Tempo.

14

Roy Curran, der amerikanische Marathonmeister, hatte die Gunst der Stunde erkannt und sich abermals in den Windschatten seiner beiden Landsleute begeben. Ein kurzer Seitenblick bestätigte ihm, dass sie zumindest vorerst ein Trio blieben. Bacha ließ ebenso abreißen wie die Afrikaner.

Der Jubel der Massen kannte keine Grenzen. Drei Amerikaner in Front – man musste schon sehr weit in den Annalen dieses Laufs zurückblättern, um eine ähnliche Konstellation zu finden.

Doch Curran ließ sich von dem Applaus nicht tragen. Es sind noch mehr als zwei Meilen, begann er zu zweifeln. Kam sein Antritt zu früh? Er fühlte sich gut, und im Windschatten der zwei bislang unbekannten Läufer war er relativ kräftesparend unterwegs. Was also sollte passieren? Gleich würden sie die Straße verlassen und in den Park einbiegen. Die Strecke würde anspruchsvoller …

Plötzlich brachen die beiden anderen Amerikaner vor ihm aus. Anstatt der abgesperrten Strecke zu folgen und rechts in den Park abzubiegen, rannten sie geradeaus weiter. Sie stoppten kurz ab, zwängten sich unter der Absperrung hindurch und schoben sich unter dem Gejohle des Publikums durch die Menge.

Currans Mund stand offen, und er zweifelte an seinem Verstand. Wie konnte man so kurz vor dem Ziel … Er wandte sich um und sah, dass die Afrikaner aufholten. Verdammt, dachte er und beschleunigte wieder, lief unter die Bäume des Central Parks und rettete einen knappen Vorsprung von zwanzig Metern auf die letzten zwei Meilen.

Perkins blickte eine Sekunde lang auf den Monitor, ehe er im Regieraum von Channel 4 einen wahren Freudentanz aufführte.

„Es ist noch nicht vorbei!“, jubelte er und donnerte sofort an seinen Assistenten: „Die Cam bleibt an den beiden Flüchtigen.

Sehen Sie zu, dass Sie sie nicht aus der Linse lassen. Ich will alles sehen. Jederzeit. Splittscreen. Ein Bild für unsere beiden Ausreißer und eins für Curran und seine Verfolger."

„Und unser Hubschrauber?", fragte sein Assistent.

„Soll ebenfalls an den beiden bleiben", antwortete Perkins mit einem leicht verrückten Funkeln in den Augen.

Er ließ seinen Assistenten die weiteren Anweisungen geben und dankte innerlich dem Gott der Fernsehschaffenden für diese Chance.

„Wir werden heute TV-Geschichte schreiben", frohlockte er.

Stalin schaute auf sein iPad und damit auf die Übertragung von NBC 4. Er konnte nicht glauben, was er dort sah. Sein Griff um die Waffe wurde fester. Die Knöchel traten weiß hervor.

„Fahren Sie schneller", befahl er seinem Fahrer.

„Er ist zwanzig Meter vor uns", ächzte Bishop, nachdem Turk die Kurve auf die Lexington genauso rasant wie alle anderen Manöver zuvor absolviert hatte. Während sein Blick geradezu fasziniert an seinem Verkehrsüberwachungsbildschirm klebte, nutzte Elisabeth Bancroft ihre Position neben Turk, um den blauen Sebring des Russen mit bloßen Augen zu erspähen.

„Er wird schneller", sagte Turk laut genug, dass es auch die Agenten weiter hinten verstehen konnten.

„Kann er uns gesehen haben?", fragte Bancroft.

„So wie Stanley fährt, würde er in jedem Rückspiegel auffallen", meinte Peter Hunziker lakonisch.

Bancroft legte ihre Hand auf die Schulter ihres Fahrers. „Sie machen das gut, Stanley."

Turk lächelte. „Danke, Mam", und fügte nach einer gefühlten Ewigkeit hinzu: „Soll ich ihn abfangen?"

„Machen Sie's schnell. Und schütteln Sie ihn ordentlich durch. Ich möchte nicht in ein Sperrfeuer laufen."

Endlich gelang es Simon und Carter, die Aufmerksamkeit des Russen auf sich zu ziehen. Nachdem sie sich in gut zehn Metern Entfernung positioniert hatten, begannen sie einen lauten Streit, der nach und nach handgreiflicher wurde. Natürlich war es unmöglich, nicht von dieser Situation angezogen zu sein. Der Russe ließ sein Augenmerk für einen Moment von dem Lieferwagen ab. Ein Moment, den Truman und Hopkins nutzten.

Truman, der NSA-Mann, bewies dabei ungeahnte Fertigkeiten als Autoknacker. Sie stiegen über die hinteren Türen in den Lieferwagen ein, gerade, als Igor erkannte, dass es unvorteilhaft wäre, in der Nähe dieser Streiterei zu bleiben. Von einem Cop als Zeuge vernommen zu werden, war das Letzte, was er jetzt gebrauchen konnte. Eigentlich war er schon so gut wie weg. Er hatte beinahe erreicht, was er wollte. Zum Abschluss des genialen Plans brauchte es nur noch eine finale Winzigkeit.

„Sie haben mir immer noch nicht gesagt, warum Sie nicht sicher sein können, dass wir es mit einem biologischen Anschlag zu tun haben. Alles deutet schließlich darauf hin", nahm Bancroft das Gespräch mit Johnson wieder auf.

„Wie ist die Standardprozedur bei biologischen Anschlägen?", verlangte Christopher zu wissen.

„Zuerst kommt der Katastrophenschutz. Danach übernimmt das FBI", erklärte Bancroft.

„Und wir wären raus?", fragte Chris nach.

„Es gäbe ein Kompetenzgerangel, und wir dürften uns wahrscheinlich hinten anstellen", bestätigte die CIA-Agentin.

„Das habe ich mir gedacht", erwiderte Johnson.

Truman hatte sich im Lieferwagen über die große Holzkiste gebeugt. Die Kiste war aus langen Brettern gefertigt. Die Kanten, Ecken und das Schloss waren metallisch. Zudem war die Kiste am Boden mit Schnüren festgebunden. Allerdings hatte sich diese Form der Befestigung bereits etwas Spiel erarbeitet.

Die Schnur führte an den Seiten relativ schlaff zum Boden. Floyd Truman untersuchte zuerst das Schloss, doch das würde einer Haarnadel oder einem anderen primitiven Hilfsmittel sicherlich standhalten.

Josh Hopkins stand daneben und suchte mit den Augen nach etwas Brauchbarem.

„Miss Parker?", fragte Floyd und beugte sich noch etwas tiefer in die Nähe eines der zahlreichen Belüftungslöcher.

„Ja?", antwortete eine erschreckend schwache Stimme.

„NSA New York, Agent Truman", erwiderte er.

„Gott sei Dank!", flüsterte Elaine. Ihre Stimme hatte bereits etwas an Festigkeit gewonnen.

Josh stieß seinen NSA-Kollegen an die Schulter. Als der sich ihm zuwandte, versuchte der CIA-Agent, ihm mit Gesten klarzumachen, dass sie kein Werkzeug zum Öffnen der Kiste dabei hätten.

„SWAT-Team an Einsatzleitung. Werden in zwei Minuten den Einsatzort erreichen. Erbitte Aufklärung über Ziel und Inhalt der Mission", hörte Bancroft die dunkle Stimme des Teamleaders, nachdem sie sich das von T. J. gereichte Headset aufgesetzt hatte.

„Hier Einsatzleitung", antwortete sie. „Nehmen Sie Position auf der 80sten Straße ein, und warten Sie auf weitere Anweisungen."

„Mam", sagte daraufhin die gleiche Stimme, Sie wissen wahrscheinlich, dass wir nicht für das Warten ausgebildet wurden."

„Information ist angekommen, Teamleader", versetzte Bancroft trocken, „allerdings haben wir noch kein klares Ziel. Eine Gruppe von fünf potenziellen Terroristen hält sich noch im Museum auf, wird dieses aber in Kürze wieder verlassen und in einen grauen Lieferwagen auf der Fifth steigen."

„Wo wir sie erwarten werden", konterte der Teamleader.

„Negativ. Meine Männer sind dort mitten in einer Geiselbefreiung."

„Mit Verlaub, das würden wir auch hinbekommen."

„Woran ich nicht zweifle, Teamleader. Dennoch werde ich die laufende Aktion nicht unterbrechen. Warten Sie wie befohlen. Einsatzleitung Ende."

Genervt gab Elisabeth das Headset wieder in Hawkins' Hände zurück. „Dieses verdammte Testosteron", kommentierte sie das eben geführte Gespräch.

„St-st-stimme Ihnen zu", nickte T. J. Hawkins und ratterte mit dem Stuhl an seinen Platz zurück.

Argwöhnisch schaute Allan Quaid auf die Überwachungsbildschirme des MET. Der Sicherheitschef des Museums konnte nicht glauben, was er dort zu sehen bekam.

Die Aufnahmen, so zeigte ihm die unten im Bild eingeblendete Uhrzeit, waren zwanzig Minuten alt.

„Es hat eine Weile gedauert, bis ich erkannt habe, was die Typen da treiben", kommentierte Victor Smithie.

Smithie war einer von drei Mitarbeitern der Frühschicht. Und er hatte Quaid auf den Vorfall aufmerksam gemacht. Eine kleine Gruppe vermeintlicher Bodybuilder hatte sich in den Flügeln des Museums verteilt und befeuchtete aus den mitgeführten – und eigentlich zulässigen – Wasserflaschen alle Gegenstände, die das Potenzial besaßen, von vielen Besuchern angefasst zu werden. Mit einem offensichtlich aufgeschraubten Sprühaufsatz verteilten sie den Inhalt der Evian-Flaschen auf Türgriffen, Geländern und Cafeteria-Tischen.

„Ich zähle vier", kommentierte Quaid, nachdem er die Überwachungsvideos verglichen hatte.

„Ja, vier", bestätigte Smithie nicht in dem Feuereifer, den Allan Quaid von ihm erwartet hätte.

In ihrer langjährigen Anstellung in den Diensten des Museums hatten die beiden unzählige Fälle von vergessenen und potenziell gefährlichen Gegenständen erlebt. Diese Variante war neu. Erschreckend neu.

„Sind sie noch im Gebäude?"

Smithie wies auf die Direktübertragung der Eingangstür. „Jetzt nicht mehr."

Stanley Turk hatte sich hinter den Sebring gehängt und wollte gerade zum Angriff blasen, als der urplötzlich scharf rechts in die 83ste Straße einbog. Da Turk eigentlich vorhatte, dem Chrysler den Weg in einem weiten Bogen abzuschneiden, war er bereits nach links ausgewichen und musste jetzt eilig zurück in seine Spur, um selbst noch die Kurve zu kriegen.

„Er will zum Museum", sagte Stanley zu Elisabeth Bancroft, die immer noch neben ihm stand und sich, so gut es eben ging, festhielt. Sie drehte sich einen Moment lang um und blickte dabei auf den Flachbildschirm, auf dem – scheinbar von keinem ihrer Teammitglieder beachtet – weiter die Marathonübertragung lief. Das Bild war in zwei Teilbilder aufgeteilt. Splittscreen, wie es so schön heißt. Auf dem rechten Teil konnte man den Lauf des Führenden im Central Park verfolgen, doch im linken Bereich sah sie Harding und Johnson. Auf der Fifth Avenue! Die Motorradcam fuhr hinter ihnen und zeigte Elisabeth so, wo die Reise hin gehen sollte. Zum Museum.

„Jetzt weiß ich auch, *warum* Stalin dort hin will!", sagte Bancroft.

Josh Hopkins blickte durch die Fenster der Hintertüren und sah vier verdächtige Gestalten über den Vorplatz des Museums ziemlich gerade auf den Wagen zukommen.

„Die Zeit drängt, Truman. Wir bekommen Besuch."

Floyd Truman klopfte daraufhin an die linke Seite der Kiste. „Kriechen Sie soweit wie möglich an diese Wand, Miss Parker."

Im selben Moment zog er seine Waffe und begann, einen Schalldämpfer aufzuschrauben.

Josh schaute ihm kritisch dabei zu. „Immer alles am Mann, was?", witzelte er.

Truman nickte ihm zu und klopfte abermals an die linke Kistenseite. „Sind Sie hier, Miss Parker?"

„Ja. Bin so klein wie irgend möglich."

Dann trat er rechts neben die Kiste und zielte auf das hintere Ende des ersten Bretts. Die Flugbahn durfte auf keinen Fall den Rahmen treffen und damit zum Querschläger werden. Auch versuchte Floyd, die mögliche Flugbahn so zu legen, dass er nicht zufällig auf den Vorderreifen des Lieferwagens zielte.

Plopp, Plopp, Plopp.

Floyd hoffte, dass fünf Löcher pro Bohle genügen würden. Zum einen hatte er nicht genug Magazine dabei, und außerdem würden sie hinterher die Hülsen einsammeln müssen. Nächste Bohle. Plopp, Plopp …

Nachdem er drei übereinander liegende Bretter auf diese Weise bearbeitet hatte, stellte er sich ans hintere Ende der Kiste, suchte festen Halt, indem er seinen Rücken gegen die Wand des Lieferwagens drückte, und trat fest dagegen.

Das erste Brett brach nach drei Versuchen und öffnete einen rund fünfzig Zentimeter breiten Spalt. Das zweite Brett leistete weniger Widerstand und knickte bereits nach einem Tritt ein. Das dritte brauchte fünf Tritte, doch dann war der Weg frei.

„Kommen Sie, Miss Parker", reichte Truman ihr seine Hand ins Dunkel der Kiste. Rachel Elaine Parkers Hand war weiblich schlank, doch ihr Griff war fest. Mit der Unterstützung ihres ehemaligen Kollegen kämpfte sie sich ins Freie. Obwohl es nicht allzu hell im Inneren des Lieferwagens war, kniff sie die Lider zusammen und hatte Mühe, sich an die relative Helligkeit außerhalb der Kiste zu gewöhnen.

„Vielen Dank, meine Herren", sagte sie, nachdem sie erkannt hatte, dass zwei Agenten zu ihrer Rettung geeilt waren.

Floyd Truman schob die leere Kiste so weit an die rechte Wagenseite wie es die Schnüre zuließen. So waren die zerstörten Bretter nicht sofort zu sehen, wenn die Russen einsteigen würden. Dann sammelte er in aller Eile die Patronenhülsen ein und stopfte sie in seine Anzugtaschen.

„Jetzt raus hier", sagte Truman und drängte zu den hinteren Flügeltüren des Transporters.

Doch Hopkins sah, dass sich die vier Bodybuilder dem Wagen bereits bis auf fünf Meter genähert hatten, duckte sich nach unten und hielt sie mit ausgestrecktem Arm zurück.

„Hier kommen wir nicht mehr raus."

„Hey", verteidigte sich Christopher Johnson, „das war nicht meine Idee", und antwortete damit auf Bancrofts Frage, warum er seinen Freund nicht davon abgehalten habe, die Laufstrecke zu verlassen.

„Das dachte ich mir bereits. Aber hätten Sie nicht irgendetwas tun können?", blieb Bancroft ungnädig.

„Wie Sie wissen, habe ich bereits ein Auge auf ihn", konterte er und wurde sich erst dann bewusst, dass eben jener Mensch, um den es bei ihrem Disput ging, neben ihm lief ... und mithörte.

„Du hast ein Auge auf mich?", fragte Brian und blickte zu seinem Kumpel hinüber. Christopher konnte erkennen, dass Brians Synapsen auf Hochtouren arbeiteten. Die folgerichtige Frage kam dann auch sofort: „Nein! Du hast hiervon *gewusst*?"

Johnson zierte sich ein wenig. Doch so sicher, wie er davon nicht nur gewusst hatte, so sicher würde Brian nicht nachlassen, bis er ihm die Wahrheit gesagt hätte. Also tat er das Unvermeidliche.

„Schlimmer noch", antwortete er mit einem möglichst schuldbewussten Blick, „ich habe es geplant."

Die vier muskulösen Männer hatten den Transporter beinahe erreicht, als Igor zu ihnen trat. Er drängte sich vor, nahm die Türgriffe mit beiden Händen und riss die Flügeltüren mit einem Ruck auf.

Der Innenraum war leer, bis auf die Kiste am rechten Rand. Sein Blick streifte die Kiste, doch er war mit seinen Gedanken zu weit vom Hier und Jetzt entfernt, um bewusst wahrzunehmen, dass sie etwas anders stand.

Drei von Igors vier Mitstreitern stiegen sofort hinten ein. Der Vierte ging nach vorn zur Fahrertür und nahm dort Platz.

„Fahrt zum vereinbarten Treffpunkt. Ich komme nach", sagte Igor. Dann schlug er die Türen wieder zu.

In buchstäblich letzter Sekunde hatten Truman und Hopkins mit Parker den Wagen durch die Fahrertür verlassen und sich zuerst vor dem Fahrerhaus niedergeduckt, um nicht doch noch durch die Frontscheibe von den Russen entdeckt zu werden. Vorsichtig schlichen sie sich nun im Schutz parkender Fahrzeuge weiter die Fifth Avenue entlang. Floyd Truman und Josh Hopkins mussten Rachel Parker mehr tragen, als dass sie selber laufen konnte. Erst als sie fünfzig Meter weiter südlich und völlig außer Atem waren, überquerten sie die berühmte Straße an einer Ampel im Schutz der Passantenmenge.

Hopkins rief sofort Bancroft an. „Wir haben sie. Mission erfüllt."

„Gut, halten Sie sich von nun an zurück. Ich gebe dem SWAT-Team den Einsatzbefehl."

Elisabeth bedankte sich und trennte die Verbindung.

„Teamleader?"

„Ja, Mam?"

„Sie haben Einsatzfreigabe. Ein grauer Lieferwagen mit der Aufschrift ‚Metropolitan' auf dem Parkstreifen vor dem Museum. Zirka einhundert Meter südlich des Museumseingangs. Vier oder fünf Männer. Sicherlich bewaffnet. Festnehmen. Nicht töten."

„Verstanden", kam die dunkle Stimme des Teamleaders zurück, und sie klang ungleich motivierter als zuvor.

„Halten Sie mir diesen Kanal für die Kommunikation mit dem SWAT-Team offen", befahl sie Hawkins.

Im selben Moment musste sie sich bereits wieder festhalten. Sie steckten immer noch mitten in einer Verfolgungsjagd.

Stalins Wagen bog links in die Fifth Avenue ein, als sein Fahrer den verfolgenden Van bemerkte. Stalin ignorierte jedoch dessen Warnung und blickte abwechselnd auf den linken Teil des Splittscreens und auf die Fifth Avenue. Irgendwo hier mussten Johnson und Harding …

Da! Stalin sah zuerst die Motorradcam und dann auch die beiden Läufer. Die orangen Trikots fielen im Kunterbunt aus Marathonpublikum, normalen Touristen und echten New Yorkern so wenig auf wie zwei Blumen auf einer Sommerwiese. Ein eher langsam fahrendes Motorrad mit dem Kameramann als Sozius war indes ein kaum zu übersehender Kontrapunkt im Strom der Fahrzeuge.

„Der Riesen-Van ist jetzt wieder direkt hinter uns", sagte Stalins Fahrer, doch der Angesprochene hatte nicht die Zeit, sich damit zu befassen. Stalin wollte die Panik, die ihm versagt worden war, und er brauchte sie jetzt. Er legte sein iPad zur Seite, ließ das rechte Seitenfenster herunter und zielte mit seiner Waffe auf die beiden Läufer, die meinten, ihn narren zu können.

„Dichter ran!", befahl er nach vorne.

Der blaue Sebring reihte sich in den fließenden Verkehr in die mittlere Spur ein. Rechts neben ihm fuhr das Motorrad von NBC Channel 4. Gleich würde die Liveübertragung im linken Teil des Splittscreens deutlich an Dramatik gewinnen. Denn mehrere Schüsse auf die Läufer würden eine herrliche Panik erzeugen.

Stalin schmunzelte. Dann legte er an und zielte dabei zuerst auf Johnson.

Brian und Chris liefen den Lauf ihres Lebens. Brian Harding, um die Frau, die er liebte, aus den Klauen des russischen Oligarchen zu befreien. Und Christopher Johnson, weil er sich in nicht geringem Maße für all das hier verantwortlich fühlte. In der Stunde der größten Not wollte er auf keinen Fall, dass seinem Kumpel oder dessen Freundin ein Leid geschah. Er wusste, dass Brian unendlich viele Fragen haben würde, und er wusste ebenso, dass er auch auf jede dieser Fragen mit der absoluten Wahrheit antworten würde. Viel zu lange hatte er schweigen müssen. Doch momentan gingen sie an ihre letzten körperlichen Reserven. Sprechen war ihnen, selbst unter dem Einfluss seines meisterlichen Dopings, kaum noch möglich. Der unvermeidliche Disput musste vorerst warten. Chris hoffte nur, dass die Dopingsubstanz sie lange genug mit Ausdauer versorgen würde, um Elaine zu retten. Alles andere war nebensächlich. So zumindest glaubte er, bis er aus irgendeinem inneren Antrieb nach links auf die Straße blickte, eine Waffe aus einem dunklen Wagen auf sich gerichtet sah und Bancroft sie über den Ohrwurm aufforderte, sich auf den Boden zu werfen.

Elisabeth Bancroft hatte die Bedrohung vorhergesehen, die von Stalin in diesem Moment ausging. Doch der Sebring vor ihnen schaukelte hin und her und machte Turk seinen Job schwer. Gerade als sie ihre beiden Schutzbefohlenen gewarnt hatte, fuhr der Sebring für einen Augenblick absolut ruhig und parallel zur Motorradkamera von Channel 4.

„Festhalteeeeeen", intonierte Stanley Turk abermals, der die Chance ebenso erkannt hatte und dem blauen Sebring von hinten links in die Seite rammte. Ein lautes Krachen verhieß das Brechen von Metall auf beiden Seiten. Die Wucht riss alle Beteiligten aus den Sitzen. Unmittelbar nach dem Crash hörte Bancroft einen Schuss. Sie rappelte sich wieder auf, blickte hinaus und entdeckte die beiden Läufer am Boden. Doch sie hatte zu sehr auf den Wagen vor ihnen geachtet, um jetzt sagen zu können, ob Johnson sich und seinen Freund vor dem Knall in Sicherheit hatte bringen können.

Ihr Van hatte den Sebring bis an den rechten Fahrbahnrand geschoben. Glücklicherweise war die Spur, die den Bussen und Taxis vorbehalten war, an dieser Stelle frei. Mit einem lauten metallischen Ächzen kam ihr kleiner Tross zum Stehen. Wenige Meter vor ihnen lag auch das Motorrad des TV-Senders, doch der Sozius hatte sich bereits aufgerappelt und filmte fleißig weiter. Und die Kamera zeigte in diesem Moment auf Peter Hunziker, der mit vorgehaltener Waffe auf den blauen Wagen losgestürmt war, und nun gemeinsam mit Taylor Danes den Mann herauszog, der ihr Team an diesem Morgen kreuz und quer durch die Stadt gehetzt hatte: Stalin!

Dessen ungeachtet hatte der Russe sein Ziel erreicht. Die erste Panikwelle hatte sich gebildet und pflanzte sich den Bürgersteig entlang in beide Richtungen fort. Ein Teil der aufgebrachten Menge rannte die Fifth Avenue hinauf und der Absperrung des Marathonlaufes entgegen, während der Rest der flüchtenden Masse die andere Richtung einschlug, die am Haupteingang des Museums vorbei führte. Und der sich – das konnte Bancroft jetzt erkennen – Johnson und Harding anschlossen.

Der graue Lieferwagen mit dem beidseitigen Schriftzug des Museums hatte den Blinker gesetzt. Der Hüne am Steuer parkte vorsichtig aus und reihte sich in den Verkehr gen Süden ein.

Von Norden herab kamen Menschen die Fifth Avenue gelaufen. Manche drängten zum Museumseingang, andere liefen an ihm vorbei. Igor ließ sich von der tobenden Menge mitziehen. Langsam, doch auf gebührenden Abstand bedacht, folgte er dem Weg seiner vier Muskelmänner.

Gerade als der Wagen die Einmündung der 81sten Straße passiert hatte, schoss aus eben jener ein blauer Transporter mit der Aufschrift SWAT auf den grauen Lieferwagen zu. Dieser beschleunigte sofort, doch der SWAT-Transporter blieb dran.

Igor grinste. Das wurde ja immer besser! Beide Wagen passierten nahezu gleichauf die Kreuzung der Fifth mit der 79sten Straße. Igors Schritte beschleunigten sich etwas. Beinahe gelangweilt holte er ein kleines Gerät aus seiner Jackentasche, nicht größer als fünf mal zehn Zentimeter, zog aus dem Gerät eine kleine Antenne bis zu einer Länge von knapp fünfzehn Zentimetern heraus und drückte eine einzige Taste.

Ein donnerndes Krawumm hob den grauen Lieferwagen beinahe drei Meter über den Boden, ehe er als brennender Feuerball zurück auf den Asphalt krachte. Der bis dahin auf gleicher Höhe fahrende SWAT-Transporter wurde von der Druckwelle quer über die Straße bis an den linken Bordstein geschoben, wo er auf die Seite kippte und mit einem lauten, metallischen Quietschen zum Liegen kam.

Die vorhersehbare Folge waren Bremsmanöver und Auffahrunfälle der Wagen dahinter. Igor grinste. Es war herrlich. Die Explosion des Lieferwagens mitten auf der Fifth Avenue sorgte für die beabsichtigte zweite Panikwelle.

Keine CIA, keine NSA, noch kein Katastrophenschutz und noch kein FBI. Niemand da, der ihn aufhalten konnte. Und mitten in dem entstehenden Tohuwabohu umherirrender Menschen verschwand der Mann, der den größten Schatz der Vereinigten Staaten von Amerika in seiner Hosentasche trug, genau so, wie es von Anfang an geplant war.

Zwanzig Sekunden zuvor hatte sich Brian gemeinsam mit Chris aufgerappelt und war eilig weitergelaufen. Schneller, nur schneller! Er wollte, er musste Elaine retten!

Ihm war egal, was in seinem Rücken geschah. Christopher hatte ihn zu Boden gestoßen, Brian hatte einen Schuss gehört und das Krachen eines Unfalls direkt hinter ihnen. Doch er lief weiter, hatte längst den Haupteingang des Museums passiert und suchte nach dem grauen Lieferwagen, den Bancroft ihm beschrieben hatte. Den Lieferwagen, in dem Elaine gefangen gehalten wurde.

Da, der Wagen parkte gerade aus, wollte hinaus auf die erste Spur ziehen. Und er – Brian – war noch viel zu weit entfernt. Abermals erhöhte er seine Schrittfrequenz. Wenn sie mit ihr wegfuhren …

Dann explodierte der graue Lieferwagen. Ohne ein Zeichen einer Vorwarnung. Er hob ab, es zerriss ihn in der Luft, und er fiel wieder herab. Der Wagen brannte hell. Gierig leckten die Feuerzungen nach jedem Sauerstoffmolekül in der näheren Umgebung. Eine dunkle Rauchsäule bildete sich, und Brian wusste sofort: Niemand darin würde dies überlebt haben.

Brian Harding geriet ins Stolpern und ging zu Boden. Auf den Knien schaute er die Straße hinunter auf das brennende Inferno und schrie: „Neiiiiiin!“

Christopher Johnson sah das Drama aus gebührendem Abstand. „Sagen Sie mir, dass Ihre Männer es noch geschafft haben“, verlangte er von Elisabeth Bancroft zu wissen.

Eine Weile war es still in ihren Ohrwürmern. Christopher sah, dass Brian sich langsam zu ihm umdrehte, und genau wie er selbst auf die vielleicht erlösende Antwort wartete.

„Rachel Elaine Parker lebt und ist in Sicherheit!“, nahm ihnen Bancroft schließlich die Angst.

Die Nachricht trieb nicht nur Brian Harding die Tränen in die Augen. Auch Christopher fiel ein riesiger Stein vom Herzen.

Doch es blieb keine Zeit, diese Gefühle wirklich auszuleben. Sofort richtete Elisabeth Bancroft wieder das Wort an ihn: „Sie wollten mir noch erklären, warum es so schwer für Sie ist, an einen biologischen Anschlag zu glauben“, mahnte sie seine ausstehende Begründung an.

„Stalin hat alles dafür getan, dass ich – dass wir – denken sollten, er würde einen biologischen Anschlag durchführen. Ich halte es für sehr wahrscheinlich, dass er das Ganze nur vortäuschen wollte. Überlegen Sie doch: Sie haben eben gesagt, dass die Standardprozedur unseren zeitlichen Vorsprung auffressen würde. Ich glaubte, Stalin wollte uns Glauben machen, er hätte das Metropolitan verseucht, um Zeit für die Flucht seiner Leute zu gewinnen. Wenn ich auf den brennenden Lieferwagen schaue, war das wohl nicht der Grund. Ergo gibt es einen Plan hinter dem Plan. Stalin hat ein ganz anderes Ziel, als wir bisher angenommen haben.“

„Nehmen wir für einen Moment an, dass Sie Recht haben. Was ist dann sein wirkliches Ziel?“

„Irgendetwas aus dem Museum“, antwortete Chris und hob dabei unbewusst die Schultern.

„Das bedeutet, wir vergessen alles, wonach es momentan aussieht und folgen allein Ihrer Intuition?", fragte Elisabeth skeptisch.

„Das wäre meine Empfehlung. Eines kommt noch hinzu. Stalin ist, wie Sie wissen, Kulturattaché und genießt damit diplomatische Immunität. Im Fall, dass ihm nachgewiesen werden würde, an der Planung und Organisation eines terroristischen Anschlags beteiligt gewesen zu sein, würde er eben diese Immunität verlieren. Stalin ist vieles, aber gewiss kein Idiot", schloss Johnson.

Eine Weile blieb es still in ihrer Sprechverbindung. Dann hatte die CIA-Einsatzleiterin doch noch eine Frage. „Was meinen Sie dazu, Brian? Soll ich der Empfehlung Ihres Freundes folgen? Oder … Ich will es anders formulieren: Was wäre, wenn Ihre Freundin im Museum wäre und Sie zwischen dem potenziellen Wohl Ihrer Freundin und der Intuition Ihres Freundes entscheiden müssten?"

Brian sah zu Chris. Dem Mann, der sie offensichtlich in all dies reingeritten hatte. Dem er zu ‚verdanken' hatte, dass er Elaine tot geglaubt hatte. Der zugegeben hatte, dies sogar geplant zu haben. Und der, falls eben dies stimmte, wahrscheinlich auch einen gewissen Anteil daran hatte, dass Elaine noch lebte. Und zugleich schaute er auf den Freund, der ihn nie hintergangen hatte, der seit Jahren loyal zu ihm gehalten und ihn durch manch persönliche Niederlage begleitet hatte. Brians Antwort war so einfach wie folgerichtig.

„Ich würde Chris vertrauen."

Christopher Johnson sah seinen Kumpel an, der offensichtlich wieder zu ihm zurückgefunden hatte und dankte ihm mit einem stillen Blick.

Brian und Chris standen inmitten der kopflos umherlaufenden Passanten wie zwei Felsen in der Brandung. Sie sahen sich an, und das alte Gefühl von Freundschaft kam endlich zu ihnen zurück. Das Verstehen allein mit Blicken, das Erkennen von Andeutungen …

„Und was, wenn Sie Unrecht haben und wir eine biologische Seuche oder Schlimmeres riskieren?“, konnte sich Bancroft offensichtlich immer noch nicht entschließen, Johnsons Empfehlung zu folgen.

Der konterte lässig: „Was würden Ihre Profiler Stalin attestieren? Ist da ein bislang unterdrückter Hang zum Massenmörder?“

Diese Bemerkung schien ihren Widerstand zu brechen.

„Okay, Mister Johnson. Ich folge Ihrer Empfehlung.“

„Gut. Allerdings sollte jemand im Museum anrufen. Wenn die irgendetwas mitbekommen haben und den Katastrophenschutz rufen, dann wird es hier gleich noch unübersichtlicher.“

Gerade, als er diesen Satz beendet hatte, sah er hinüber in die einmündende 81ste Straße und erkannte dort Rachel Elaine Parker mit zwei Männern.

Er wollte die beste aller Neuigkeiten gerade an Brian weitergeben, als der ihn rief.

„Chris! Da vorne! Das ist Igor!“

Allan Quaid nahm den laminierten Zettel für die Handlungsabfolge bei einem biologischen Anschlag und las ihn für sich und Smithie laut vor: „1. Türen zu. 2. FBI anrufen und den Katastrophenschutz.“

In dem Moment gab ihm sein Kollege den Telefonhörer. „Für Dich. Die CIA.“

Nachdem Bancroft im Museum Entwarnung gegeben hatte, dass es sich doch nicht um einen biologischen Anschlag handelte, beorderte sie sofort ihren hinter der Lexington wartenden Helikopter zur Hilfe auf die Fifth. Noch war nicht klar, ob das SWAT-Team mit heiler Haut davongekommen war. Der Einsatzwagen war gepanzert, doch niemand in dieser rollenden Festung konnte ahnen, dass der ganze Wagen mit ungeheurer Wucht zur Seite gestoßen werden würde. Die Officer der Streifenwagen, das Helikopterteam, eintreffende Rettungsteams – sie alle würden sich um das SWAT-Team kümmern.

Elisabeth Bancroft, Leiterin des Einsatzteams, schob die Gedanken an die eventuell verletzten Kollegen weit von sich. Sie hatte in diesem Moment eine klar definierte Stufe-Eins-Priorität. Die betrat in diesem Moment ihren Wagen durch die hintere Tür.

Peter Hunziker stieß den russischen Oligarchen in ihren Maxi-Van. Bancrofts Assistent ließ dabei jegliche professionelle Zurückhaltung vermissen: „Endlich haben wir dich, du verdammter Teufel!“, schnauzte er den Russen an.

Taylor Danes trieb derweil Stalins Fahrer vor sich her. Bishop flankierte sie. Als die kleine Gruppe den fest geketteten Lucas passierte, versuchte Bancroft eine Spur gegenseitigen Erkennens zwischen dem NSA-Chef und dem Russen zu entdecken. Doch während Bart Lucas das Geschehen interessiert aber stumm verfolgte, ließ Stalin ihn unbeachtet.

Danes übergab Bancroft eine durchsichtige Plastiktüte, die eine schwarze Pistole mit aufgeschraubtem Schalldämpfer enthielt.

„Seine?“, fragte Elisabeth und nickte dabei in Stalins Richtung.

Taylor Danes bestätigte. „Sie war ihm wohl durch dem Aufprall aus der Hand gefallen. Er war gerade dabei, sie unter dem Vordersitz zu suchen.“

Gut, dachte Elisabeth, dass Turk dem Russen wirklich mit Karacho in die Seite geknallt war. Der Gedanke brachte sie zurück zu ihrer gegenwärtigen Situation.

Draußen waren währenddessen die Sirenen der ersten am Tatort eintreffenden Streifenwagen zu hören. Das Chaos drohte also noch größer zu werden.

„Stanley, bringen Sie uns aus der Fahrrinne. Wir behindern den ganzen Verkehr. Ich habe jetzt keine Zeit für die Cops.“

„Sofort, Mam“, bestätigte Turk und schob den blauen Sebring mit lautem Knarzen und anfänglich durchdrehenden Reifen auf den Bürgersteig. Ihren Van platzierte er direkt hinter dem Chrysler des Russen.

In dem Moment wurde ihr bewusst, dass sie tatsächlich den Tag gerettet hatte. Sie hatten Harding und Johnson gerettet. Sie hatten Parker gerettet. Und … sie hatten Stalin!

Mit zwei Schritten war sie neben Hunziker getreten und blickte dem Feind in die Augen. „Jewgenij Iwanowitsch Andropow, genannt Stalin. Es hat ein wenig gedauert, doch nun haben wir Sie!"

„Ihr Aushilfsclown hier meinte, ich wäre verhaftet. Meinen Sie wirklich, dass Sie das können?", fragte der Angesprochene, und ein leises Lächeln umspielte dabei seinen Mund.

„Darauf kannst du Gift nehmen, du …", wollte Peter Hunziker wieder lospoltern, doch Bancroft unterbrach ihn.

„In der Tat werde ich eine Reihe von Anschuldigungen gegen Ihre Person vorbringen, die jede für sich eine Festnahme unumgänglich macht. Und das ungeachtet Ihres diplomatischen Status", ließ sich Elisabeth nicht aus der Ruhe bringen.

„Na dann fangen Sie mal an. Ich bin sicher, dass keiner Ihrer Vorwürfe eine Verhaftung rechtfertigt", blieb Stalin seinem anfänglichen Lächeln treu.

Einen Moment war Elisabeth irritiert. Warum war sich der Russe nur so sicher, dass ihm nichts passieren würde?

„Fangen wir mal ganz klein an. Sie haben zwei amerikanische Staatsbürger wiederholt mit dem Tod oder zumindest körperlicher Verstümmelung bedroht."

„Mit der Androhung allein knacken Sie nicht meine diplomatische Immunität als Kulturattaché."

Touché, dachte Bancroft. Doch äußerlich ungerührt legte sie nach: „Sie haben einen terroristischen Anschlag auf das Metropolitan Museum of Art geplant und durch ihre Helfer durchführen lassen."

„Wenn Sie mich in dieser Form anklagen wollen, sollten Sie es auch beweisen können", schmunzelte Stalin. „Ich bezweifle, dass Ihnen Aussagen vorliegen, die das vermögen. Oder liegen Ihnen dergleichen von meinen – wie Sie es nennen – Helfern vor?"

Daher wehte also der Wind. Die Explosion war ein sorgfältig vorbereiteter Teil des Plans. Er hatte sich all der potenziell belastenden Stimmen entledigt, noch bevor sie ihm gefährlich werden konnten. Hatte Stalin gar damit gerechnet, gefangen genommen zu werden? War es so gesehen wirklich ein Zufall, dass es einen toten Russen in Brooklyn gab?

„Vielleicht ist Ihr Fahrer ja gesprächiger, als Sie es sind. Außerdem haben wir noch Zarinow in unserem Gewahrsam."

„Oleg?", fragte Stalin nach, als gäbe es unendlich viele Zarinows, über die sie reden könnten. „Oleg ist ein lieber Freund. Ich bin sein Protegé. Was Sie ihm antun, tun Sie auch mir an", sagte er in einem leicht gereizten Tonfall.

Bancroft änderte ihre Strategie. „Wir haben heute Vormittag in Brooklyn einen frisch ermordeten Landsmann von Ihnen entdeckt. In Läuferkleidung. Trikot, Hose, Schuhe. Und eine Gesichtsmaske."

Das letzte Wort ließ Stalin, so sehr er es zu vertuschen versuchte, nicht unbeeindruckt. Einen winzigen Moment irrte sein Blick herum. Sie wusste, was dieser Augenblick der Neuorientierung bedeutete. Stalin hatte etwas übersehen. Zumindest hatte er nicht damit gerechnet, von ihr damit konfrontiert zu werden.

„Ist das eine Anschuldigung, Miss …?"

„Bancroft. Elisabeth Bancroft. Und es ist nur eine Frage."

„Ich kenne nicht jeden Menschen russischer Abstammung in New York", antwortete er wenig überraschend. Doch Bancroft erinnerte sich an die Tüte, die sie immer noch in ihrer Hand hielt. Und deren Inhalt: eine Waffe mit Schalldämpfer.

„Die Kugeln, die Ihren Landsmann in Brooklyn töteten, stammen also nicht aus Ihrer Waffe?"

Da war sie wieder, die unwillkürliche Pupillenflucht. Doch abermals kämpfte Stalin seine Irritation nieder.

„Wie war das mit einem Anwalt?", versuchte er ein ähnlich selbstsicheres Lächeln wie zuvor. Doch diesmal misslang es gründlich.

„Wie war das mit der diplomatischen Immunität?", donnerte Bancroft ihm die verbale Keule ans Kinn. Und um den imaginären Strick um seinen Hals vollends zuzuziehen, spielte sie sofort die nächste Trumpfkarte aus.

„James. Sie haben doch die Verkehrsanalyse während der Verfolgung laufen lassen. Stalins Fahrweg ist also während des gesamten Vormittags aufgezeichnet. Richtig?"

„Lückenlos dokumentiert, Miss Bancroft. Wir wissen, wann er wo wie lange war", erfasste Bishop sofort, worauf es seiner Vorgesetzten ankam und spielte den Ball sauber zurück.

Elisabeth sah Stalin tief in die Augen und bereitete den finalen Dolchstoß vor. „Der tote Russe lag auf dem Rücken. Die Kugeln trafen ihn in die Brust. Er hat seinen Mörder also gesehen. Sein Fundort war direkt an einer Kreuzung unweit der Marathonstrecke. Gut möglich, dass sein Mörder aus einem Wagen auf ihn geschossen hat. Die Tatsache, dass er direkt an der Straße gefunden wurde, spricht dafür, dass der Getötete sogar auf einen Wagen zugegangen ist. Der Wagen dürfte also gehalten haben. Oder er ist zumindest sehr langsam gefahren."

Bancrofts Herleitung hinterließ noch keine sichtbare Wirkung bei Stalin.

„James. Wir können doch sicherlich rekonstruieren, ob und wann Stalins Wagen an besagter Kreuzung gehalten hatte?"

Bishop grinste. „Kein Problem, Mam."

Endlich hatte er seine Hacken im Griff.

Sie wandte sich wieder an Stalin.

Plötzlich meldete sich ein heftig atmender Johnson in Bancrofts Ohr: „Fragen Sie ihn doch mal, ob er sich auf ein Wiedersehen mit seinem Helfer Igor freuen würde."

Für einen Augenblick war es jetzt Elisabeth, die irritiert war. Doch sie reagierte schnell. Elisabeth nahm ihr Handy und wählte Hopkins' Nummer. Dabei ließ sie Stalin weitestgehend unbeachtet in der Obhut von Hunziker und Danes.

„Josh", fragte sie, „wie viele Männer waren in dem grauen Lieferwagen, als er explodierte?"

„Vier, Mam."

„Sie sprachen vorhin von fünf Männern, Josh."

„Der fünfte ist nicht eingestiegen. Aufgrund unserer Priorität, Miss Parker zu befreien, hatte ich lediglich Carter und Simon zur Observierung dieser Person eingeteilt."

„War kein versteckter Vorwurf, Josh. Sind die beiden noch an ihm dran?"

„Wie sein Schatten, Mam."

„Sollen ihn festnehmen", befahl Bancroft knapp.

Sie wartete noch Hopkins' Bestätigung ab und trennte die Verbindung. Dann ging sie die zwei Schritte zurück zu Stalin. Mittlerweile waren sie in dem Wagen zu acht. Turk und Hawkins hatten ihre festen Plätze. Bart Lucas mittlerweile auch. Danes, Bishop, Hunziker und Stalin drängten sich mit ihr in dem verbliebenen Raum des Maxi-Vans. Unter anderen Umständen hätte man die Situation vielleicht sogar als kuschelig beschreiben können. Unter anderen Umständen wohlgemerkt.

„James?", wandte sich Elisabeth an Bishop.

„Ja, Mam?"

„Nehmen Sie sich unseren Notfallkoffer für chemische Analysen, und gehen Sie damit ins Museum. Fragen Sie nach Allan Quaid. Das ist der Sicherheitschef des Metropolitan. Er zeigt Ihnen, wo die Russen Gegenstände kontaminiert haben. Tragen Sie Handschuhe. Eine Gesichtsmaske wird nicht nötig sein. Sollte es sich tatsächlich um einen Erreger handeln, den Stalins Männer dort hinterlassen haben, dann wird er per Schmierinfektion übertragen. Wie EHEC seinerzeit in Mitteleuropa. Falls Johnson Recht behält und dort nichts ist, kommen Sie zügig zurück. Andernfalls müssen wir doch noch den Katastrophenschutz aktivieren."

James Bishop nickte und nahm sich den Koffer aus einem der Van-Schränke.

Damit war Bancroft wieder bei Stalin. „Es wird Sie sicherlich freuen, dass wir derzeit an einer – na, nennen wir es mal Familienzusammenführung – arbeiten", offerierte sie dem russischen Oligarchen. Dessen verdutztes Gesicht wandelte sich, als sie in das Mikro sprach. „Mister Johnson! Meine Männer schnappen sich diesen Igor. Sie halten sich raus, verstanden? Mal sehen, wie redebereit Stalin sein wird, wenn wir auch seinen kleinen Towarischtsch haben."

Bancroft hatte Wut in Stalins Blick erwartet. Oder zumindest Überraschung. Stattdessen fand sie dort Bestürzung. Mit ihrer Verwunderung über Stalins Reaktion nahm sie auch wieder die Geräusche der Fifth Avenue wahr. Noch war da draußen keine Ruhe eingekehrt.

Igor wollte gerade seinen geplanten Fluchtweg durch den Central Park einschlagen, als er die beiden Männer bemerkte, die sich vorhin vor dem Museum lautstark gestritten hatten. Beide kamen nun mit raschen Schritten direkt auf ihn zu. Er brauchte nicht lange, um zu erkennen, dass es sich um verdeckte Ermittler handelte.

Igors Überlegungen waren so einfach wie folgerichtig. Falls nur diese beiden Männer ihn als einen der Attentäter erkannt hatten, ließ sich der Schaden in Grenzen halten. Igor zog seine Waffe und schoss ohne Vorwarnung. Im allgemeinen Chaos gingen diese Schüsse beinahe unter. Nur die Tatsache, dass seine Schüsse ihren Zweck erfüllten, sorgte in der näheren Umgebung der zu Boden gehenden Männer für weitere Panik. Einzelne Passanten warfen sich zu Boden oder nahmen Deckung hinter den ersten Bäumen des Parks.

Der Russe wandte sich ab und beschleunigte seine Schritte. Wenn er erst die Tiefe des Central Parks erreicht hatte, so glaubte er, wäre er in Sicherheit. Und mit ihm der Schatz.

Carter und Simon lagen auf den Steinplatten des Gehwegs vor dem südlichen Museumsausläufer. Sie hatten nicht einmal die Zeit bekommen, ihre Waffen zu ziehen. Beide krümmten sich vor Schmerzen, als Brian und Christopher sie erreichten.

„Miss Bancroft!“, rief Brian in sein Halsmikro. „Ihre Leute brauchen dringend ärztliche Hilfe. Igor hat beiden in die Beine geschossen.“

„Hilfe ist unterwegs“, antwortete die CIA-Agentin und fügte hinzu: „Können Sie Igor weiter verfolgen?“

Christopher Johnson blickte kurz auf und versuchte, den Flüchtigen auszumachen. Es gelang ihm nicht zuletzt deswegen, weil die Panik langsam abebbte und die, die vor den Schüssen aus Igors Waffe Schutz gesucht hatten, immer noch nicht aus ihren Verstecken hervorgekommen waren.

„Ich sehe ihn.“

„Nehmen Sie sich eine Waffe von Simon oder Carter, und schnappen Sie sich den Russen.“

„Tot oder lebendig?“, fragte er und nahm sich Simons Waffe, der im Moment ganz andere Sorgen hatte, als auf dem Ausfüllen eines Überlassungsformulars zu bestehen.

„Lebendig wäre mir lieber“, sagte Bancroft.

„Angesichts seiner Schießfreudigkeit kann ich das nicht versprechen“, sagte er und machte sich an die Verfolgung.

„Kumpel, kommst du?“, wandte er sich halb im Laufen an Brian, doch als er sich zu seinem Freund umblickte, erkannte er, dass sich dessen Prioritäten schlagartig geändert hatten. Von der Fifth Avenue herüber strebte eine Frau mit schnellen Schritten auf seinen Freund zu, eine Frau, die er selbst gut kannte: Rachel Elaine Parker. Flankiert von zwei Männern in schwarzen Anzügen rannte sie, als ginge es um ihr Leben. Und Brian, der in diesem Moment wahrscheinlich der glücklichste Mann auf der Welt war, eilte ihr entgegen.

Johnson lächelte. Das war also gut ausgegangen.

Und dann drehte er sich um, fasste Simons Waffe fester und lief Igor hinterher.

Der Russe hatte seinen neuen Verfolger bemerkt und lief, so schnell er konnte. Er war gut trainiert, aber er wusste, dass er einem Christopher Johnson mit der perfekten Dopingsubstanz im Blut so nicht entkommen konnte. Siebzig Meter trennten sie. Und die Entfernung zwischen ihnen nahm stetig ab.

Igor sah sich hektisch um. Das Gesehene bestätigte das Vermutete. Johnson war schon ganz nah. Und Igor wusste, dass er bald am Ende seiner Kräfte sein würde.

„Bleiben Sie stehen!“, rief ihm Johnson zu.

Anstatt Folge zu leisten, drehte sich der Russe im Laufen um und schoss auf Johnson. Es war ein übereilter Schuss, kein gezielter. Sein Verfolger sollte nun gewarnt sein. Doch entgegen seiner Erwartung oder Hoffnung schlug eine Kugel im Baum neben ihm ein. Johnson hatte auch eine Waffe! Und er schoss auf ihn. Instinktiv hatte sich Igor zur Seite geduckt. Ein Zeichen von Angst. Oder Schwäche. Doch die Wut des Russen gewann rasch die Oberhand. Nicht heute! Diesmal würden die Amerikaner, die ewigen Gegner, nicht gewinnen.

Igor wandte sich um, nahm eine feste Schussposition ein und zielte auf seinen Verfolger, der nun nur noch zwanzig Meter entfernt war und weiter auf ihn zu lief. Doch gerade als Igor seinen ersten Schuss auf Christopher Johnson abfeuerte, hechtete der hinter einem Baum in Deckung.

„Ja, verstecken dich, wie ängstlicher Hase!“, sagte Igor und setzte noch zwei Schüsse hinterher.

„Es war die schlechteste aller Ideen, vor mir davonlaufen zu wollen“, versetzte Chris.

„Werden sehen, wer lacht an Ende“, kam sofort zurück.

„Wo wollen Sie hin?“, fragte Johnson atemlos, „die gesamte CIA ist Ihnen auf den Fersen. Sie können weder das Land verlassen, noch …“

Igors Antwort waren zwei weitere Schüsse. Einer ging – nach Christophers Empfinden – viel zu nah an seinem Ohr vorbei. Hatte der Russe seine Position gewechselt und kam auf ihn zu? Chris rappelte sich auf und stellte sich dicht hinter den Baum. Er hob Simons Waffe und überlegte, auf welches Körperteil er bei dem Russen zielen sollte, um ihn nach dem Willen Bancrofts nur kampfunfähig zu …

Da war Igor bereits neben ihm und zielte auf seinen Kopf. Chris duckte sich weg, mit einer von ihm selbst kaum für möglich gehaltenen Reaktionsschnelligkeit, und warf sich auf den Boden. Der Schuss verfehlte ihn. Christopher wollte Simons Waffe in Anschlag bringen, doch er sah, dass Igor über ihm stand, mit seiner Waffe, der drückte ab, klick …

Klick, Klick.

Ob Igor seine Waffe leer geschossen hatte oder sie nur klemmte, interessierte Chris in diesem Moment nicht. Er stand schmunzelnd auf, hob seine Pistole und zielte damit auf Igors Brust.

„Das Blatt hat sich gewendet", sagte er zum Russen, der sich, das zeigte sein verbissener Gesichtsausdruck, noch gegen die Ausweglosigkeit seiner Lage auflehnte.

Von der Fifth Avenue kamen Cops herüber gelaufen, und Christopher war froh, die Verantwortung für diesen Staatsfeind Nummer Zwei gleich abgeben zu können.

Als der Entzug einsetzte. Der Moment, in dem sich die letzten Moleküle der Dopingsubstanz in seinem Blut auflösten, bescherte ihm ein Zurückfallen seines Körpers in den normalen Zustand. Das war der Moment seines Zusammenbruchs. Die Kraft, die er scheinbar mühelos aufgewendet hatte, um den Marathon in der Geschwindigkeit der Schnellsten der Welt zu laufen, forderte ihren Tribut nun in Form der zuvor aufgestauten Erschöpfung. In eben diesem Augenblick. Chris wurde schwindelig, er beugte sich nach vorn, versuchte, sich am Baum mit einer Hand abzustützen …

Nicht jetzt, dachte er, als Igor auch schon neben ihm stand und ihm die Waffe entriss. Christopher Johnson ging vollends zu Boden. Sein Körper zitterte, der Schweiß trat ihm auf die Stirn. Er atmete tief ein und aus und versuchte, sich zu beruhigen. Und mit jedem Atemzug kam er ein wenig mehr ins Hier und Jetzt zurück, blickte über sich, wo Igor stand, der ihm Simons Waffe an die Schläfe drückte und eiskalt grinste.

„*Do poslednevo wsdocha!*", presste er hervor.

Der Schuss kam von weit hinten, irgendwo aus der Nähe der Fifth Avenue. Die Kugel riss Igors Arm zur Seite, fort von Christophers Kopf. Dann ließ Igor die Waffe fallen, griff sich an den verletzten Arm, zischte einen russischen Fluch und suchte mit seinen Augen den Schützen. Da riss ihn die zweite Patrone von den Beinen. Er landete auf dem Rücken und schlug mit dem Kopf hart auf der dicken Wurzel eines nahen Baumes auf. Im nächsten Moment war er bewusstlos.

Christopher war nicht der harte Hund, der er immer vorgab zu sein. Als Igor ihm den Lauf der Pistole an seine Schläfe gedrückt hatte, war sein vermeintlich letzter Gedanke bei Helen. Und er glaubte an die Chance, mit ihr in einer besseren Welt wieder vereint zu sein. Doch der Schuss, den er dann hörte, galt nicht ihm. Und er wusste bereits eine Zehntelsekunde später, dass er am Leben bleiben würde. Er hätte nicht gedacht, dass er jemandem noch einmal zu solchem Dank verpflichtet sein könnte, wie in diesem Moment. Und so sah er sich nach seinem Retter um, den er jedoch zwischen all den herannahenden Cops nicht ausmachen konnte.

Igor lag direkt neben ihm, die Augen geschlossen. Die Waffe sah er einige Meter weiter hinten im Gras. Chris beugte sich über Igor und vergewisserte sich, dass von dem Russen keine Gefahr mehr ausging.

„SWAT-Teamleader an Einsatzleitung", hörte T. J. Hawkins auf dem frei gehaltenen Kommunikationskanal und stellte den Anruf sofort auf Lautsprecher. „SWAT-Teamleader an Einsatzleitung. Das Ziel ist kampfunfähig, sollte aber am Leben sein."

Elisabeth Bancroft kam wie aus einem tiefen Schlaf zurück ins Bewusstsein. Sie hatte sich den Fortgang der Verfolgung von Hopkins schildern lassen. Simons und Carters Verwundungen hatte sie nicht erwartet. Das war mehr als nur ein Schönheitsfehler während einer ansonsten erfolgreichen Aktion. Und als Josh Hopkins ihr berichtete, dass Igor die

Pistole an Johnsons Kopf hielt, glaubte sie, ihr Herz setze für ein paar Schläge aus. Doch mit der Meldung des SWAT-Chefs keimte Hoffnung in ihr.

„Welches Ziel, Teamleader?“, verlangte sie zu wissen.

„Die männliche Person, die offensichtlich von Ihren Agenten nicht gestellt werden konnte und beinahe einen der ihn verfolgenden Läufer hingerichtet hätte“, sagte die dunkle Stimme mit einer unüberhörbaren Nuance an Selbstgefälligkeit. Doch Bancroft war in diesem Augenblick gewillt, dem Mann alles zu verzeihen.

„Sie haben Igor gestellt?“

„Wie auch immer er heißen mag. Jetzt liegt er auf dem Rücken und schläft.“

„Ich danke Ihnen!“

„Kein Problem. Das ist mein Job. Over and out.“

Damit klinkte er sich aus.

Bancroft meldete sich sofort wieder bei Josh Hopkins: „Josh? Wie ist Ihr Status? Haben Sie Igor?“

„In meinem Gewahrsam, Mam“, kam nicht ohne Stolz zurück.

„Also lebendig?“

„Zwei Wunden, eine im Arm und eine in der Schulter. Der Arzt verbindet ihn gerade. Flankiert von zwei Cops!“

„Wenn er fertig verbunden ist, dann stecken Sie ihn in einen Streifenwagen des NYPD, und kommen Sie zum Van. Wir stehen am Nordende des Museums. Ach, und Josh?“

„Ja, Mam?“

„Wie geht es Simon und Carter?“

„Kommen durch, Mam. Werden aber sicher noch ’ne Weile humpeln müssen.“

Bancroft atmete auf. „Und Johnson?“

„Ist wohl mit dem Schrecken davongekommen. Hat ungeheures Schwein gehabt, würde ich sagen.“

„Danke, Josh. Und jetzt die Frage aller Fragen. Trug Igor irgendetwas bei sich, was dem Ganzen hier einen Sinn geben könnte? Irgendetwas, das er aus dem Museum entwendet haben könnte?“

Bancroft bemerkte, wie Stalin sie musterte, wie er in ihrem Gesicht ihre Reaktion auf Hopkins’ Antwort lesen wollte. Bevor sie weiter sprach, drehte sie Stalin ihren Rücken zu.

„Wir haben ihn von Kopf bis Fuß gefilzt. Nichts. Nur eine dieser Fernbedienungen“, sagte Hopkins.

„Haben Sie ihn befragt?“

„Seine Kenntnis unserer Sprache hält sich in knapp definierten Grenzen, würde ich sagen.“

„Und das bedeutet?“

„Er sagt wenig. Nichts zum Museum. Wenn er überhaupt etwas sagt, dann flucht er auf Russisch.“

Das war ganz und gar nicht die erhoffte Antwort. Elisabeth Bancroft hakte nach: „Josh, was auch immer es war. Er muss es unterwegs weggeworfen oder in aller Ruhe deponiert haben. Suchen Sie den gesamten Weg ab. Vom Museum bis zu der Stelle, an der Sie ihn durchsucht haben. Jeden Baum, jeden Strauch. Fordern Sie Verstärkung an. Alles, was notwendig ist. Truman bringt Igor zu uns. Sagen Sie ihm das. Und Johnson soll ebenfalls hier antanzen.“

„Ja, Mam.“

Damit trennte sie die Verbindung.

„Ich spüre, dass Sie nicht glücklich sind“, verhöhnte Stalin sie in ihrem Rücken.

Bancroft wandte sich mit einem Ruck um. „Ich gehe fest davon aus, dass Sie mich früher oder später glücklich machen werden, Stalin. Meinetwegen auch später!“

15

Brian und Elaine kamen Arm in Arm auf Christopher zu. Brian sah alles andere als frisch aus. Doch Christopher erinnerte sich an seinen eigenen Zusammenbruch und wusste, dass seinem Kumpel mit Sicherheit das gleiche widerfahren war. Dennoch: Das Glück strahlte den beiden förmlich aus jeder Pore, und ihre Körpersprache verriet unmissverständlich, dass sie nicht gewillt waren, sich jemals im Leben wieder loszulassen.

„Du hast Glück gehabt", sagte Brian, und es klang mehr wie eine Frage als eine Feststellung.

„Wir haben alle riesiges Glück gehabt", berichtigte Rachel Elaine ihren Freund.

Johnson nickte. Er wusste, was nun folgen würde. Er musste seinen Freunden die Wahrheit erzählen. Die ganze Wahrheit.

„Na ja, nicht nur", erwiderte er dann auch etwas kleinlaut.

Elaine schaute fragend zu Brian. „Weißt du, was er meint?"

„Ich habe bislang nur eine vage Ahnung", antwortete Brian.

In diesem Moment kam Josh Hopkins auf sie zu und sprach sie alle drei gleichermaßen an, als er sagte: „Miss Bancroft möchte Sie in unserem Einsatzfahrzeug sprechen. Am Nordende des Museums, zirka vierhundert Meter von hier entfernt. Werden Sie das zu Fuß schaffen?"

Hopkins sah speziell Johnson bei dieser Frage skeptisch an. Offensichtlich wirkte Chris nicht gerade frisch und erholt.

„Zu Fuß ist okay", antwortete Christopher. Hopkins nickte und drehte sich damit zu einem der NYPD-Streifenwagen um, in den gerade der festgenommene Russe geschoben wurde. Floyd Truman stieg ebenfalls in den Wagen. Mehrere Ärzte kümmerten sich um Simon und Carter. Auf der anderen Seite fuhr ein Kran vor, der den SWAT-Wagen vom Gehweg entfernen und wieder auf die Räder stellen sollte. Ein Feuerwehrwagen hatte das Feuer des grauen Lieferwagens in der Mitte der Fifth Avenue gelöscht. Die ehemals ungezielt hin- und herlaufende Menge war längst durch Trauben von Schaulustigen ersetzt worden. Die ganze Atmosphäre rund um das Museum hatte sich wieder etwas beruhigt, und der Fußmarsch hinüber zum Einsatz-Van der CIA gab Christopher endlich die Zeit, reinen Tisch zu machen.

„Kannst du dich erinnern", begann er an Brian gewandt, „als ich eines Tages mit der Idee zu dir kam, dass du den Boston-Marathon gewinnen könntest?"

„Natürlich. Wie sollte ich das je vergessen?!", antwortete Brian.

„Es war noch ein knappes Jahr bis zum Berlin-Marathon. Unserem Test und deiner Qualifikation für Boston."

„Ich weiß", wurde Brian bereits etwas ungeduldiger.

„Dann weißt du auch, dass ich seinerzeit auf der Flucht war. Vor der NSA … vor eigentlich allen."

Brian nickte, und auch Elaine zeigte, dass sie sich an Christophers damalige Situation erinnern konnte.

„Nun, drei Tage vor diesem Tag hatte mich die CIA in Maryland geschnappt."

Die Überraschung war sowohl Elaine als auch Brian anzusehen. Doch Christopher fuhr mit seinem Geständnis fort. Jetzt wollte er vor seinen Freunden nichts mehr zurückhalten. Zu lange hatte er schweigen müssen. Zu lange hatte er mit ansehen müssen, wie sein alter Kumpel litt, weil er seine Liebe tot wähnte. Zu lange …

„Als sie mich einlochten, dachte ich, alles wäre vorbei, und ich würde die Zelle, in die sie mich steckten, nie wieder verlassen. Doch es kam anders. Nachdem sie mich eine Nacht hatten schmoren lassen, wurde ich in einen Verhörraum geführt. Und mir gegenüber nahm Cameron Duke Platz."

„Der Chef der CIA?"

„Eben jener. Offensichtlich hatten sich meine bescheidenen Fähigkeiten bis nach Langley herumgesprochen. Und statt einer Anklage bot er mir einen Deal an."

„Ich ahne Fürchterliches", seufzte Elaine.

„Die CIA hatte seit Jahren nach einer Möglichkeit gesucht, um eines Mannes habhaft zu werden, der nach dem Portfolio ihrer Profiler eine der größten potenziellen Gefahren für unser Land darstellte."

„Stalin", sagten Elaine und Brian wie aus einem Munde.

„Ihr habt es erraten. Die CIA wusste, dass Stalin die Staaten im Visier hatte. Die CIA hatte Stalins Pläne in Russland, die Oberherrschaft über die Ölvorkommen zu erlangen, seinerzeit unterwandert und zumindest für einige Zeit verhindert. So waren die USA zu seinem persönlichen Feind geworden. Die CIA erwartete einen Anschlag, doch die Agency wollte, wenn sich die Planung schon nicht verhindern ließ, zumindest Ort und Zeitpunkt kontrollieren. Da kam ich ins Spiel. Das Problem bestand darin, Stalin selbst aus der Reserve zu locken. Er verließ so gut wie nie seine Heimat Sankt Petersburg. Die Herausforderung, die man mir stellte, bestand darin, ihn den Anschlag selbst überwachen zu lassen. Er musste in die USA einreisen, und wir mussten ihn in flagranti stellen. Nur so ließen sich sein Status als Attaché aushebeln und eine Anklage aufbauen. Die CIA wollte Stalin. Aber sie wollte ihn auf einer – zumindest nach außen hin – sauber wirkenden Tour."

„Stalin ist ohne Zweifel ein gefährlicher Mann", bestätigte Brian, „aber worin besteht seine Bedrohung für die Staaten?"

„Stalin ist trotz seiner Intelligenz ein Hardliner, der mit seinen Ansichten im Kalten Krieg stehen geblieben ist. Ihm geht es nicht mehr um Geld, sondern um Macht. Und um Terror. Insgeheim stellt er bereits seit Jahren eine Privatarmee mit künstlich verbesserten Soldaten zusammen. Diese menschlichen Versuchsobjekte wurden genetisch oder mittels Drogen in Kraft und Ausdauer verstärkt."

„Da klingelt was!", bemerkte Elaine.

„Tja, unschwer vorauszusehen, was dann kam. Stalin brauchte für seine Privatarmee eine Droge, die die Ausdauer verbesserte. Und er war gewillt, Höchstpreise dafür zu zahlen."

„Also hast du vorgeschlagen, dass ich in Boston dein Produkt ein bisschen vor den Kameras der Welt spazieren führe", fasste Brian zusammen.

„Ja", gestand Chris und wirkte, als wäre er ehrlich nicht stolz darauf. „Du wolltest den Boston-Marathon immer schon laufen und hattest mir geschildert, dass du bereits mehr als ein Jahr trainiert hattest. Erinnerst du dich an den Moment, als ich dir gesagt hatte, dass du den Marathon sogar gewinnen würdest?"

„Das war ein magischer Augenblick!"

„Ja, das war er", stimmte Chris seinem Kumpel zu, und für einen kurzen Moment war da wieder die alte Verbundenheit zwischen ihnen.

„Aber wir sind erst bei der halben Wahrheit angekommen", stieß Elaine dazwischen.

„Die Versteigerung der Droge während des Boston-Marathons wurde von der CIA fingiert. Stalin war der einzige echte Bieter. Die CIA trieb den Preis hoch, um es glaubwürdig wirken zu lassen."

„Dass die NSA während des Laufes mein Leben mehrfach bedroht hat, war übrigens auch äußerst glaubwürdig", versuchte sich Brian in Ironie.

Chris lächelte.

„Hast du dich nie gefragt, wie ich wieder aus dem Keller im Wellesley College herauskam, wie ich eine Versteigerung leiten konnte, obwohl ich eigentlich dort unten festsaß? Oder wie ein von den Geheimdiensten Gejagter an mehrere Kilogramm Thermit gelangt? Ich muss gestehen: Ich hatte euch nach dem Lauf in Boston nicht alles erzählt. Die beiden Aufpasser in Cambridge, die euch am Abend überwachten, der Scharfschütze auf dem Dach des Boston College, der Heli-Pilot der ‚State Police' … sie alle waren in die NSA eingeschleuste CIA-Männer. Sogar Alonso Bacha gehörte zum Team. Du warst also zu keinem Zeitpunkt wirklich in Lebensgefahr."

Brian sah ihn skeptisch an.

„Aber letztlich war Boston nur der erste Teil deines Plans?"

Chris nickte. „Was sollte ich dir sagen? Dass nach dem Boston-Marathon alles noch mal von vorne losgehen wird? Wärst du mir bedingungslos gefolgt?"

„Du hättest das Angebot der CIA ablehnen können", warf Elaine ein.

„Das hättest du", stimmte Brian ihr zu.

„Sie hatten mich bei den Eiern. Was sollte ich tun? Ich war fast drei Jahre auf der Flucht. Und es war beileibe nicht so lustig, wie ich anfänglich angenommen hatte. Die CIA bot mir einen Ausstieg, eine einmalige Chance, wieder ein halbwegs normales Leben zu führen. Und sie wussten genau, dass ich nichts für sie, aber alles für mein Land tun würde. Stalin als Bedrohung darzustellen, war für mich nachvollziehbar. Also willigte ich ein, ihnen einen Plan auszuarbeiten. Eine Verlockung zu bieten, der Stalin nicht widerstehen konnte. Und Stalin gleichsam damit so zu reizen, dass er glauben würde, den idealen Weg gefunden zu haben, es einerseits demjenigen heimzuzahlen, der ihm die Substanz unter falschen Vorzeichen verkauft hatte und gleichzeitig die Chance zu bekommen, die CIA an der Nase herumzuführen. Rache ist, wie ihr ja mittlerweile wisst, nicht nur Stalins Lebenselixier. Es ist seine Schwäche und der Hebel, der ihn berechenbar macht."

„Also hast du ihn wütend auf uns gemacht?", verlangte Brian zu wissen.

Christopher hob abwehrend die Hände. „Wenn es gut gelaufen wäre, hätten sie nur mich gekidnappt."

„Offensichtlich ist es nicht gut gelaufen. Er hätte mich töten können", sagte Elaine.

Chris nickte. „Ich weiß. Aber Stalin ist kein Choleriker. Sein Zorn war zu neunzig Prozent kalkulierbar."

„Also hat du zu zehn Prozent mit Elaines Leben gespielt?"

Diesmal schüttelte Chris den Kopf. „Nicht wirklich. Selbst auf Stalins Yacht waren wir nicht allein."

„Und welcher der Russen war auf unserer Seite?"

„Keiner. Aber es waren NAVY SEALS in unmittelbarer Nähe. Gesetzt den Fall, Stalin hätte dich wirklich über Bord werfen lassen – dir wäre dennoch nichts geschehen."

Brian schaute ihn traurig an. „So etwas tut man seinen Freunden nicht an. Niemals."

„Du hast Recht. Und es tut mir unendlich Leid. Das bitte ich dich, mir zu glauben. Und ich hoffe, ihr glaubt mir auch, dass ich selbst bei der ganzen Aktion Blut und Wasser geschwitzt habe, dass euch nichts passiert."

Elaine lächelte ihn ein wenig an und boxte ihm dann mit ganzer Kraft auf den Oberarm. „Das ist ja wohl auch das Mindeste!"

Christopher Johnson rieb sich die schmerzende Stelle. Angesichts der Bedrohungen des heutigen Tages konnte er diesen Klaps mit einem Lächeln verkraften.

„Und: Bist du wenigstens wieder ein freier Mann?"

Chris grinste schelmisch. „Alle Anklagen werden fallen gelassen. Das war eine der drei Bedingungen, die ich gestellt habe. Drei Wünsche für mich, Stalin für sie. Sie ließen sich darauf ein."

„Drei Wünsche? An die liebe CIA-Fee?", fragte Brian ungläubig.

„Das erzähl ich euch später", entgegnete Christopher und deutete auf den leicht ramponierten Riesen-Van direkt vor ihnen auf dem Gehweg. Daneben stand ein blauer Chrysler Sebring, dem es sichtlich schlechter ergangen war. Auch der Streifenwagen mit Igor in Handschellen auf dem Rücksitz war mittlerweile dazu gestoßen. Arm und Schulter waren ihm verbunden worden. Und Johnson registrierte leicht enttäuscht, dass das Gesicht des Russen nicht von allzu großen Schmerzen zeugte.

„Christopher Johnson, schön, Sie gesund wieder zu sehen", sagte die Frau mit Glockenfrisur, die ihnen mit raschen Schritten entgegen kam. Auf dem rechten Arm trug sie zwei Trainingsanzüge, die sie den für diese Jahreszeit zu freizügig gekleideten Läufern sofort aushändigte. Während Brian Harding sich dankbar die etwas zu große Polyester-Kombination überzog, konzentrierte sich die kleingewachsene Frau deutlich auf Johnson.

Chris reichte ihr seine Hand, die diese für Elaines Geschmack etwas zu eifrig schüttelte.

Christopher vergaß darüber zumindest nicht seine Manieren und stellte sie seinen zurückgewonnenen Freunden vor. „Elaine, Brian. Die Frau, die uns und den Tag gerettet hat: Elisabeth Bancroft."

Erst dann begann Chris, sich ebenfalls den Trainingsanzug überzustreifen.

„Ich weiß nicht, ob ich Ihnen wirklich dafür danken will, uns aus einer Situation gerettet zu haben, in die wir ohne das Zutun der CIA nie geraten wären", sagte Brian Harding.

Bancroft konnte nicht ermessen, ob das Sarkasmus oder offene Ablehnung war und flüchtete sich in eine Defensivstrategie: „Ich kam erst zu einem späten Planungszeitpunkt dazu. Ich kann mich nur dafür entschuldigen, dass Sie ohne Ihr Wissen Gefahren ausgesetzt waren. Und ich betone, dass mein Team und ich nicht unvorbereitet in diesen Tag gestartet sind. Es klingt jetzt wahrscheinlich für Sie wenig nachvollziehbar, doch das Risiko war durchaus als gering einzuschätzen."

„Lassen Sie es gut sein, Miss Bancroft", ging ihr Elaine dazwischen. „Sie klingen wie ein Pressesprecher. Halten wir es einfach so, dass wir mit heiler Haut davongekommen sind und Sie einen Anteil daran haben. Dafür danken wir Ihnen. Auf mehr sollten Sie nicht hoffen."

Jetzt war es Chris, der für die CIA-Agentin scheinbar eine Lanze brechen wollte: „Ihr Anteil war unendlich größer. Glaubt mir."

„Das sagt genau der Richtige!", schoss Brian scharf zurück. Und Chris musste sich fragen, ob ihm sein Freund vielleicht doch noch nicht verziehen hatte. Oder jemals verzeihen würde.

„Wissen wir, was Stalin hinter allem tatsächlich geplant hatte?", versuchte er das Thema zu wechseln.

Bancroft verneinte. „Weder Stalin, noch sein Helfer Igor sind sehr gesprächig. Und Stalins Informant auch nicht."

„Stalins Informant?", fragte Johnson nach.

„Ein Maulwurf. In der NSA."

Johnson sah sie weiterhin fragend an.

„Bart Lucas", wurde sie genauer.

Christopher Johnsons Gesicht spiegelte puren Unglauben wider. „Niemals!"

„Es gibt unwiderlegbare Beweise gegen ihn", beharrte Bancroft.

„Die will ich sehen!" Christopher schüttelte immer noch den Kopf. „Niemals", murmelte er.

Mittlerweile waren sie an das hintere Ende des Vans herangetreten und blickten durch die geöffnete Tür ins Innere. Lucas saß wie Stalin gefesselt auf einem der ausklappbaren Sitze. Beim Anblick dieser Ungerechtigkeit drehte sich Christopher beinahe der Magen um. Stalin würdigte er keines Blickes. Obwohl sich vor seinem inneren Auge Rachefantasien ungeahnten Ausmaßes abspielten, wahrte er nach außen hin die Contenance. Indes überraschte es ihn, dass Stalin sich seinerseits zu keinem Kommentar hinreißen ließ. Er wirkte nicht, als wäre sein Wille gebrochen. Doch irgendetwas war mit ihm geschehen. Im Moment jedoch war der Russe unwichtig. Sie hatten ihn in Fesseln. Alles andere konnte warten.

Sowohl Brian als auch Elaine stiegen ohne Bancrofts Einladung in den Van.

„Bart", begrüßte ihn Elaine und legte ihrem ehemaligen Chef als Zeichen des Mitgefühls die Hand auf die Schulter. Elisabeth war ehrlich berührt von der Loyalität der ehemaligen NSA-Agentin.

„Das ist nur ein Missverständnis, Rachel", sagte er und ignorierte bewusst den zweiten Vornamen Rachel Elaine Parkers.

„Ich kenne Bart Lucas gut genug, um Ihnen sagen zu können, dass er mit Sicherheit kein russischer Spion ist", beharrte

Chris, und Bancroft konterte charmant: „Der Gedanke behagt mir ebenso wenig wie Ihnen. Und wenn es Ihnen gelingt, den Gegenbeweis anzutreten, dürfen Sie mich Liz nennen."

Christopher Johnson lächelte sie an. „Welchen Beweis meinen Sie zu besitzen?"

Elisabeth Bancroft wies auf T. J., der auf seinem Bürostuhl am vorderen Ende des Ganges bereits auf sein Stichwort gewartet hatte.

„Wi-wir ha-ha-hatten das Ge-gespräch zwischen Ihnen und Sta-stalin die ga-ga-ganze Zeit mitge-gehört", sagte Hawkins und schaute ein wenig Hilfe suchend zu seiner Chefin. Doch bevor die reagieren konnte, begann Stalin mit seinem dröhnenden Bass zu lachen.

„Eigentlich müsste ich mich schämen, dass ich mich von einem solch zusammengewürfelten Haufen habe gefangen nehmen lassen. Die Königin vom Zwergenland, ein stotternder Nigger …"

Bevor T. J. sich auch nur ansatzweise erzürnen konnte, drehte sich Stanley Turk auf seinem Sitz nach hinten und giftete den Russen an: „Der Vollständigkeit halber: Wir sind zwei Nigger. Und der zweite wird dir gleich mit Anlauf in deinen hässlichen Russenarsch treten!"

„Stanley!", fauchte Elisabeth ihren Fahrer an.

Um ein Haar hätte Turk seinen Ball nach dem Russen geworfen.

„Meine Herren. Wir sind doch wohl alle Profis. Lassen Sie sich durch die Beleidigungen dieses … Herrn … bitte nicht aus der Ruhe bringen. Stalin wird alsbald die Gelegenheit erhalten, es sich mit amerikanischen Anwälten, Richtern und Gefängniswärtern zu verscherzen. Wenn wir das in unseren Hinterköpfen behalten, ist den Beleidigungen dieses kleinen Drecksacks bereits der Stachel gezogen."

Bancroft hatte scheinbar genau die richtige Formulierung gefunden, um ihre Männer zu besänftigen und selbst Stalin vorerst wieder verstummen zu lassen. Auch Johnson grinste, und bei Parker und Harding meinte sie so etwas wie stummen Beifall wahrgenommen zu haben.

„Okay, ich versuche es mal zusammenzufassen“, kam Elisabeth auf die von Hawkins begonnene Beweisherleitung zurück. „Unser Abhörspezialist T. J. Hawkins hatte Ihren Disput mit Stalin die ganze Zeit auf seinen Kopfhörern. Irgendwann meldete sich Lucas per Telefon bei uns, und wir entschlossen uns, im weiteren Verlauf zusammenzuarbeiten. Wir telefonierten mehrfach miteinander, und schließlich kam T. J. zu mir und sagte, er hätte immer dann, wenn wir mit Bart Lucas telefonierten, einen Hall auf dem Signal von Stalin und Ihnen. Der einzig logische Schluss war somit, dass Stalin via Lucas auch uns hören konnte. Und als wir Lucas untersuchten, fanden wir in der Außentasche seines Jacketts eine Wanze.“

Damit präsentierte Bancroft Johnson die Plastiktüte mit den Überresten der von ihr zertretenen Abhöreinrichtung.

„Die nicht die meine ist“, warf Bart Lucas von seinem Platz aus ein.

„Darf ich mal sehen?“, fragte Chris.

„Wenn es Ihnen hilft“, sagte Bancroft und überließ ihm die Tüte.

Christopher schaute sich den Inhalt genau an. Der Schrott darin war früher einmal ein winziges Hightech-Gerät. Beinahe so genial wie das von ihm entwickelte Johnson-Phone. Beinahe zumindest. Es bereitete Chris keine Probleme, den zerbrochenen Einzelteilen jeweils ihren ehemaligen Zweck zuzuweisen.

„Die Wanze hatte einen Schaltmechanismus“, meinte er lapidar, als er Bancroft die Tüte zurückgab.

Sie schaute ihn fragend an: „Und?“

„Wozu braucht ein Abhörgerät dieser Größe einen Schalter? Und ich habe noch eine Frage: Wenn Stalin uns hören konnte, wusste er, dass er ebenfalls abgehört wurde. Hat er sich lediglich ins Unvermeidliche gefügt, oder wollte er, dass wir wissen, dass er uns hören kann?“

„Letzteres klingt wahrscheinlicher“, gab Elisabeth zu. Und die Schlussfolgerung ließ alles in einem anderen Licht erscheinen.

„Nur warum?“, fragte sich Chris.

„Das werden wir herausfinden. T. J., Sie haben doch alles mitgeschnitten“, wandte sich Miss Bancroft an ihren Abhörspezialisten.

Hawkins nickte.

„Spielen Sie uns bitte die erste Sequenz vor, in der Sie den Hall bemerkten.“

Hawkins nickte abermals, bearbeitete seine Tastatur und agierte mit der Maus. Wenige Sekunden später hörten alle Anwesenden, wie Stalins Bass Chris und Brian wiederholt mit Tod und Verletzungen drohte.

Als Igor noch von Chris verfolgt worden war, hatte Brian seiner Freundin einiges über ihren Lauf berichtet. Die ständigen Ankündigungen, die Sprengladungen in den präparierten Schuhen zu zünden, vervollständigten nun Elaines Wissen über die Geschehnisse des Vormittags. Und sie war sich nicht mehr sicher, ob ihr eigenes Schicksal mit dem ihres Freundes konkurrieren konnte. Sie gönnte sich einen Seitenblick auf den russischen Oligarchen, doch der schien von der gegenwärtigen Lage eher amüsiert als betroffen.

„Da! Hö-hören Sie?“

„Können Sie das rausfiltern … es lauter machen?“, bat Miss Bancroft.

Nach einigen regulierenden Eingriffen durch Hawkins konnten alle im Van den Hall deutlich wahrnehmen. Es klang wie eine zeitversetzte Verstärkung des Gehörten, als ob alle in einem hohen Saal sprachen. Doch Christopher war schon wieder weiter.

„Okay, noch lauter bitte. Und nehmen Sie Stalin und uns raus.“

Hawkins nickte und agierte erneut an seinen Reglern. Nach einer Weile startete er die gleiche Sequenz erneut. Ohne Stalin, ohne Chris, ohne Brian. Erst war da nur ein Rauschen oder eher ein Flattern. Dann hörten alle Liz' Stimme. Und die von Bart Lucas.

„Hören Sie das Geräusch im Hintergrund?", fragte Johnson.

Alle mühten sich, es Christophers Fledermausgehör gleichzutun. Doch nicht auf jedem ihrer Gesichter zeichnete sich der Moment der Erkenntnis ab.

„Dieses Flattern. Das ist ein Helikopter!", erklärte Christopher.

„Bart Lucas saß in einem Helikopter, als das aufgezeichnet wurde", sagte Elisabeth Bancroft. Und dieser Satz wog noch belastender als die Beweiskette zuvor.

„Das war, als wir den Treffpunkt abstimmten und wir ihn zum Marcus Garvey Park geschickt haben", warf Peter Hunziker ein.

Christopher grinste Elisabeth an.

„Und?", fragte sie leicht irritiert in Johnsons Richtung.

„Das ist der Beweis, Liz."

Bancroft sah noch nicht, worauf Johnson hinaus wollte. Doch der ließ sich nicht bitten.

„Wäre Lucas der Überträger des Signals gewesen, hätte die Lautstärke des Helis alles übertönt. Das Helikoptergeräusch wurde jedoch nur sehr leise aufgezeichnet. Wer auch immer das aufgenommen hatte, saß also auf keinen Fall im Heli", schlussfolgerte Johnson und fuhr fort: „Wagen wir doch einmal ein Gedankenexperiment", sagte er, und seine berüchtigte Arroganz hielt Einzug im CIA-Van. „Welchen Sinn würde es machen, Stalin eine Unterhaltung aus dem Hubschrauber zu übertragen, die der aufgrund des Rotorengeräuschs ohnehin nicht verstehen würde?"

„Vielleicht sendete er die ganze Zeit über …"

„Wozu dann der Schalter? Wäre es nicht viel logischer, jemand anderes hätte die Übertragung zu Stalin immer nur dann eingeschaltet, wenn jemand von Ihrem Team mit Bart Lucas sprach?"

Bancroft erinnerte sich an Hawkins' Worte, dass der Hall immer nur auftrat, wenn sie mit Lucas telefonierten. Als der NSA-Ostküstenchef jedoch bei Ihnen war, gab es keine Unterbrechungen mehr. Langsam schlichen sich Zweifel in ihre Überlegungen. Hatte Johnson Recht? War Lucas unschuldig? Aber wie gelangte das Abhörgerät in Lucas' Jackett? Als Carter vorhin Bart Lucas auf Waffen untersuchte, hatte er es nicht gefunden. War Carter von den Geflügelscheren abgelenkt? Hatte er nur auf Waffen und nicht auf Wanzen geachtet? Vielleicht …

Bancroft bemerkte, dass Johnson sie die ganze Zeit musterte, gerade so, als könne er ihre Gedanken erahnen. Er selber schwieg. Als hätte er alles gesagt, was notwendig wäre, um den wahren Verräter zu überführen.

Sie zwang sich zurück zu ihren Überlegungen. Es gab eine logische Herleitung. Johnson hatte ihr gezeigt, was sie vorhin übersehen hatte. Wenn es Lucas nicht war, dann war es jemand aus ihrem Team. Jemand, der Lucas benutzte … um von sich selbst abzulenken. Wer war Bart nahe genug gekommen, um die Wanze zu platzieren?

Und dann wusste sie, wer es war … sein musste!

Elisabeth erinnerte sich an den Moment, als Peter zu ihr und Lucas getreten war und den NSA-Mann dabei angerempelt hatte. In dem Augenblick hatte Stalins Wanze den Träger gewechselt.

Und da war Peters Bericht über einen Maulwurf des Russen in den Reihen eines der amerikanischen Geheimdienste …

Bancroft meinte sich zu erinnern, im ursprünglichen Bericht nur von einer Gefahr in den Reihen der CIA gelesen zu haben. *Bevor* Peter Hunziker sich der Nachforschungen annahm und seinen erweiterten Bericht verfasste. Nach dem Urteil ihres Assistenten bestand die Gefahr jedoch für *alle* Geheimdienste. War das bereits der erste Teil von Stalins Plan? Hatte Hunziker Insiderinformationen an den Russen weitergegeben und plante, sich während dieses Laufs reinzuwaschen?

Von sich abzulenken, einen anderen ans Messer zu liefern? Einen Unschuldigen?

Außerdem erinnerte sie sich an den unglücklichen Ausdruck in seinem Gesicht, als sie ihn zur persönlichen Beobachtung des NSA-Mannes abkommandierte. Weil er damit selbst nicht mehr in der Position war, Stalin die aktuelle Lage zu übermitteln?

Peter hatte sich als ihre rechte Hand unendlich viele Meriten erworben. Alles nur, um sie im entscheidenden Moment zu verraten? Oder konnte es jemand anders sein?

Danes? Nein – ohne seine Hilfe hätte der Plan mit den Schuhen nicht funktioniert.

Bishop? Hatte Stalin via Verkehrsverfolgung ans Messer geliefert.

Hopkins? Truman? Sie hatten beide die Rettungsaktion für Parker durchgeführt.

Hawkins? Er hatte sie erst darauf gebracht, dass das verräterische Signal existiert.

Turk? Besaß nicht die Möglichkeiten, von seinem Fahrersitz aus für Stalin zu spionieren. Und er hatte Stalins Wagen immerhin so entscheidend gerammt, dass der Russe sich nicht mit Waffengewalt wehren konnte.

Sie alle hatten mindestens eine Chance, um für Stalin zu arbeiten, Teile ihres Planes zu verraten oder bewusst scheitern zu lassen. Doch nichts von alledem geschah. Stattdessen ließ sich Peter Hunziker zu einer beinahe peinlichen Beschimpfung bei Stalins Festnahme hinreißen. War sein Fluch auf den russischen Oligarchen ein verzweifeltes Zeichen, seine Beteiligung zu verschleiern?

Und dann fiel ihr Hunzikers Lüge auf, die sie vorhin, im sicheren Glauben, Lucas sei der Spion, allzu leichtfertig überhört hatte: Hunziker hatte gesagt, dass die Fernbedienung keinen Interpreter-Chip enthielt. Nur in den Schuhen wurde demnach über Wohl und Wehe unterschieden. Woher wusste dann aber das kleine Licht auf der Fernbedienung, ob es grün oder rot strahlen musste?

Ohne Peters Lüge wären sie in der Lage gewesen, die Codes zur Deaktivierung der Sprengsätze herauszufinden. Und so ziemlich alles an ihrer Aktion wäre anders verlaufen.

Ein allerletztes Mal ließ Elisabeth ihre Überlegungen vor ihrem geistigen Auge vorbeiziehen, prüfte ihre Schlussfolgerungen und kam doch wieder zu der einzig logischen Folge: Der wahre Spion hieß Peter Hunziker.

Sie hatte sich so gedreht, dass Stalin ihr bei diesen Überlegungen nicht in die Augen schauen konnte, doch damit stand sie auch mit dem Rücken zu Hunziker. Wenn er der Verräter war, dann wusste er: In dem Moment, da Lucas entlastet werden würde, geriet er selbst in die Schusslinie. Würde ihr Assistent auf das vorbereitet sein, was nun folgen musste?

Sie griff sich an ihren Holster und nach ihrer Dienstwaffe, wollte sich drehen…

„Liz, bitte nicht", hörte sie bereits Peters Stimme.

Als sie sich zu ihm umdrehte, sah sie, dass er mit seiner Waffe deutlich schneller als sie gewesen war. Sie unterbrach ihre Bewegung und ließ ihre Waffe, wo sie war.

Er stand mit dem Rücken zur Tür. Alle die, die er verraten hatte, befanden sich somit vor ihm und konnten von seiner Pistole mühelos in Schach gehalten werden. Einzig Bart Lucas saß annähernd auf der gleichen Höhe wie Hunziker und damit mehr neben als vor ihm, doch war der NSA-Ostküstenchef samt seiner Hände immer noch an den Klappsitz gefesselt.

Hunziker hielt seine Waffe vage in ihre Richtung, hätte aber eher Turk ganz vorne verletzt, als dass er seine Chefin direkt bedrohte.

„Für Sie ab jetzt Miss Bancroft", entgegnete Elisabeth auf die ehemals legitime Vertraulichkeit, sie beim Kosenamen anzusprechen. Und ihre Stimme hatte dabei eine frostige Kälte angenommen.

Stalin hatte derweil sein breitestes Grinsen aufgelegt. Die Szenerie schien ihn maßlos zu amüsieren. „Es gibt kein gutes Personal mehr", witzelte er.

In dem Moment schnellte Lucas' Fuß hoch und traf Peters Hand, die die Waffe hielt. Taylor Danes stürzte vor und packte Hunziker am Arm. Der versuchte verzweifelt, sich des Zugriffs zu erwehren, doch als Johnson und Harding hinzu sprangen, war er rasch überwältigt. Als Taylor Danes seinem ehemaligen stellvertretenden Boss die Handschellen anlegte, stellte Bancroft die unvermeidbare Frage: „Warum nur, Peter?"

Peter Hunziker vermied den Augenkontakt zu Elisabeth Bancroft. „Es war … wegen einer Frau. Stalin drohte damit, sie … sie umzubringen, wenn … wenn ich ihm nicht diesen …"

Die Tränen unterbrachen sein Gestammel. Der coole, harte CIA-Agent brach in sich zusammen. In Sekunden hatte sich der ehemals aufrecht stolzierende Mann in ein schleichendes Etwas verwandelt. Gebückt. Gebrochen. Drückte ihn sein tonnenschweres Gewissen zu Boden, wog der Verrat an seinem Arbeitgeber und seinem Land letzten Endes doch mehr als das Leben, das er durch seine Illoyalität zu retten versucht hatte?

„Nun, das ist zumindest die romantischste aller Motivationen, etwas Schlechtes zu tun", sagte Elisabeth, und es klang fast versöhnlich.

„Er hat sein Land verraten!", beharrte Brian Harding, doch Elaine knuffte ihn sofort in die Seite.

„Du verstehst das nicht."

Brians Gesichtsausdruck bestätigte zumindest, dass er nicht verstand, womit er diesen Knuffer verdient hatte.

„Und die Frau?", fragte Elaine Parker nach.

„Ähh – eine tschechische Tänzerin, aber das tut jetzt wohl nichts mehr zur Sache."

„Wohl nicht", bestätigte jetzt Christopher, aber Hunziker war wohl nach reinem Tisch zumute.

„Ich traf Stalin vor einem Jahr, und Stalin wusste von meiner Liebe zu ihr. Sie war meine Achillesferse – und er drohte damit, sie umzubringen, wenn ich nicht …"

Peter Hunziker konnte Elisabeth nicht ansehen. Zu groß schien seine Scham angesichts seines Verrats. Sie bemerkte es und beließ es dabei. Später würden sie noch genug Zeit für eine detaillierte Aussage haben. Später … sicherlich.

Elisabeth Bancroft war ehrlich betroffen. Sie hatte geglaubt, in Peter einen guten Kollegen *und* Freund gefunden zu haben. Die vergangenen Monate kamen ihr falsch vor. Es war ein eigentümliches Gefühl, und sie konnte es vorerst nur verdecken, überspielen.

„Platzwechsel!“, trällerte sie und befreite Bart Lucas aus seiner Gefangenschaft.

„Entschuldigen Sie“, sagte sie zum NSA-Ostküstenchef, als sie ihm die Handschellen öffnete, und damit war eigentlich alles gesagt. Sie waren Profis. Beide. Und beide hatten es unzählige Male bewiesen.

„Schwamm drüber. Die Aktion war ein Erfolg. Unterm Strich haben Sie alles richtig gemacht. Das ist, was am Ende zählt“, sagte Lucas, und seine Worte klangen ehrlich. Und er fügte hinzu: „Ich sollte mich wohl eher bei Ihnen bedanken?“

„Nicht bei mir. Danken Sie Johnson und Hawkins. Die beiden haben Sie rehabilitiert. Ich hoffe, das fällt Ihnen – speziell in Johnsons Fall – nicht zu schwer“, sagte Bancroft und spielte damit auf Christophers berüchtigten Ausstieg bei der NSA an.

Bart machte zwei Schritte auf seinen alten Kollegen im Trainingsanzug zu und streckte ihm die Hand entgegen.

„Danke, Chris. Ich wäre nicht auf die Idee mit dem Schalter gekommen.“

„Einem Verdächtigen hätte diese junge Dame wohl kaum ein Beweismittel ausgehändigt“, scherzte Christopher und zwinkerte dabei zu Elisabeth.

Sie nahm es überrascht hin. Und sie bemerkte, dass es ihr nicht unangenehm war.

„Danke, Mister Hawkins“, sagte Lucas und winkte zu dem Abhörexperten am anderen Ende des Vans hinüber.

„T. J.“, antwortete der, und auch das hatte etwas Versöhnliches.

„Mir kommen gleich die Tränen“, polterte Stalin dazwischen, doch Bancroft schnitt ihm sofort das Wort ab.

„Sie kommen noch dran. Halten Sie Ihre Klappe, sonst sorge ich höchstpersönlich dafür.“

„Das würden Sie nicht wagen!“, vertraute Stalin wohl immer noch auf seine diplomatische Immunität, doch Bancroft ging kurz nach vorn, schnappte sich Turks Stressball und beförderte ihn ohne weitere Warnung in Stalins zum Zweck der Beschwerde weit aufgerissenen Mund.

„Sie haben es so gewollt“, sagte sie knapp und amüsierte sich ihrerseits, wie Stalin vergeblich versuchte, den Fremdkörper wieder aus seinem Mund zu bekommen.

„Ich kaufe Ihnen einen neuen, Stanley“, tröstete sie ihren entgeistert dreinschauenden Fahrer. Doch der winkte ab.

Damit griff sie wieder zum iPhone. „Josh, wie sieht es aus? Irgendwelche Fortschritte?“

„Leider noch nicht. Ich habe mir die Überwachungsvideos des Museums angesehen. Es gab eine Öffnung des dritten Untergeschosses. Keine der befugten Personen hielt sich zu dem Zeitpunkt dort auf. Mister Smithie hier vom Museum hat daraufhin die entsprechende Etage überprüft. Eine Kiste wurde aufgebrochen. Die Kiste wird als Ausstellungsstück XTA 4/17 geführt. Über den Inhalt ist nichts bekannt. Wir müssen davon ausgehen, dass Igor tatsächlich etwas entwendet hat. Allerdings: Er trug nichts in seiner Hand, als er das Museum verließ.“

„Also passt es in eine Hosentasche.“

„Wahrscheinlich. Wir haben den ersten Durchgang beendet und nichts gefunden. Wir weiten den Suchradius aus.“

„Halten Sie mich auf dem Laufenden.“

„Tue ich, Mam.“

Stalin grinste trotz des Balls in seinem Mund. Obwohl er, wie die anderen auch, nur Bancrofts Worte hatte hören können, reimte er sich den Gesprächsverlauf anhand ihrer Antworten zusammen.

Aber da war noch ein offener Punkt.

„James. Was macht die Spurenanalyse? Irgendwelche Hinweise auf eine Kontaminierung?"

„Negativ, Mam. Wir sind alle Plätze anhand der Überwachungsvideos abgegangen. Hier ist nichts. Kein EHEC, und auch sonst nichts, worauf unsere Analyseeinheit ansprechen würde."

„Könnte es etwas Anderes, Neues sein?"

„Unwahrscheinlich, aber nicht unmöglich. Ich habe ein paar Spuren gesichert, die wir später in der Zentrale untersuchen können."

„Das sind gute Nachrichten. Danke, James."

Damit trennte sie die Verbindung.

Jetzt meldete sich Brian noch einmal zu Wort: „Da ist etwas, das ich nicht verstehe. Wenn Hunziker Stalin mithören ließ, warum wusste Stalin nichts von den Toilettenhäuschen?"

„Das war pures Glück. Ich kommandierte Peter dazu ab, Bart Lucas vom Einsatz-Van fernzuhalten, weil ich in Bart bis dahin den Spion vermutete. Weder Lucas mit der Wanze noch Hunziker waren hier, als ich entschied, es mit den Toilettenhäuschen zu versuchen. Hätte Peter zu dem Zeitpunkt irgendetwas über die Entwicklung in Erfahrung bringen wollen, dann hätte er mit Lucas zurückkommen müssen. Er stand also vor der Entscheidung, Stalin mithören zu lassen und damit zu riskieren, dass er sich damit selbst enttarnte oder Stalins Plan zu gefährden und dabei unerkannt zu bleiben. Peter? Wenn ich mich nicht irre, hast du dich für den eigenen Hintern entschieden."

Der Angesprochene nickte wortlos.

„Wie auch immer. Wir haben Stalin, wir haben Igor. Wir haben Stalins Fahrer und Zarinow, den Läufer. Was wir nicht haben, ist der Grund für all das hier. Stalin hatte jede Kleinigkeit seiner Rache an der CIA minutiös geplant. Uns auf heimischem Boden vorzuführen, war nur ein Aspekt seines Plans. Dazu gehörte zweifellos die Tatsache, dass er uns mithören ließ, dass er uns auf Sie, Brian und Chris, mit der Nase gestoßen hat. Und dass wir Sie beinahe nicht hätten retten können. Die Panikwellen jedoch dienten einem anderen Zweck. Sicherlich, um Igors Flucht zu verschleiern. Doch eine Flucht womit?“

Sie ging zu Stalin und nahm ihm den Stressball aus dem Mund.

„Wenn Sie nicht wissen, was jetzt in meinem Besitz ist und was ehemals Ihrem Land gehörte, dann sind Sie auch nicht autorisiert, mit mir zu verhandeln“, rotzte der Oligarch der CIA-Agentin entgegen.

„Ich glaube kaum, dass Sie auch nur noch eine Forderung stellen können“, konterte Bancroft. Doch irgendwie glaubte sie selbst nicht so recht an den Wahrheitsgehalt ihrer Worte. Stalin hatte sich offensichtlich abgesichert. Seine Rache an der CIA hatte ihren Höhepunkt noch nicht erreicht.

Er lächelte sie breit an. „Zuerst lösen Sie meine Fesseln, und dann verbinden Sie mich mit Cameron Duke!“, forderte er.

„Die Handschellen bleiben, wo sie sind. Aber Cameron will ich gerne anrufen. Ich glaube nur nicht, dass er Ihnen die Freiheit schenken wird.“

„Oh, geschenkt will ich gar nichts. Aber ich bin mir sicher, dass er mir außer meiner und der Freiheit meiner Männer noch etwas anderes geben wird.“

Bancroft konnte ob dieser erneuten Dreistigkeit nur den Kopf schütteln.

„Warten wir es ab“, entgegnete sie und schaute einmal in die Runde. In den Gesichtern der Männer las sie eine Mischung aus Wut und Hilflosigkeit. Bluffte Stalin, oder hatte er wirklich einen Trumpf in der Hand, der ihm freies Geleit ermöglichen würde? Keiner hier wusste es. Also wählte Elisabeth tatsächlich Camerons Nummer.

„Cameron Duke hier, Bancroft, sind Sie das?“

„Korrekt, Sir“, bestätigte sie.

„Ich nehme an, Sie haben ihn?“

„Sitzt fest verschnürt hier neben mir.“

„Sind wir allein?“

Da war sie wieder, diese CIA-Big-Boss-Attitüde.

„Nur ich kann Sie hören. Aber mein Team ist anwesend.“

„Schicken Sie sie raus!“

In Bancroft regte sich Widerwillen, aber sie war Profi genug, um zu wissen, wie das Spiel gespielt wurde.

„Einen Moment, Mister Duke.“

Damit scheuchte sie alle Anwesenden hinaus. Turk und Hawkins verließen durch die vorderen Türen den Maxi-Van, während Danes und Lucas sich des gefesselten Hunzikers annahmen. Draußen wartete Floyd Truman mit einer wärmenden Überraschung auf sie. Der NSA-Agent war sich nicht zu schade gewesen, in der Zwischenzeit Milchkaffee für alle zu besorgen.

Auch Harding, Johnson und Parker verließen den Wagen. Draußen lief der Verkehr längst wieder in geordneten Bahnen. Vor dem Sebring stand der NYPD-Streifenwagen und darin, bewacht von zwei Polizisten, saß Igor. Hunziker wurde auf den freien Platz neben den Russen geschoben. Gleiches zu Gleichem.

Es befanden sich nur noch Stalin und Bancroft im Van, als die CIA-Einsatzchefin die hintere Tür schloss.

„Wir sind allein!“, bestätigte sie Cameron Duke.

„Kann Stalin mich hören?“

„Ich schalte Sie auf Lautsprecher.“

Einen Moment herrschte Stille, so als wolle Duke abwarten, bis Bancroft den imaginären Schalter umgelegt hatte. Dann erhob der CIA-Chef das Wort.

„Unter anderen Umständen hätte ich Sie wahrscheinlich in unserem Land willkommen geheißen, Andropow.“

Gewieft, dachte Bancroft. Ihr Chef vermied es, Stalin mit dessen Kunstnamen anzusprechen. Sie konnte immer noch etwas von Ihrem Boss lernen.

„Wir alle wären vielleicht glücklicher, wenn sich diese Situation hätte vermeiden lassen“, kam Stalins sonorer Bass zurück.

Und es klang diplomatisch. Fast versöhnlich.

„Was wollen Sie, Andropow?"

„Wie kommen Sie darauf, dass ich etwas von Ihnen möchte?", entgegnete Stalin.

„Weil ich kein Idiot bin", schoss Duke zurück. „Sie würden wohl kaum Ihr warmes Zuhause gegen das kalte New York eingetauscht haben, wenn es für Sie nicht etwas zu gewinnen gäbe."

Stalin grinste. Doch das konnte nur Bancroft sehen. Und die hielt sich noch raus.

„Guter Ansatz, Mister Duke. Aber tatsächlich bin ich es, der Ihnen etwas anbietet."

„Setzen Sie mich ins Bild, Bancroft", befahl er sofort.

„Andropows Helfer haben offensichtlich etwas aus dem Metropolitan Museum entwendet, dessen wir bislang noch nicht habhaft werden konnten."

„Und damit wollen Sie Ihre Freiheit erpressen, Andropow?", knurrte Duke bereits eine Spur unfreundlicher.

„Wenn ich nichts als meine Freiheit gewinnen könnte, dann wäre ich wohl kaum hergekommen."

Bancroft stimmte Stalin im Stillen zu. Er musste schon einen mächtigen Trumpf in der Hinterhand haben, um sich mit der CIA in diesem Rahmen anzulegen.

„Okay, Andropow. Sagen Sie endlich, was Sie haben", forderte Duke seinen russischen Widersacher genervt auf.

„Ich gebe Ihnen einen kleinen Hinweis: Mare Imbrium, 1971."

Stalin wartete gespannt auf die Wirkung seiner Worte. Doch Duke blieb still. Eine sehr lange Weile. Als der Russe merkte, dass Bancroft kein Wort verstanden hatte, beugte er sich ein wenig vor und flüsterte ihr zu: „Ihr Boss hat verstanden."

Damit zeigte er, dass er ein Meister der Manipulation war. Mit diesem einen Satz hatte er ihr bewiesen, dass sein Druckmittel tatsächlich so mächtig war, wie befürchtet. Und er hatte ihr aufgezeigt, dass sie offensichtlich nicht zum inneren Kreis gehörte. Derer, die etwas darüber wussten.

„Da gibt es nichts, was eine Verhandlung wert wäre", versuchte sich Cameron Duke mit fester Stimme.

„Ihr Schweigen bewies, dass dem nicht so ist. Lassen wir also das Geplänkel. Die Welt wäre sicher sehr interessiert zu erfahren, wer wirklich den Wettlauf zum Mond gewonnen hat."

Daher wehte also der Wind, dachte Elisabeth Bancroft. Mare Imbrium. Eine der ‚Meere' genannten Senken in der Mondoberfläche. Und die Jahreszahl 1971. Mitten im Apollo-Programm.

Stalin holte derweil zu seiner nächsten Spitze aus: „Mit Ihrer Erlaubnis, Mister Duke, werde ich Ihre kleine Bedienstete in die Geheimnisse Ihres Landes einweisen. Nur, damit wir alle den gleichen Stand haben", flötete er geradewegs seinen Status heraus, am längeren Hebel zu sitzen.

„Das werden Sie bleiben lassen!", donnerte Duke.

Doch Stalin tönte zurück: „Wer sollte mich daran hindern?"

Damit wandte er sich wieder an Bancroft: „Also hören Sie gut zu. Am 31. Juli 1971 landete Apollo 15 auf dem Mond. Am östlichen Ende des Mare Imbriums, einem Krater mit etwas mehr als eintausend Kilometern Durchmesser. Die Landung erfolgte in der so genannten Hadley-Rille. Aber das ist nebensächlich. Direkt nach der Landung wurde von Commander David Scott ein Außenaufenthalt durchgeführt. Der war nach dreiunddreißig Minuten wieder beendet. Soweit die offizielle Version."

Elisabeth Bancroft hob die Augenbrauen. „Und?"

„Was damals keiner wusste: Die Landung der Apollo-Kapsel geschah nicht unbeobachtet. Bereits am 17. November 1970 war ebenfalls im Mare Imbrium, nur am nordwestlichen Ende, die sowjetische Luna-17-Mission gelandet. Mit an Bord hatte sie das erste Mondfahrzeug Lunochod 1."

Bancroft konnte Stalin ansehen, dass der Big Bang bald folgen würde. Sie wunderte sich jedoch, dass Duke dem Russen nicht ins Wort fiel.

„Der KGB hatte seinerzeit natürlich alle Informationen über Dauer und Zeitpunkt sowie Landeort der amerikanischen Mission herausbekommen. Damals bereits zweifelten die Russen am Wahrheitsgehalt der amerikanischen Bilder. Und sie planten, die Vereinigten Staaten vor aller Welt bloßzustellen, wenn es denn gelingen würde, die Amerikaner der Lüge zu überführen. Also wurde Lunochod 1 auf dem Mond in Bewegung gesetzt, um rechtzeitig zur Landung von Apollo 15 vor Ort zu sein. Der russische Mondrover schaffte eine Höchstgeschwindigkeit von 2,5 Kilometern in der Stunde, was auch bei schlechter Oberflächenbeschaffenheit genügte, um eine Tagesstrecke von zwanzig Kilometern zurückzulegen. Das Mare zu durchqueren, dauerte also rund fünfzig Tage."

Bancroft ahnte grob, in welche Richtung sich Stalins Enthüllungen nun entwickeln würden. Und sämtliche Verschwörungstheoretiker dieser Welt hätten daran ihre helle Freude gehabt. Allein – Elisabeth Bancroft gehörte nicht zu ihnen. Doch solange Cameron Duke den Russen nicht unterbrach, mochte in der ganzen Geschichte zumindest ein Fünkchen Wahrheit stecken, und so zwang sie sich trotz ihres Widerwillens, Stalin weiterhin zuzuhören.

„Lunochod 1 erreichte natürlich sein Ziel, und es funkte die Bilder der landenden Mondfähre der Amerikaner direkt ins russische Weltraumzentrum nach Baikonur. Bloß: Kein Amerikaner entstieg der Landefähre. Die ganze Zeit über passierte rein gar nichts. Den viel gelobten Ausstieg von Commander Scott hat es nie gegeben."

Bancroft lächelte Stalin breit an. „Doch niemand auf der Welt hat je die Wahrheit erfahren …", resümierte sie lächelnd.

Aber Stalin war noch nicht am Ende. „Weil die russische Aufnahme eine Funk-Übertragung vom Mond zur Erde war. Die Qualität war – gemessen an den NASA-Aufnahmen – geradezu grauenhaft. Niemand hätte uns geglaubt. Und so entschloss sich die sowjetische Führung, über die wahre Lunochod-Mission den Mantel des Schweigens auszubreiten. Es wurden fiktive Routen entworfen, und Lunochod wurde zurück zu einer Stelle beordert, die deutlich näher am Luna-17-Landeplatz lag. Doch Jahre später erfuhren wir, dass es auch Aufnahmen der Amerikaner aus der Apollo-15-Landekapsel gab und dass die wiederum den russischen Mondrover Lunochod 1 in unmittelbarer Nähe aufgenommen hatte." Plötzlich freute sich Stalin wie ein kleiner russischer Junge, dem gerade eine Tüte Konfekt geschenkt worden war. „Verstehen Sie? Das war der ultimative Beweis. Beide Aufnahmen zusammen waren keine wilde Verschwörungstheorie mehr. Beide Filme zusammen belegten, dass bei der Apollo-15-Mission kein Astronaut den Mond betrat, dass sie wahrscheinlich sogar völlig unbemannt war. Und wenn die Amerikaner bei *dieser* Mission betrogen hatten, würde dann noch irgendein Mensch auf diesem Planeten glauben, dass die anderen Apollo-Missionen bemannt gewesen sein sollen?"

„Wir würden behaupten, es wäre eine Fälschung", warf Cameron Duke ein.

„Das würden Sie sicherlich. Aber ich gehe davon aus, dass Sie wissen, wie unanfechtbar das Material ist", konterte Stalin.

„Bancroft, ist überhaupt sicher, dass Stalin den besagten Film hat?"

„Es gab einen Diebstahl von Ausstellungsstück XTA 4/17 in einem der Untergeschosse des Museums. Wir wissen nichts über den Verbleib des betreffenden Objekts."

„Verdammt!", fluchte Duke. „Aber Sie suchen danach?"

„Mit allen mir zur Verfügung stehenden Männern."

„Es könnte längst außer Landes gebracht worden sein", warf Stalin ein.

„Bancroft?", wollte Duke die Meinung seiner Einsatzleiterin wissen.

„Unwahrscheinlich. Wir hatten alle Personen die gesamte Zeit in der Observation. Es gab keine Hinweise auf weitere Personen, die als Kuriere fungiert haben könnten."

„Unwahrscheinlich zählt in diesem Fall nicht. Sind Sie sicher, Bancroft?"

Elisabeth überlegte kurz. Spielte die vergangenen Minuten nochmals vor ihrem geistigen Auge ab. Überdachte die Meldungen von Hopkins und Bishop. Und so sehr es ihr widerstrebte, sie musste es zugeben: „Nein, Sir. Es gibt den Hauch einer Möglichkeit, dass sich das gesuchte Objekt nicht mehr von uns auffinden lässt."

„Damit haben wir eine Verhandlungsbasis, nicht wahr?", stellte Stalin die rhetorische Frage.

Dukes Schweigen war ihm Bestätigung genug.

„Warum erst jetzt?", wollte Elisabeth wissen.

„Wir erfuhren in den Neunzigern, dass der Film existierte. Immer noch. Ein Russe hätte ein Beweisstück dieser Wichtigkeit sofort zerstört. Ihr Amerikaner seid da scheinbar etwas anders. Allerdings wussten wir lange Zeit nicht, wo ihr ihn aufbewahrt. Er war mal in Langley. Dann in den Kellern des alten World Trade Centers. Nach dem 11. September hatten wir die Spur verloren."

Bancroft schüttelte den Kopf. „So einen Aufwand für einen über vierzig Jahre alten Film?"

„Es ist nicht der Film, sondern das, was ich dadurch gewinnen werde."

„Sagen Sie endlich, was Sie wollen, Andropow", verlangte Duke ungehalten.

„Endlich sprechen Sie meine Sprache", erwiderte Stalin. Doch er ließ den CIA-Boss zappeln.

Bancroft tippte auf ihre Armbanduhr als Zeichen, dass Stalin endlich zum entscheidenden Punkt kommen möge.

„Die CIA wollte meinen Einfluss auf russisches Öl einschränken. Nun werden die Vereinigten Staaten von Amerika den Einfluss auf *ihr* Öl an *mich* abtreten."

Bancroft musste lachen. „Niemals!", gluckste sie heraus.

Doch Duke reagierte anders. Unerwartet. Ernsthaft.

„Gesetzt den Fall, das wäre so, wie würde dann unsere Verhandlung aussehen."

„Ich gehe ungehindert meiner Wege. In einem Monat werde ich eine Delegation aus Ihrem Land in meinem Land begrüßen.

Wir werden über die Erschließung Kamtschatkas reden und über Verträge mit Amerika. Doch außerdem werden Sie mir die territorialen und politischen Rechte für ein ziemlich kleines Areal im Nordpolarmeer über Alaska übereignen."

„Sie meinen das neue, noch unerschlossene Ölfeld nördlich der Prudhoe Bay?"

„So ist es!"

„Und der Film?"

„Im Rahmen dieses Empfangs könnte einer Ihrer Männer das brisante Material zurück erhalten."

„Was ist mit Kopien?"

„Sie wissen so gut wie ich, dass gerade beim Thema Verschwörungstheorien eine Kopie nichts ohne das Original wert ist. Sie erhalten den Film …"

„Die Filme", forderte Duke.

„… die Filme", bestätigte Stalin und fuhr fort, „und ich erhalte im Gegenzug das Recht zur Ausbeutung der größten verbliebenen Ölquelle der Welt."

Bancroft erwartete Dukes Ablehnung. Dass er den Russen ins tiefste Verlies werfen ließe, dass er alles tun würde, nur nicht zustimmen.

Stattdessen sagte Cameron Duke: „Das klingt nach einem Deal."

Stalin grinste selbstgefällig. Und Bancroft musste dessen Sieg ertragen. Jahre der Planung, der Vorbereitung … weggewischt durch einen Satz ihres Vorgesetzten. Sie konnte das nicht glauben. Schlimmer noch. Sie weigerte sich, es zu akzeptieren.

„Und wie wäre es gelaufen, wenn wir Sie nicht gefangen genommen hätten?", fragte sie.

„Ich hätte mich bei Ihnen gemeldet. Mein Interesse gilt dem Öl, wie Sie sich sicherlich erinnern werden. Hätten Sie sich allerdings nicht redebereit gezeigt, hätte das Ansehen der Vereinigten Staaten wahrscheinlich tiefe Risse erhalten."

„Vielleicht würde sich niemand in der Welt dafür interessieren?", versuchte Bancroft so beiläufig wie möglich zu erwähnen.

„Und das sagt mir eine Vertreterin des Landes, das die Public Relation erfunden hat?"

Stalin war sich seines Sieges bewusst. Und er lebte den Triumph mit jeder Pore seines Körpers.

Cameron Duke war eine Weile still geblieben. Jetzt meldete er sich wieder: „Bancroft, wir sind doch noch unter uns?"

Elisabeth wollte bereits bejahen, als ihr das Halsmikro einfiel, welches auf direktem Weg in die Ohrwürmer von Harding und Johnson gesendet hatte. Die gesamte Zeit über.

Bancroft musste schlucken. Sie wollte das Mikro mit einer nebensächlich wirkenden Bewegung ausschalten. Doch Stalin beobachtete sie wie ein Luchs.

Was soll's, dachte sie sich. Dann haben die beiden eben alles mitgehört. Es war nun sowieso nicht mehr zu ändern. Sie beließ es bei dem gegenwärtigen Status und bejahte Cameron Dukes Frage.

„Natürlich, Sir."

„Gut für das Protokoll, das dazu nie geschrieben werden wird. Wir verstehen uns doch, Bancroft?"

„Ja, Sir!", war die einzige Antwort darauf, die für sie möglich war.

Und Duke fuhr fort: „Es fällt mir nicht leicht zuzugeben, dass wir uns in diesem speziellen Fall erpressen lassen. Aber wir werden Ihre Forderung, Andropow, in den von Ihnen vorgegebenen Maßen erfüllen."

Stalin grinste weiter.

Und dann sagte Duke die Worte, die Elisabeth ins Herz trafen: „Bancroft, lassen Sie ihn laufen!"

„Sir! Sie können Stalin unmöglich davonkommen lassen?"

„So ist das Business. Und ich muss mich nicht vor Ihnen rechtfertigen, Bancroft. Sie haben alles gehört. Sie werden meine Haltung akzeptieren."

Alles in ihr wollte dieses Gespräch auf der Stelle beenden. Ihr Boss war in ihrem Ansehen in diesem Moment um neun von zehn Punkten auf der Respektskala gefallen. Wäre

Turk noch anwesend, hätte sie ihn gebeten, *Sweet Home, Alabama* ein weiteres Mal einzuschalten. Laut. Richtig laut. So laut, dass man den eigenen Boss am Telefon nicht mehr verstehen könnte …

Sie ging nach vorn zum Fahrersitz und schaltete das Radio ein.

„Hören Sie, Bancroft. Sie lassen Stalin laufen. Er ist ein freier Mann."

Jetzt grinste sie.

„Sir, irgendetwas stört diesen Kanal. Ich verliere Sie …", und drehte das Radio voll auf. Aus den Lautsprechern hämmerte bezeichnenderweise die Headline von Springsteens *Born in the USA*.

„Sir?"

Damit unterbrach sie die Verbindung. Und schaltete das Radio wieder aus.

„Es muss Ihnen nicht gefallen, Königin des Zwergenlandes. Aber wenn Sie bitte so freundlich wären und mich von Ihren Handfesseln befreien würden?", säuselte Stalin.

Wenn sie es nicht tat, waren ihre Tage bei der Agency gezählt. Oder sie würde einen neuen Job in Anchorage, Alaska, bekommen. Sie kam nicht umhin. So sehr es ihr auch widerstrebte, sie musste es tun. Sie nahm die Schlüssel und öffnete die stählerne Acht um Stalins Handgelenke. Die Handschellen ließ sie in die Seitentasche ihres Blazers gleiten.

Sie gestand sich ein, verloren zu haben. Johnsons perfekter Plan hatte eines nicht vorhergesehen: dass Stalin den vermutlich einzigen Gegenstand in seine Gewalt gebracht hatte, mit dem man die Vereinigten Staaten erpressen konnte.

„Es war ein beeindruckender Kampf", sagte Stalin, und Bancroft war sich nicht sicher, ob er ihr damit tatsächlich Respekt zollte oder sie nur ein weiteres Mal verhöhnte.

„… aber Sie konnten ihn zu keinem Zeitpunkt gewinnen."

Damit drehte sich Stalin um, öffnete die hintere Tür, machte einen Schritt auf dem kleinen Tritt und flog augenblicklich zurück in den Van. Mit lautem Krachen landete der Russe auf dem Rücken des Mittelgangs.

Draußen stand Brian Harding und hielt sich die rechte Faust.

„Scheiße, hat der ein hartes Kinn!“, fluchte er.

Chris war währenddessen über die Beine des Russen in den Van gestiegen und stellte fest, dass Stalin bewusstlos war.

„Die gute alte CIA. Irgendwie ist auf euch Verlass“, giftete er in Bancrofts Richtung.

„Hey, das war nicht meine Idee. Wie Sie ja gehört haben“, verteidigte sich Elisabeth Bancroft.

Mittlerweile war auch Brian in den Van zurück gestiegen und schaute auf den schlafenden Oligarchen.

„Das war das Mindeste, was ich dir noch schuldete“, sagte er, und sein Blick auf den, der ihnen so viel angetan hatte, war alles andere als friedfertig. Stalin hatte ihn gedemütigt, ihm mit dem Tod gedroht, ihn in dem Glauben gelassen, seine Lebensgefährtin für immer verloren zu haben. Ein Faustschlag allein konnte das nicht aufwiegen.

„Danes hat uns eben draußen erzählt, dass Sie noch etliche Laufschuhpaare hier im Van haben. Täuschend ähnlich denen, die Stalin uns an die Füße gebunden hatte. Stimmt das?“, fragte Chris die Einsatzchefin.

„Ich habe noch eine der Fernbedienungen hier“, sagte Brian, und Chris ergänzte: „Hätten Sie bitte einen Schraubenzieher für mich?“

Bancroft zuckte mit den Schultern und nickte gleichzeitig ein wenig. „Ja, und?“

Johnson und Harding sahen sich an und lachten.

„Sie sollten dem Befehl Ihres Bosses unbedingt Folge leisten. Lassen Sie ihn laufen …“

16

Stalin erwachte im Central Park im Schatten des Museumsgebäudes. Die Fifth Avenue war nur einen Steinwurf entfernt. Der Maxi-Van stand knapp fünfzig Meter entfernt. Der russische Oligarch lag auf dem Rücken, als er seine Augen aufschlug.

Über ihn gebeugt standen Johnson, Harding, Parker und Bancroft. In der zweiten Reihe schauten Lucas, Truman und Danes auf ihn herab. Sein Schädel brummte gehörig. Aber er konnte sich nicht erinnern, wie es dazu gekommen war. Da beugte sich die Königin des Zwergenlandes ein wenig über ihn.

„Ah, Sie weilen wieder unter uns. Ich hoffe, Sie sehen es uns nach, dass wir Sie trotz Ihrer diplomatischen Immunität ein wenig umgestylt haben. Neues T-Shirt, neue Hose, neue Schuhe … sogar eine Startnummer auf der Brust. Sie sehen fast wie ein echter Läufer aus."

Stalin blickte an sich hinunter. Tatsächlich hatten die Amerikaner ihn während seiner Bewusstlosigkeit umgezogen. Immer noch leicht benommen erkannte er langsam das entscheidende Detail: die Schuhe!

„Aber … aber die sind doch explodiert. Ich habe es doch gehört."

„Nur ein Paar. Eines ist noch intakt. Wir haben Spezialisten, die den Fehler Ihrer Empfängereinheit mittlerweile beheben konnten. Als Sie eben ein wenig weggetreten waren, haben wir uns die Freiheit genommen, Sie mit dem letzten Schrei an Lauf-Equipment auszustatten. Wie Sie sehen, verfügen wir auch über den Sender. Ihn neu zu programmieren, war eine der leichteren Aufgaben. Dieser hier ist für Sie. Wie sich das mit dem roten und grünen Licht verhält, wissen Sie ja."

Damit händigte Bancroft ihm eine der Fernbedienungen aus.

Stalin stand wie paralysiert vor ihnen, blickte auf seine Schuhe, die Fernbedienung, die ein grünes LED-Licht zeigte, und dann wieder zu Elisabeth Bancroft.

„Was …“, blieb ihm im Halse stecken, als Johnson eine zweite Fernbedienung nahm, vier Tasten drückte und das LED-Licht sowohl bei seiner als auch auf der in Stalins Händen rot aufleuchtete.

„Laufen Sie!“

Stalin begann, die Beine zu heben, lief auf der Stelle, begann panisch, um sie herum zu laufen.

„Aber ich genieße diplomatische Immunität!“, beharrte er.

„Wenn Sie nicht sofort loslaufen, werde ich …“

Christopher Johnson hob die eigene Fernbedienung, und die Drohung verfehlte ihre Wirkung nicht. Stalin war unfähig, logisch zu denken. Eilig versuchte er fortzulaufen, irgendwo hin, dem Befehl Folge zu leisten. Hektisch ging sein Blick von links nach rechts, so als suche er einen Ausweg, den es nicht gab, nicht geben konnte. Er trampelte, wollte in den Park, besann sich aber anders, lief zur Fifth Avenue, die Straße entlang, musste dem unendlichen Strom derer ausweichen, die die Marathon-Veranstaltung verließen, geriet auf die Straße …

Dem Taxi konnte er noch ausweichen. Allerdings lief er dann in die Mittelspur und einem noch größeren Problem entgegen. Der mächtige Hummer H2, der Stalins abrupten Richtungswechsel herbeiführte, war mit drei Tonnen Leergewicht zu stark für das Skelett des Oligarchen. Es knackte deutlich hörbar für die umstehenden Passanten, und es klatschte laut, als Stalin zwölf Meter weiter auf der Straße aufschlug.

„Uuuh, das hat sicher weh getan“, kommentierte Brian das Geschehen. Und die Genugtuung stand ihm deutlich ins Gesicht geschrieben.

Währenddessen startete das große Bremsen auf der Fifth Avenue. Die ersten Fahrzeuge stellten sich quer zur Fahrbahn. Es gab Auffahrunfälle bis zurück zum nächsten Block. Alles war ins Stocken geraten … abermals.

Bancroft, Parker, Johnson und Harding gingen die wenigen Meter bis zum Landepunkt des Russen und sahen sich an, was unwiderruflich war.

Stalin lag mit ausgebreiteten Armen auf dem Rücken. Sie zogen ihn über die Busspur hinauf auf den Bürgersteig, doch es gab nichts mehr, was ihn zurück zu den Lebenden hätte bringen können.

Stalin. Russischer Oligarch von eigenen Gnaden. Keine vierzig Jahre alt, blendendes Aussehen, mit einem Gesamtvermögen von rund 40 Milliarden US-Dollar. Berühmt, berüchtigt, angesehen, gnadenlos und gefürchtet zugleich.

Und eindeutig tot!

Seine Knochen waren gebrochen, seine Organe gerissen, seine Wunden zahlreich. Nur seine Schuhe waren nicht explodiert. Und er hatte keine Ahnung, mit wem er sich angelegt hatte.

Bart Lucas schaute in Bancrofts Gesicht und sah ihre Bestürzung.

„Die CIA wird sehr traurig sein", kommentierte er.

„Und sie wird wissen wollen, wer dafür verantwortlich ist", vervollständigte Elisabeth den Gedanken.

Insgeheim verfluchte sie den Moment, in dem sie Johnsons und Hardings Drängen nachgegeben hatte, sich *ein wenig* an Stalin rächen zu wollen.

„Um den Schaden in Grenzen zu halten, sollten Sie dringend den Film finden", gab Brian dazu.

Auch er hatte Bancrofts Niedergeschlagenheit bemerkt. Nur hatte er keine Ahnung, wie er der CIA-Einsatzleiterin helfen konnte, ihr Hinterteil zu retten.

Er hockte über Stalin und bedachte dessen leblosen Körper mit einem letzten Blick voller Genugtuung. Als er sich gerade abwenden wollte, bemerkte er etwas. Etwas, das trotz des demolierten Zustands dieses Körpers dort nicht hingehörte. Brian beugte sich weiter hinunter, dichter zu Stalins Kopf hinab. Am Hals des Oligarchen schien ein loser Hautlappen zu hängen. Eine Abschürfung aufgrund des Aufpralls vielleicht. Doch weder darüber noch darunter hatte sich Haut gelöst, war gerissen oder offenbarte irgendeine Art von Wunde.

Gleichsam neugierig und angeekelt bückte er sich und zog an dem Hautstück. Es fühlte sich nicht wie Haut an. Beim Ziehen bemerkte Brian einen sanften Widerstand. Dann jedoch gab das, was dieses Hautstück gehalten hatte, nach, und Brian zog fester. Das sich lösende Stück wurde größer, und Brian zog weiter nach oben, über Stalins Kopf. Der Hautlappen gab die Fläche von Stalins Hals vollends frei, sein Kinn, seinen Mund …

Darunter befand sich ein zweites, ein anderes Gesicht. Mit einem letzten Ruck riss Brian die Maske vollends ab.

Der Mann, der dort zerschmettert auf den Platten des Gehweges der Fifth Avenue lag, war möglicherweise ein Russe. Aber es war nicht Stalin.

Brian wollte Chris rufen, doch der stand längst hinter ihm.

„Eine Maske“, konstatierte Brian.

„Nicht die erste heute“, ergänzte Elisabeth. „Wir hatten heute früh bereits einen toten Russen in Brooklyn, nur in Laufkleidung, mit einer Maske, die hinten in der Hose steckte!“

Johnson schmunzelte. Brian hasste es, wenn sein Kumpel bereits etwas herausgefunden hatte, die Schlussfolgerung jedoch noch für sich behielt.

„Was ist?“, fragte er, als er sich aufrichtete und neben Chris stellte.

„Hattest du dich nicht auch gewundert, dass Curran längst in der Spitzengruppe war, als wir uns nach vorne kämpften? Wie ist er in den anderen Corral gelangt? Und warum hat er uns scheinbar nicht wiedererkannt?“, fasste Christopher die Ungereimtheiten des Vormittags zusammen.

„Weil der eine mit dem anderen nichts zu tun hatte. Der erste Curran war nicht der echte Curran“, sprach Brian aus, was nicht mehr ausgesprochen werden musste, und Rachel Elaine Parker vervollständigte: „Und dieser Stalin hier ist nicht Stalin.“

Bancroft blickte hinüber zum Maxi-Van. Stanley Turk saß mittlerweile wieder am Steuer. T. J. Hawkins war wohl ebenso zurück in die schützende Wärme des Wagens geklettert.

Hinter ihr stand der sinnierende Floyd Truman. „Ich hatte mich ohnehin gewundert, dass dieser Stalin nicht dort war, wo sein Coup stattfinden sollte. Er war nicht einmal in der Nähe."

„Wenn der echte Stalin wirklich so ist, wie dieser Stellvertreter ihn gespielt hat, dann würde er es sich nicht nehmen lassen, alles mit eigenen Augen zu sehen", brachte Taylor Danes ihre gemeinschaftlichen Überlegungen auf den Punkt.

„So oder so. Wir müssen diesem Mann unseren Respekt zollen. Stalin hat ihn nicht nur exzellent vorbereitet, der Falsche hat seine Rolle auch überzeugend gespielt", sagte Bancroft.

„Genau wie der falsche Curran. Auch der sprach ein exzellentes Englisch", ergänzte Harding.

Elaine Parker stellte die Frage aller Fragen: „Also war Stalin niemals hier?"

„Hätte er sich dann so viel Mühe mit den falschen Identitäten gegeben?", versetzte Christopher sofort.

„Du meinst, er war die ganze Zeit vor unseren Augen?", fügte Brian hinzu.

„Um nichts in der Welt hätte er sich das entgehen lassen", bestätigte Chris ihm und allen anderen, die mit ihm einen Kreis um den toten, namenlosen Imitator gebildet hatten.

„Igor!", sagte schließlich Elisabeth.

„Wer sonst!", sagte Johnson und lächelte sie dabei an.

„Taylor", kommandierte Elisabeth Bancroft sofort. „Sie bleiben hier und rufen einen Leichenwagen. Wir kümmern uns derweil um einen guten, alten Feind."

Damit brach die kleine Gruppe auf, um fünfzig Meter weiter südlich auf dem Gehsteig der Fifth Avenue den Maxi-Van zu umkurven und vor dem Streifenwagen anzuhalten, in dem ‚Igor' angekettet saß und womöglich immer noch der durch seinen Stellvertreter erpressten Freilassung harrte.

Die zwei Polizisten, die neben dem Wagen standen, hatten viel zu lange gewartet. Möglicherweise hielt sich auch ihre Begeisterung in Grenzen, den Tag als Laufburschen bei einem

CIA-Einsatz zu beenden. Zumindest war ihnen ihr Unmut bereits auf fünf Meter Entfernung anzusehen.

„Wird auch Zeit, dass Sie uns von den Typen erlösen", empfingen sie die Ankömmlinge recht frostig.

„Vorerst nur von einem. Den anderen müssen Sie noch ein paar Minuten im Auge behalten."

Elisabeth Bancroft hatte weder Zeit noch Lust, sich den beiden zu erklären und dankte den Officers lediglich für ihre Geduld. Sie zogen daraufhin den Russen aus dem Wagen.

Der fluchte irgendetwas in seiner Muttersprache und sagte schließlich: „Seien vorsichtig. Ich verletzt bin."

Das war ein guter Grund für Bart Lucas, ihn noch etwas härter vor sich her zu stoßen. Bancroft schaute noch einmal in den Streifenwagen und ließ Hunziker mit traurigem Blick zurück.

Truman und Lucas führten ‚Igor' die wenigen Schritte bis zum Einsatz-Van. Dort eingetroffen wurde er sofort wieder angekettet. Nicht grob, aber auch nicht so behutsam, wie ein Verletzter es normalerweise verdient hätte.

Sinnigerweise bekam ‚Igor' den Platz, auf dem zuvor die Person gesessen hatte, die sie alle bis vor ein paar Minuten für Stalin gehalten hatten. Bancroft, Johnson, Harding, Parker, Lucas und Truman stiegen in den Van, ehe Floyd Truman als Letzter die hintere Tür schloss. Vorne im Van saßen Turk und Hawkins.

„Nun, da wir alle so nett beisammen sind, wollen wir uns Ihre Version des Tages anhören", eröffnete Bancroft die Befragung.

„Ich sagen nichts."

Elisabeth lächelte. Es war ein ehrliches Lächeln.

„Ich glaube, dass sich das im Verlauf unseres Gesprächs noch ändern wird."

Der Russe schwieg. Nach einem kurzen Blick in die Runde und der Gewissheit, dass niemand ihr den Rang als Interviewerin streitig machen würde, fuhr sie fort: „Nun gut. Dann werden wir Sie mal über den derzeitigen Stand in Kenntnis setzen. Stalin hat mit einem der Rangoberen in der Agency einen Deal ausgehandelt. Freiheit für ein gewisses Entgegenkommen in Sachen Öl. Eine Übereinkunft auf höchster Ebene. Ihr Name ist in dem Zusammenhang leider nicht gefallen."

‚Igor' versuchte ein schiefes Grinsen.

„Sie mir nicht drohen können", setzte er die Charade mit den falschen Satzstellungen fort.

Elisabeth Bancroft blieb entspannt. „Oh, wir müssen Ihnen auch gar nicht drohen. Es wird Sie sicherlich betrüben zu hören, dass Stalin aufgrund einer Verkettung unglücklicher Umstände vor zirka zehn Minuten auf der Mittelspur der Fifth Avenue sein Leben aushauchte." Damit beugte sie sich ganz nah zu dem wahren Stalin herunter. „Oder wie Sie sagen würden: *Do poslednevo wsdocha*! – Bis zum letzten Atemzug."

Stalin schwieg.

Brian war der Ansicht, dass es genug der Plänkeleien war. Es wurde Zeit, die Schrauben ein wenig anzuziehen.

„Damit sind natürlich alle Absprachen null und nichtig. Niemand wird sich um einen gewissen Igor kümmern, der aufgrund des vierfachen Mordes an seinen ehemaligen Genossen für immer in einem amerikanischen Gefängnis landen wird. Da es im Bundesstaat New York keine Todesstrafe gibt, steht Ihnen eine sehr lange Zeit in einer sehr kleinen Zelle bevor. "

Diese neue Information setzte Stalin deutlich zu. Sie alle konnten ihm ansehen, dass seine Aktien gerade ihr All-Time-Low erreichten. Doch es dauerte nur einen Augenblick, bis er seine Chancen neu berechnet hatte.

„Ich bin …", setzte er an. Doch alle fielen ihm einheitlich ins Wort: „Stalin."

Und Bancroft vollendete: „Das wissen wir. Aber wir behalten das vorerst für uns", ergänzte sie mit einem schelmischen Zwinkern.

Die Tatsache, dass ihn seine Gegner durchschaut hatten, verminderte seine Arroganz nicht einmal ansatzweise.

„Ich weiß nicht, woher Sie die Berechtigung nehmen, den Deal, den mein ‚Vertreter' in meinem Namen ausgehandelt hatte, für nicht mehr existent zu erklären. Ich sage Ihnen: Kein Detail dieser Absprache hat sich auch nur im Geringsten geändert."

„Sie bluffen!", platzte Johnson heraus. „Sie besitzen kein einziges Druckmittel mehr. Das, was Sie aus dem Museum entwendet haben, trugen Sie weder bei sich, noch werden Sie in der Zukunft Gelegenheit bekommen, danach zu suchen. Sie werden eine sehr lange Zeit im Gefängnis verbringen."

Irgendetwas an Johnsons Worten schien Stalin beeindruckt zu haben.

„Ich besitze immer noch diplomatische Immunität."

„Die – gelinde gesagt – einen Scheißdreck wert ist!", zischte Brian Harding.

„Es gab keinen Anschlag auf die USA, dessen Sie mich bezichtigen könnten", war Stalin endgültig in der Defensive.

„Sie müssen kein Terrorist sein, um Ihren Status zu verlieren. Mord in vier Fällen. Mordauftrag in einem Fall. Freiheitsberaubung in drei Fällen, versuchter Mord in zwei Fällen. Und das alles an einem Tag. Ich glaube kaum, dass irgendein Richter Sie auch nur für zwei weitere Stunden in die Freiheit entlässt", erklärte Elisabeth Bancroft trocken.

„Ich werde Unterstützung erhalten!", beharrte Stalin.

„Von wem? Von Peter Hunziker? Selbst Ihr Versuch, uns Bart Lucas als russischen Spion zu verkaufen, ist gescheitert", vollendete Elaine Parker.

Von einem auf den anderen Moment schaltete Stalin um. Unter seinen dunklen Augenbauen funkelte er alle in der Runde böse an.

„Ihr Adjutant Hunziker war so rührend, als er um das Leben der Frau bettelte, die er liebte", sagte er jedoch deutlich in Bancrofts Richtung.

„Eine Tschechin. Die ist ja nun auch vor Ihnen in Sicherheit", gab Elisabeth zurück.

„Eine Tschechin? Sagte er das? Sie wissen also immer noch nicht, wer die Frau sein könnte, die Peter liebte?“

Elisabeths Antwort war fragendes Schweigen.

Und Stalin genoss es, den zarten Spross der Erkenntnis in der Luft zu zerfetzen: „Sie sind es, die er liebt, Miss Bancroft! Alles, was er tat, tat er nur, damit Sie überlebten. Ironie des Schicksals: Ohne Sie hätte es dies alles nicht gegeben.“

Elisabeth Bancroft musste schlucken. „Sie drohten ihm, mich zu ermorden, wenn er nicht …“

„Sie sind schnell. Selbst bei persönlicher Betroffenheit. Ein ganzer Profi“, analysierte Stalin. Doch dann wandte er sich wieder an die gesamte Runde. Mit beinahe lieblich säuselnder Stimme begann er: „Jeder von Ihnen hat Freunde, Menschen, die er liebt. Und sicherlich wäre jeder von Ihnen sehr betrübt, wenn diese Personen sterben müssten. Schmerzen, unsägliches Leid – all das können Sie sich und Ihren Liebsten ersparen.“ Stalins Drohung wurde lauter, intensiver. „Mir ist eine weltweit agierende Organisation untertan. Wenn ich es befehle, stehen Tausende still. Sie sollten sich also Ihren nächsten Schritt sehr gut überlegen!“

Einen sehr langen Moment war kein Laut im Van zu hören. Dann trat Bart Lucas zu Elisabeth Bancroft und nahm sie etwas zur Seite. Fort von Stalin. Er redete auf sie ein, schlug ihr etwas vor. Sie überlegte und nickte schließlich. Und beide machten einen sehr entspannten Eindruck, als sie sich wieder zu Stalin wandten.

„Es gibt nur einen Mann mit dem Gesicht von Jewgenij Iwanowitsch Andropow. Und der wird gerade im Leichenwagen fortgebracht. Sicherlich wird dieser Leichnam absolut makellos Ihren Verwandten in Sankt Petersburg überstellt. Aus Rücksicht auf Ihre Familie und aus Achtung vor Ihrem Land“, begann Bart Lucas und übergab den verbalen Staffelstab damit an Bancroft.

„Der Mann mit dem Gesicht Igors hingegen wird zu seinem eigenen Schutz – und dem Schutz seines Gesichts – in einem neuartigen Gefängnis der NSA verwahrt. Sie werden in eine dieser weißen Jacken schlüpfen, die normalerweise in der geschlossenen Psychiatrie verwendet werden. Wie mir mein Kollege sagte, wird eine Anklage nicht notwendig sein. Wir schließen Igor einfach weg. Für immer!"

Damit zeigte sie mit ihrem Zeigefinger nacheinander auf Hawkins, Johnson, Harding und Parker und wies sie mit einer kleinen Geste an, jetzt auszusteigen.

„Stanley", sprach sie ihren Fahrer an, der die ganze Szenerie von seinem Sitz aus mitverfolgt hatte, „Bart und Floyd zeigen Ihnen den Weg. Fahren Sie unseren Gast bitte an den Ort, den Ihnen unsere NSA-Kollegen nennen. Den Rest übernehmen die beiden Herren."

In dem Moment explodierte Stalin: „Sie werden mich nicht wegschließen! Ich habe Rechte. Ich bin ein anerkannter Bürger meines Landes. Ich ..."

„Igor?", unterbrach Bancroft den Oligarchen, nachdem alle bis auf Turk und die beiden NSA-Männer den Van verlassen hatten und auch sie selbst nur noch durch die bereits halb geschlossene Tür hineinlugte. „Igor ist Ihr Name. Gewöhnen Sie sich dran."

Und Stalin heulte, schrie, tobte ...

Bancroft warf Lucas den Stressball zu, den sie ursprünglich von ihrem Fahrer entliehen hatte.

„Falls Sie es nicht mehr ertragen", sagte sie und zwinkerte Bart zu.

Sie versuchte, Stalins Geschrei zu übertönen, als sie Turk zurief: „Stanley! Drehen Sie die Musik etwas lauter. Die Titelwahl überlasse ich Ihnen. Irgendetwas Nettes."

Damit warf sie die Tür zu.

17

Nachdem der Maxi-Van die Straße hinunter gefahren war – Bancroft meinte, abermals *Sweet Home, Alabama* gehört zu haben – wandte sie sich an Johnson: „Laufen Sie mir nicht weg. Wir müssen noch etwas klären."

Nach Christophers Zustimmung nahm sie sich der draußen wartenden Hawkins und Danes an, telefonierte mit Bishop und Hopkins, schickte die Cops mit Hunziker in die Zentrale und regelte den ganzen verbliebenen Rest.

Derweil zog sich Brian Harding seinen alten Kumpel auf eine Armlänge heran.

„Irgendwann würde ich mal gerne einen Marathon zu Ende laufen."

„Glaub mir, der Tag wird kommen", sagte Chris zu ihm.

„Dir glauben? Ich weiß nicht, ob ich dir je wieder vertrauen kann. Du musst mir versprechen, dass wir so etwas nie wieder durchziehen müssen!", forderte Brian und sah Chris tief in die Augen.

„Gerne. Ich verspreche dir sogar noch etwas anderes", und deutete damit auf Elaine, die Brian fest in seinem linken Arm hielt, „der Tag endet deutlich erfreulicher, als er begonnen hat."

In dem Moment zwängte sich Elisabeth zwischen die beiden Männer.

„So, erledigt. Selbst mein Big Boss hat mir trotz der vermeintlich schlechten Nachricht, dass Stalin bei einem Fluchtversuch ums Leben kam, nicht den Kopf abgerissen", gab Bancroft zu und informierte sie damit gleichsam, dass ihr derzeitiger Beschäftigungsstatus in der Agency immer noch auf ‚aktiv' stand. Sie war deswegen nicht gerade um ein Stück gewachsen, doch der Stein, der ihr vom Herzen fiel, war deutlich hörbar.

„Was ich jedoch immer noch nicht begreife: Warum glaubte Stalin, in dem Chaos entkommen zu können?", fragte Elisabeth in die Runde.

„Die Antwort ist einfach", sagte Christopher und lieferte sie sofort. „Es gab zwei Möglichkeiten für ihn. Entweder alles wäre wie von ihm geplant verlaufen, dann würde Stalin – also sein Stellvertreter – frei sein, es gäbe ein Abkommen mit der CIA, und Igor müsste sich keine Sorgen um eine freie Ausreise machen. Gesetzt den Fall, Stalins Stellvertreter käme beim Zugriff ums Leben, oder die CIA hätte sich nicht auf einen Deal eingelassen und den Stellvertreter ins Gefängnis geworfen …"

Hier übernahm Brian: „… dann hätte auch niemand nach einem Mann gefahndet, der wie Stalin aussieht. Igor hätte seine Maske abgenommen und wäre ganz normal als Stalin ausgereist."

„Genial!", gab Elisabeth zu und war im nächsten Moment bereits wieder bei einem anderen Punkt.

„Ich habe nach Anzügen für Sie geschickt. Sie können ja schlecht den Rest des Tages in diesen Trainingsanzügen verbringen", fügte sie noch hinzu.

„Dafür sind wir Ihnen unendlich dankbar", gab Brian zurück.

„Apropos dankbar! Die CIA möchte sich bei Ihnen für Ihre zumindest teilweise unwissentliche und dennoch erfolgreiche Unterstützung bedanken. Nach den Strapazen des heutigen Tages haben Sie sich etwas Ansprechendes zwischen die Zähne verdient. Die CIA lädt Sie drei hiermit zu einem Mittagessen ein … oder auf einen Kaffee … was Ihnen lieber ist."

„Oh ja – amerikanischer Kaffee. Ich weiß schon gar nicht mehr, wie echter Kaffee schmeckt. Gibt es ein Starbucks in der Nähe?"

„Das lässt sich leicht herausfinden", antwortete Bancroft und zückte ihr Handy. Die Suche dauerte fünf Sekunden. „Im Trump Tower. Das sind nur ein paar Blocks von hier."

„Und Sie begleiten uns, Miss Bancroft?", fragte Christopher nach.

„Wir waren doch bereits beim ‚Liz', oder?", konterte die CIA-Agentin und zwinkerte ihm zu.

Sie drehte sich um und schaute über ihre Schulter zu Elaine, Brian und Chris. „Ihr wartet hier? Ich frage mal nach, wo die Anzüge bleiben. Und außerdem muss ich mal gaaaanz dringend für kleine CIA-Agentinnen! Zuviel Kaffee ..."

Damit rauschte sie davon. Chris sah ihr noch eine Weile hinterher, ehe Elaine ihn in die Seite knuffte.

„Sie flirtet mit dir!"

„Ist mir nicht entgangen", lächelte er versonnen, ehe Brian ihn aus seinem Tagtraum riss.

„Okay, du bist ein freier Mann. Glückwunsch. Und wir sind gerade so mit heiler Haut davon gekommen."

„Aber?", fragte Chris.

„Irgendwie vermisse ich die vierundachtzig Millionen, die wir nach dem Boston-Marathon hatten."

Brian versuchte sich in dem betont traurigen Gesichtsausdruck eines Pantomimen.

„Du befürchtest, wieder als Anwalt arbeiten zu müssen?", grinste ihm Christopher entgegen.

„Das ist nicht meine Sorge. Aber ihr werdet doch zugeben, dass es eine schöne Zeit in der Karibik war?"

„Oh ja!", pflichtete ihm Elaine bei.

„Ich hätte da eventuell eine Lösung für dieses Problem", sagte Chris.

Elaine und Brian schauten ihren Freund überrascht an.

„Bist du als Freund der CIA neuerdings auch Spezialist in Sachen Geldbeschaffung?", fragte Elaine.

„Ihr erinnert Euch, dass ich im Zusammenhang mit dem Wie-fange-ich-einen-Stalin-Plan drei Bedingungen ausgehandelt hatte?"

Beide nickten.

„Ein Teil meiner Forderung lautete: Wenn wir Stalin überführen, erhalten die nicht bewusst beteiligten Personen, also Brian und du, Elaine, je drei Millionen Dollar. Sozusagen als Aufwandsentschädigung."

Die beiden waren baff. Unglauben und Freude wechselten sich in Sekundenbruchteilen in ihren Gesichtern ab. Ihr irritiertes Schweigen dauerte eine Weile.

„Für dich nichts?", fragte schließlich Brian seinen Kumpel.

„Ich werde frei sein", antwortete der lächelnd.

Das, so konnten Elaine und Brian sich gut in Christophers Situation hineinfühlen, wog in seinem besonderen Fall tatsächlich mehr als alles Geld der Welt.

„Okay", sagte Brian. „Das waren also die drei Bedingungen?"

„Nein – das waren nur zwei. Die dritte Bedingung war seinerzeit, dass Bart Lucas bei nächster Gelegenheit Chef der Ostküste wird."

Wieder waren beide zunächst sprachlos.

„Weiß er das?", fragte Elaine schließlich.

„Ich denke nicht. Und wir sollten es auch dabei belassen."

„Du hast mit der CIA verhandelt, wie bei der NSA Posten vergeben werden?", hakte sie nach.

„Fragt mich nicht, wie das funktioniert hat. Aber immerhin hatte ich mit Cameron Duke verhandelt. Auf oberster Ebene ist wohl alles möglich."

Sie saßen mittlerweile auf den Stufen des Metropolitan Museums und sahen sich still um. Der Verkehr auf der Fifth Avenue lief wieder. Kein Zeichen mehr vom vorherigen Durcheinander.

„Und nun?", begann Elaine abermals. „Was willst du jetzt mit deiner neu erworbenen Freiheit anfangen?"

„Mal sehen", wich Chris aus.

Dabei schaute er hinüber zu Liz, die mit den zurückgekehrten Bishop und Hopkins letzte Details besprach und sich von Danes gerade zwei Anzüge aushändigen ließ.

Brian hatte diesen Blick bemerkt und ebenso die Art dieses Blickes.

„Vielleicht bietet dir Liz ja 'nen neuen Job an? Da ist, glaube ich, gerade ein Platz in ihrem Team frei geworden."

„Vielleicht", schmunzelte Chris.

Elaine hob darauf betont aufgeregt ihre Arme. „Wir gehen gerade davon aus, dass wir der CIA vertrauen können. Merkt ihr eigentlich, wie krank das ist?“

„Ich glaube schon, dass sie ihre Zusagen einhalten werden. Und falls nicht …“, sagte Christopher.

„… wirst du zu einem Spendenmarathon für uns aufrufen?“, feixte Brian.

Da musste selbst Chris lachen. „Nein. Aber ich habe Informationen, die sehr viel wert sind. Die amerikanische Regierung würde sicherlich gerne die Welt weiterhin in dem Glauben lassen, dass Amerikaner den Mond als Erste betreten haben.“

Elaine setzte einen fragenden Blick auf. Ihre großen Augen bohrten sich geradezu in Christophers Gesicht. Doch Brian, der wie Chris das Gespräch zwischen Duke und Stalin via Ohrwurm verfolgt hatte, verstand sofort.

„Das ist ein verdammt heißes Eisen, mein Freund“, warnte er Chris.

„Nur für den Fall“, beharrte der und sah Liz in dem Moment erneut auf sie zueilen. So beließ er die Filmkapsel, die er dem bewusstlosen ‚Igor‘ im Park abgenommen hatte, vorerst lieber in der Tasche seines Trainingsanzugs.

Bevor seine potenzielle neue Freundin wieder zu ihnen stieß, beugte er sich dicht zu Brian und Elaine hinüber und flüsterte hinter vorgehaltener Hand: „Ich habe einen Plan. Vertraut mir!“

ENDE

Danksagung

Wie immer war ich auch bei der Erstellung dieses Romans auf Hilfe angewiesen.

Heike danke ich für die Nachhilfe in russischer Sprache, obgleich der Einsatz russischer Sätze im finalen Skript deutlich knapper ausfiel als ursprünglich angedacht. Vielen Dank für die vielen Flüche.

Silka und Martin bildeten mein Kompendium in Sachen New York City Marathon. Beide haben diesen Lauf erfolgreich absolviert und waren mir mit ihrem Detailwissen eine wertvolle Unterstützung.

Meiner befreundeten Autorin Lara Möller danke ich für die zahlreichen Gespräche, die mir halfen, das eine oder andere Problem – wie ich hoffe – elegant zu lösen.

Der größte Dank gebührt meiner lieben Frau und First-Level-Lektorin Julia. Trotz der Vollzeitbeschäftigung als Mutter unserer beiden Racker nahm sie sich die Zeit, mein Skript mit vielen wertvollen Hinweisen zu verbessern.

Zuletzt gilt mein Dank natürlich auch Nicole Luzar vom Sportwelt Verlag. Sie glaubte an die Fortsetzung, bevor ich es selber tat. Das hat sie nun davon. ;-)

Frank Lauenroth

„Tödliche Gerechtigkeit"
von Thomas U. Tajsich

350 Seiten, 9,95 EUR, ISBN 978-3-941297-15-9
Ebook 8,99 EUR, ISBN 978-3-941297-16-6

In Washington herrscht Ausgangssperre, weil die Politiker einen Bürgeraufstand befürchten. Der Obdachlose Steve weiß nichts davon und entgeht nur knapp einer Verhaftung. Auf seiner Suche nach einem Versteck lernt er eine junge Journalisti kennen, deren Auto einen Motorschaden hat. Kurz nachdem sie vom FBI abgeholt wird, ist sie tot.

Der deutsche Wirtschaftswissenschaftler Peter Mormerin findet eine Speicherkarte mit verschlüsselten Dateien. Um mehr über Herkunft und Besitzer der Chipkarte herauszufinden, wendet er sich an ein Hackerforum im Internet. Eine der Dateien ist offenbar eine Todesliste, denn einige der darin genannten Personen wurden bereits grausam ermordet.

Als sein Chatpartner ihm auch noch mitteilt, er sei in Gefahr und könne seinen Hals nur durch eine Flucht nach vorn aus der Schlinge ziehen, fliegt Peter widerstrebend nach Washington. Dort lernt er die Drahtzieher eines ominösen Bündnisses kennen, die ihn auf ihre Seite bringen wollen ... und um Unterstützung bitten. Vorsitzender des Bündnisses ist der Vizepräsident der Vereinigten Staaten, und der bricht kurz darauf bei einer geheimen Pressekonferenz zusammen.

Peter taucht immer tiefer in die Jagd nach dem Mörder ein – bis er selbst zum Gejagten wird.

Erwachen

Es war bereits das dritte Mal, dass Peter an diesem Tag erwachte. Heute Morgen in seinem Hotelbett, dann nach diesem fürchterlichen Schlag auf den Kopf, und zuletzt hatte der Typ ihm vermutlich irgendein Zeug gespritzt, das ihn ausgeknockt hatte. Sollte er heute ein weiteres Mal auf unnatürliche Art und Weise das Bewusstsein verlieren, könnte es für immer sein, fürchtete Peter. Dann drehte er langsam den Kopf. Es war pechschwarz um ihn herum.

„Hey, bist du noch da?“, fragte Peter in die Finsternis und tastete herum, ob der Zungenlose noch bei ihm war. Nichts, kein Rascheln, kein Stöhnen – er war allein.

Dann versuchte Peter, sich aufzurichten, merkte aber sofort, dass das nicht so einfach war, wie er es sich vorgestellt hatte. Was für ein Teufelszeug hat mir dieses Monster bloß verabreicht?, fragte er sich, weiterhin bemüht, in eine erträglichere Position zu kommen.

Da zuckte er plötzlich zusammen. Jemand schien die Garagentür geöffnet zu haben. Vermutlich der Hausbesitzer, der zurückkam, um auch ihn zu holen! Was hatte der dem Zungenlosen angetan? Lebte er noch? Die Gedanken flackerten wild durch sein Gehirn, und er bebte vor Angst. In seiner derzeitigen Verfassung war er jeder Attacke auf Gedeih und Verderb hilflos ausgeliefert.

Jetzt klang es, als ob eine Autotür geschlossen wurde. Vermutlich hatte der Typ ein Fahrzeug in der Garage geparkt, um ihn nach getaner Arbeit bequem abzutransportieren. Eine Welle der Panik überkam ihn.

„Lass mich hier raus, du mieses Schwein!“, brüllte Peter so laut er nur konnte. Sein Körper verkrampfte sich, dann sank er resigniert zurück in die Ecke. Über ihm war alles still. Doch zu seiner Überraschung hörte er wenige Augenblicke später, dass sich jemand an der eisernen Klappe seines

Gefängnisses zu schaffen machte. Mit einem ohrenbetäubenden Klirren fiel die Metalltür zur Seite. Der Lärm ließ Peter wieder etwas zur Besinnung kommen, und eine neue Angstattacke überkam ihn. Hätte ich doch bloß den Mund gehalten!, schalt er sich. Vielleicht wäre der Typ dann erst später gekommen, und bis dahin wäre ich in der Lage gewesen, mich doch noch zu wehren.

„Peter!", hörte er jemanden seinen Namen rufen. Er fragte sich, ob die Panik ihn gerade den Verstand verlieren ließ.

„Peter, bist du da unten?!"

Die Stimme klang vertraut.

„Mein Gott, Steve!"

Peter blickte nach oben und konnte zwar immer noch niemanden sehen, war sich aber sicher, Steves Stimme erkannt zu haben. Ein Gefühl der Erlösung machte sich in ihm breit.

„Mann, wie kommst du hier runter?"

„Hol mich hier raus!", schrie Peter, ohne auf die Frage einzugehen. Er wollte einfach nur raus aus diesem Loch.

„Das Gitter ist verriegelt. Ich sehe mich mal in der Garage um, ob ich einen Schlüssel oder Werkzeug zum Aufbrechen finde!"

Die Minuten, in denen er Steve auf und ab gehen hörte, kamen Peter vor wie Stunden.

„Schlüssel habe ich zwar keinen gefunden, aber Werkzeug gibt es hier mehr als genug. Außerdem war hier oben noch eine richtig gute Taschenlampe. Mach mal die Augen zu, ich leuchte jetzt runter."

Peter hielt sich schnell eine Hand vor die Augen. Kurz darauf wurde es hell im Schacht.

„Mein Gott, was ist das denn für ein Rattenloch?", rief Steve. „Und du siehst ja furchtbar aus! Ist das dein Blut … bist du verletzt?"

„Ist schon in Ordnung, halb so wild", erwiderte Peter, fragte sich aber, wie schlimm er wohl aussah, wenn Steve so geschockt reagierte.

„Wenn du meinst. Kannst du dich zur Seite drehen, damit du nicht von irgendwas getroffen wirst, wenn ich das Schloss aufbreche?“

„Mach mal, ich halte mir die Hände über den Kopf!“

Aus den Augenwinkeln sah Peter, wie Steve die Lampe auf den Boden legte. Dann hörte er einen Knall, und gleich darauf klirrte etwas.

„Mist!“, fluchte Steve.

„Was ist?“

„Das Ding ist ziemlich stabil, und außerdem rutscht es weg, sobald ich dagegen schlage!“

„Pass um Himmels willen auf, dass der Typ dich nicht auch noch erwischt!“

„Keine Angst, außer seinem Köter ist niemand zu Hause! Aber ich schaue sicherheitshalber nochmal raus.“

Nach einer kurzen Pause leuchtete Steve wieder in die Öffnung.

„Weit und breit keiner zu sehen! Und ich habe hier noch eine große Rohrzange gefunden, damit probiere ich jetzt mein Glück!“

Ein paar Minuten lang hörte Peter, wie Steve über ihm herumwerkelte und gelegentlich fluchte. Dann klirrte es, und etwas fiel mit lautem Scheppern zu Boden.

„Los komm schon! Beeil dich!“

Peter blickte wieder nach oben. Das Gitter war verschwunden. Peter lächelte erleichtert, stützte sich gegen die Wand und versuchte sich aufzurichten. Er stöhnte. Sein Körper gehorchte ihm einfach nicht.

„Du musst es irgendwie schaffen, auf die Beine zu kommen, dann kann ich dich vielleicht hochziehen!“, feuerte Steve ihn an.

Nach einigen schmerzhaften Verrenkungen hatte Peter es ein paar Minuten später endlich geschafft. Vor Anstrengung und Schwäche zitterte er am ganzen Körper. Nur mit Hilfe der Betonwand konnte er das Gleichgewicht halten.

„Hier unten sind ein paar Metallstifte in der Wand, aber ich habe nicht genug Kraft, um mich hochzuziehen!"

„Warte!"

Steve war klar geworden, dass er Peter nur befreien konnte, wenn er selbst in den Schacht stieg. Es widerstrebte ihm zutiefst, sich freiwillig wie eine Maus in die Falle zu setzen. Er ging zurück zum Garagentor und blickte nervös durch die verschmierte Glasscheibe. Immer noch war niemand zu sehen. Halbwegs beruhigt, ging er wieder zum Schacht zurück, als ihm ein Kabel auffiel, das etwas schlampig an der Decke entlang verlegt war. Hastig folgte er dem Verlauf der Leitung, dann zuckte er erschrocken zusammen. Am Ende des Kabels war eine Art Verteiler angebracht, aus dem ein zweites Kabel hervorging. Eine der Leitungen verlief nach draußen und verschwand durch eine Bohrung in der Wand. Am Ende des anderen war auf einem Balken eine Webcam montiert. Die kleine Kamera im ovalen Plastikgehäuse war auf den Schacht ausgerichtet und konnte ungefähr ein Drittel der Garage erfassen.

„Verdammt!", rief Steve und warf abermals einen flüchtigen Blick durch das Fenster. Dann eilte er hinüber zum Schacht.

„Drück dich eng gegen die Wand. Ich komme runter!"

Steve hatte ein mulmiges Gefühl, als er zu Peter hinunter stieg. Was, wenn der Typ ausgerechnet in dem Augenblick zurückkehrte, wenn sie beide im Schacht saßen? Er musste einfach nur das Gitter zuwerfen, und sie hätten keine Chance, sich zu wehren. Möglicherweise hatte er ihn auch die ganze Zeit beobachtet und wartete nur auf diese Gelegenheit. Jetzt fiel ihm auch ein, dass er niemandem Bescheid gesagt hatte, wohin er gefahren war. Selbst wenn ihn sein Kollege aus der Redaktion vermisste, würde ihn hier garantiert niemand finden. Er atmete tief durch, um diese Gedanken zu verdrängen und sich auf Peters Rettung zu konzentrieren. Sekunden später stand er neben ihm im Schacht.

„Los, wir haben es eilig. Der Typ hat eine Webcam in der Garage installiert und weiß vermutlich, dass ich hier bin!"

Wortlos setzte Peter das linke Bein auf den ersten Metallstift und umklammerte mit beiden Händen den nächsten, der sich auf Brusthöhe befand. Seine Finger waren steif und kraftlos. Er spürte, wie sich zwei Hände um seine Hüfte legten und ihn kräftig nach oben schoben. Doch da rutschte Peters Hand ab, und er fiel nach hinten. Steve schrie laut auf, und gemeinsam knallten sie rücklings gegen die Betonwand. Ächzend rappelten sie sich wieder auf.

„Hör zu, ich weiß nicht wie, aber du musst alles geben und dich an diesen Stiften hochziehen, sonst sitzen wir in der Falle", keuchte Steve.

„Ich gebe mein Bestes."

„Pssst, sei mal leise."

Die Männer hielten die Luft an und lauschten, ob von oben etwas zu hören war. Nach einigen Sekunden gab Steve Entwarnung: „Okay, noch scheint niemand hier zu sein. Vielleicht haben wir ja Glück."

Abermals ergriff Peter einen Metallstift und setzte seinen Fuß auf den untersten. Steve schob von unten, und Peter stieg einen Schritt höher. Es kostete ihn all seine verfügbare Kraft, aber diesmal klappte es, und ein paar Minuten später rollte sich Peter über die Kante auf den Garagenboden. Steve folgte unmittelbar hinter ihm.

Er half Peter auf die Beine und stützte ihn. Dieser starrte in den Schacht hinunter und konnte nicht glauben, dass er nur einen Tag lang darin gesessen hatte. Es kam ihm vor wie eine Ewigkeit.

Sein ganzer Körper zitterte, und selbst mit Steves Unterstützung hatte er Mühe, stehen zu bleiben.

Wortlos zeigte Steve auf die Webcam an der Decke und zog ihn Richtung Tür.

„Wir haben keine Zeit zu verlieren! Er kann jeden Augenblick hier auftauchen!"

„Ich tu mein Bestes", entgegnete Peter.

Er drückte Steve von sich und versuchte, eigenständig die nächsten Schritte zu machen. Dann blickte er sich noch einmal um und schüttelte den Kopf.

„Warte kurz!"

Mit wackeligen Beinen ging Peter ein Stück zurück, griff an die Decke und riss mit einem Ruck am Kabel den Verteiler herab. Die Bewegung war so heftig, dass die Webcam sich ebenfalls löste und zu Boden fiel. Hasserfüllt trat Peter auf das Plastikgehäuse, so dass es unter seinem Gewicht zersplitterte.

„Komm jetzt, bevor er doch noch hier auftaucht", mahnte Steve.

Er griff Peter erneut am Arm, und gemeinsam verließen sie die Garage. Wenig später saßen die beiden Männer in dem Auto, mit dem Steve gekommen war und rumpelten die Einfahrt hinunter. Erst als sie die Landstraße nach Leesburg erreicht hatten, wagten sie es das erste Mal aufzuatmen.

„Was ist mit dem Ford?", fragte Peter.

„Ich denke, um den wird sich die Polizei kümmern, sobald sie den Typen in Gewahrsam haben."

„Das heißt, wir fahren jetzt direkt zu einem Revier?"

„Klar, oder hast du einen anderen Vorschlag?"

Peter zuckte mit den Schultern.

„Kannst du nicht von hier aus anrufen?"

„Ich habe das Handy im Ford vergessen, aber in Leesburg finden wir sicher ein Polizeirevier. In der Zwischenzeit kannst du mir vielleicht erzählen, wie um alles in der Welt du in dieses Loch geraten bist!"

Peter schüttelte den Kopf und antwortete: „Ich fürchte, du würdest mir die Geschichte nicht glauben!"

Steve deutete ein Lächeln an.

„Versuch's!"

Aber Peter sagte stattdessen: „Erklär mich bitte nicht für verrückt, aber ich denke, wir sollten jetzt noch nicht zur Polizei fahren."

„Waaas?", fragte Steve und schaute Peter verständnislos an.

„Ursprünglich war noch jemand mit mir in dem Schacht", fuhr dieser fort, wurde aber von Steve unterbrochen.

„Die Sache wird ja immer verrückter. Was schlägst du vor, was wir als nächstes tun?"

„Kurz bevor du aufgetaucht bist, ist dieser Mitgefangene abgeholt worden. Wann genau, kann ich schlecht sagen, denn vorher hat der Typ mir etwas gespritzt, das mich außer Gefecht gesetzt hat."

„Und warum sollen wir jetzt nicht zur Polizei fahren? Sicher werden die sich auch darum kümmern!", wandte Steve ein.

„Jetzt lass mich endlich mal ausreden!", rief Peter ärgerlich. „Man hatte ihm die Zunge herausgeschnitten, weshalb er nicht sprechen konnte, aber ich glaube ich weiß, wer dieser Mann war."

Peter hielt inne, als wolle er Steve absichtlich auf die Folter spannen. Als der gereizt die Augenbrauen hochzog, fügte er wie beiläufig hinzu: „Ich bin mir sicher, dass es sich um den entführten Senator handelt!"

Dieser Satz schlug ein wie eine Bombe.

Wortlos setzte Steve den Blinker und trat hart auf die Bremse. Mit quietschenden Reifen kam der Wagen zum Stehen. Betont lässig ließ er das Lenkrad los und schaute Peter direkt in die Augen.

„Okay. Gehen wir einfach einmal davon aus, der Mann war wirklich der Senator, dann haben wir es ja wohl mit dem Killer zu tun. Wäre es dann nicht erst recht sinnvoll, sofort die Polizei einzuschalten, Mr. Sherlock Holmes?", fauchte Steve.

Dass Peter es überhaupt in Betracht zog, nicht direkt zur Polizei zu fahren, machte ihn wütend.

„Da ist noch etwas", sagte Peter ruhig, um Steve nicht noch weiter zu reizen. Nur so wäre der Senator zu retten.

„Bevor mich der Typ außer Gefecht gesetzt hat, erwähnte er noch etwas. Er wollte mit dem Senator einen Ausflug nach

Downtown machen. Zum Ursprung der Unabhängigkeit, und dieser würde sich in der Seele des Senators spiegeln. Ich bin mir nicht sicher, was er damit meinte, aber wenn wir nicht schnell etwas unternehmen, gibt es heute Nacht garantiert einen weiteren Toten."

Steve atmete gequält aus: „Ich verstehe nur Bahnhof."

„Nun, ich glaube nicht, dass der Killer Downtown Leesburg gemeint hat. Das würde wohl kaum spektakulär genug."

„Washington D.C.", platzte Steve hervor. „Aber was bedeutet dieses Gefasel vom Ursprung der Unabhängigkeit?"

„Das weiß ich auch nicht. Aber eines weiß ich sicher: Wenn es nicht ohnehin schon zu spät ist, einen weiteren Mord zu verhindern, dann müssen wir sofort handeln!"

Steve starrte hinaus in die Dunkelheit, die Worte ‚zu spät' und ‚sofort handeln' wirbelten durch seinen Kopf und weckten böse Erinnerungen. Bereits zweimal hatte er Menschen aus Untätigkeit verloren. Seine Frau Megan war damals zwar nicht gestorben, aber sie hatte ihn verlassen, während er tatenlos zugesehen hatte. Und an Kathys Tod fühlte er sich irgendwie mitschuldig. Hätte er sie nur davon abgehalten, zu den Männern in den Wagen zu steigen, wäre vermutlich alles anders gekommen.

„Was ist nun? Fahren wir? Mit jeder Sekunde sinkt die Überlebenschance des Senators!", unterbrach Peter seine Gedanken.

„Ich habe kein gutes Gefühl dabei, aber falls du Recht hast, würde ich mir ein Leben lang Vorwürfe machen, wenn wir nichts tun."

Steve klang resigniert, aber er wusste, wenn Peter Recht hatte, war es eine Chance. Eine Chance, nicht nur den Senator zu retten, sondern auch mit sich selbst ins Reine zu kommen.

Peter war nichts mehr davon anzumerken, dass er gerade noch in einem dunklen Schacht gefangen gewesen war. Jetzt sprühte er vor Energie.

„Hör zu, ich will die Gefahr nicht herunterspielen. Aber wenn wir zur Polizei gehen, müssen wir die erst einmal von dieser verrückten Geschichte überzeugen. Und das könnte dauern. Bis dahin ist es mit Sicherheit zu spät."

„Ist ja schon gut. Du hast mich überredet."

Steve legte den Sicherheitsgurt wieder an und drehte den Zündschlüssel. Er hatte seine Beherrschung zurückgewonnen, blickte kurz in den Rückspiegel und gab Gas.

„Boston Run – Der Marathon-Thriller"

von Frank Lauenroth und Johannes Steck

Hörbuchbox mit 5 CDs,
345 Minuten Spielzeit (ungekürzt)
ISBN 978-3-941297-09-8, 19,95 EUR

Print 224 Seiten, ISBN 978-3-941297-05-0, 8,95 EUR
Ebook-Ausgabe ISBN 978-3-941297-21-0, 6,99 EUR

Brian Harding war immer ein guter Sportler – aber niemals ein herausragender! Der Boston Marathon ist erst sein zweiter Start über die 42-Kilometer-Distanz, doch Brian weiß, dass er heute gewinnen wird. Ein neues Dopingmittel verleiht seinem Körper ein Mehrfaches des normalen Leistungsvermögens. Die Substanz baut sich während des Laufs ab, so dass sie nach dem Überqueren der Ziellinie nicht mehr nachweisbar sein wird. Ein scheinbar perfekter Plan.
Weil die Formel dieses neuen Dopingmittels immens wertvoll ist, wartet außer der Siegprämie von 150.000 Dollar auch der Geheimdienst NSA auf Brian. NSA-Einsatzleiterin Rachel Parker weiß, dass sie an Brians Blut gelangen muss, bevor er auf die Zielgerade einbiegt. – Die Jagd ist eröffnet.

„Boston Run" ist ein spannender und packender Thriller mit grandiosem Finale. Der filmreife Plot und perfekt inszenierte Spannungsbogen machen den Roman zu einem echten Leseerlebnis."
– Michael Petrikowski, gedankenspinner.de

Mission Marathon – Wie ich kein Superläufer wurde

von Lothar Koopmann, Illustrationen Thomas Plaßmann

Lothar Koopmann, einst korpulentes Kind einer rheinischen Arbeiterfamilie, wird in späten Jahren sportlich: Mit seiner angetrauten Ehefrau Christa schließt sich der gelegentliche Jogger einem Lauftreff an und schnauft erhitzt auf immer längeren Strecken durch Feld, Wald und Flur. Er verwirklicht schließlich den großen Traum, Marathon zu laufen.
Seine vergnüglichen Erinnerungen sind durchsetzt mit vielen kuriosen Ereignissen und heiteren Begegnungen am Rande der Wege und erzählen mit einem geistreichen Augenzwinkern von der Lust am Laufen und der Last des Trainings.
Der Essener Karikaturist Thomas Plaßmann setzte die „Mission Marathon" in humorvolle Zeichnungen um, die den Weg des Autors bis zum Ziel begleiten.

256 Seiten, 8,95 EUR, ISBN 978-3-941297-04-3

ES läuft – Sei stark, Schweinehund!

von Marvin Running

Zehn Laufexperimente, die aus dem inneren Schweinehund einen Psychiatriefall machen. Marvin muss es wissen. Denn er ist beides.
Dass er ein kleines Problem haben könnte, dämmert ihm bereits, als er sich plötzlich im vollen Lauf durch den Grand Canyon befindet. Doch das ist erst der Beginn einer atemberaubenden Schweinehunde-Krise: Wie kann es sein, dass sein Herrchen vor einer wichtigen Konferenz mal eben über den Tafelberg läuft? Oder der Zivilisation den Rücken kehrt und nur mit einer Kompasspeilung durch den Regenwald hechelt? Und das Meditieren ausgerechnet im finstersten Industriegebiet erlernen will?
Als wäre das nicht schon nervenaufreibend genug, muss Marvin auch noch halbnackt durch die Winternacht straucheln, seine Ernährungspyramide begraben – und sich mit indianischen Visionsritualen herumschlagen. Bis Grenzen schließlich nur noch existieren, um überschritten zu werden.

310 Seiten, 9,95 EUR, ISBN 978-3-941297-06-7

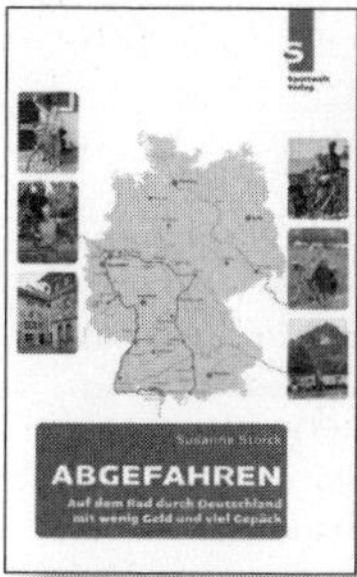

ABGEFAHREN –
Auf dem Rad durch Deutschland

von Susanne Storck

Abenteuerland Deutschland? Als Susanne Storck sich aufs Fahrrad schwingt, will sie einfach mal ohne Zeitdruck Land und Leute kennen lernen. Sie fährt von Mülheim an der Ruhr immer am Rhein entlang bis zum Bodensee, weiter durch Bayern, Thüringen und Hessen auf dem Ruhrtal Radweg zurück nach NRW. 2.716 Kilometer legt sie zurück. Allein. Als Frau. Die bis dahin nie Sport gemacht hatte.
Über sieben Wochen lang ist sie unterwegs: mit 16 Kilo Gepäck auf dem Rad – und nur 400 Euro Bargeld.
Die Redakteurin einer Tageszeitung will testen, ob sie die Kraft hat, ihr Ziel zu erreichen. Sie will wissen, ob man in Deutschland einfach bei wildfremden Menschen klingeln und nach einem Job fragen kann – und was dann passiert.

123 Seiten + 16 Seiten Farbfotos, 9,95 EUR,
ISBN 978-3-941297-02-9

Ebook 8,99 EUR, ISBN 978-3-941297-12-8

Mein Weg aus der Depression

von Patrick N. Kraft

Nach einer sportlichen Jugend konzentriert Patrick N. Kraft sich voll auf Familie und Karriere … und legt langsam aber stetig 20 Kilo zu. Als 2006 der Wohlfühlfaktor bei null angekommen ist, beginnt er mit dem Laufen. Von dort ist der Weg zum Triathlon nicht mehr weit. Höher, schneller, weiter soll es gehen, bis zur Königsdisziplin eines Ironman-Triathlons.
Doch ein schwerer Fahrradunfall wirft ihn völlig aus der Bahn – und aus dem psychischen Gleichgewicht. Als auch seine berufliche Karriere in Frage gestellt wird, führt seine zunehmend verzerrte Gedanken- und Gefühlswelt zu einer Ehe- und Sinnkrise, in der er sogar an Selbstmord denkt. Bis ihm endlich bewusst wird, dass er es ohne fremde Hilfe nicht schaffen kann und den Weg zum Arzt sucht. Diagnose: Depression.
Dieses Buch erzählt, wie es so weit kommen konnte, und wie er den Weg zurück ins Leben fand.

150 Seiten, 8,95 EUR, ISBN 978-3-941297-17-3
Ebook 7,99 EUR, ISBN 978-3-941297-18-0

www.sportwelt-verlag.de